你不了解的大秦史

张前 著

辽宁人民出版社

© 张前 2022

图书在版编目（CIP）数据

你不了解的大秦史 / 张前著 . —沈阳：辽宁人民出版社，2022.8
 ISBN 978-7-205-10442-9

Ⅰ.①你… Ⅱ.①张… Ⅲ.①中国历史—秦代—通俗读物 Ⅳ.① K233.09

中国版本图书馆 CIP 数据核字（2022）第 069968 号

出版发行：辽宁人民出版社
　　　　　地址：沈阳市和平区十一纬路 25 号　邮编：110003
　　　　　电话：024-23284191（发行部）　024-23284304（办公室）
　　　　　http：//www.lnpph.com.cn
印　　刷：北京长宁印刷有限公司天津分公司
幅面尺寸：170mm×240mm
印　　张：18.25
字　　数：240 千字
出版时间：2022 年 8 月第 1 版
印刷时间：2022 年 8 月第 1 次印刷
责任编辑：赵维宁
封面设计：乐　翁
版式设计：一诺设计
责任校对：吴艳杰
书　　号：ISBN 978-7-205-10442-9
定　　价：49.80 元

目录 Contents

第一章　铁血兵团

一、初露头角——颛顼大帝的后裔 …… 002

二、历经波折——秦国历史拉开序幕 …… 006

三、内忧外患——秦国面临的第一次危机 …… 013

四、秦穆公登场——一位伟大的君主 …… 016

五、告别挨打的日子——秦献公的改革和战争 …… 027

六、商鞅到来——拉开秦国全面变法的序幕 …… 030

七、河西之地——秦孝公心之所向 …… 036

八、西鄙之战——商鞅的大手笔 …… 040

第二章　翘足引领

一、车裂商鞅——秦惠文王巩固权力和地位 …… 044

二、张仪入秦——纵横术成为秦国之风尚 …… 047

三、鲸吞蚕食——秦国夺取巴蜀 …… 051

四、六百里之地——张仪的无赖行径 …… 054

五、伐义渠——秦惠王又一壮举 …… 057

第三章　转瞬即逝

一、假道伐韩——秦武王唯一的壮举 …………………… 060

二、举鼎而亡——秦武王的滑稽之死 …………………… 063

第四章　黄金时代

一、嬴稷回国继位——秦国的一代雄君 ………………… 066

二、一念之差——秦昭王诱擒楚怀王 …………………… 068

三、逐渐强大——秦国树敌颇多 ………………………… 073

四、称帝不成——秦昭王不断征战 ……………………… 078

五、完璧归赵——赵国的崛起 …………………………… 081

六、伊阙之战——战神白起的成名之战 ………………… 086

七、范雎登场——穰侯倒台 ……………………………… 094

八、长平之战——秦昭襄王时期的著名战役 …………… 105

九、战神陨落——晚年秦昭襄王的昏招 ………………… 114

第五章　绝处逢生

一、是劫也是福——子楚与"贵人"吕不韦相遇 ……… 122

二、投资政治——吕不韦成功出圈 ……………………… 126

三、逃归秦国——拨开云雾见日出 ……………………… 131

第六章　气势磅礴

一、战乱中的童年——秦王政性格的养成 ……………… 136

二、年幼即位——面对激烈的政治斗争 ………………… 142

三、乱世佳人梦——赵姬的不伦之恋 …………………… 145

四、平定叛乱——秦王政终亲政 ………………………… 151

五、壮士一去不复还——乱世中的侠客 …………………… 156

六、十年征战终圆梦——秦始皇一统大业 …………………… 161

七、初并天下——秦始皇式的统一 …………………… 181

八、焚书坑儒——在求仙路上对思想的禁锢 …………………… 197

九、病逝沙丘——辉煌的一生落幕 …………………… 205

第七章 黑暗来临

一、沙丘政变——昏庸无能的秦二世继位 …………………… 218

二、祸乱世人——秦二世、赵高种下的恶果 …………………… 230

三、陈胜起义——掀起秦末农民起义的热潮 …………………… 237

四、利欲熏心——赵高的恶行 …………………… 247

五、巨鹿之战——秦朝距离灭亡更近一步 …………………… 252

六、被逼自杀——秦二世自食其果 …………………… 268

第八章 辉煌落幕

一、子婴投降被杀——短暂的一生结束 …………………… 276

二、秦朝灭亡——退出历史舞台 …………………… 282

第一章

铁血兵团

一、初露头角——颛顼大帝的后裔

重峦叠嶂，云雾缥缈，在这青山环绕、绿水悠悠中，一名女子正在院中织布。突然，一只玄鸟拍打着翅膀呼啸而过。女子闻声抬头望去，只见一枚玄鸟蛋从天而降，不偏不倚，正好落入女子口中。随后，这名女子便产下一名男婴。

惊不惊喜，意不意外？在古代，但凡有大人物出生，史书上都会有一些类似的惊奇的怪象记载。

当然，生下男婴的这名女子也绝非寻常之辈，她是远古时代的颛顼大帝的后代，名叫女修，也是有身份的人物。

颛顼大帝是谁？他可是位响当当的了不起的人物，他是黄帝的孙子，遐迩闻名的"三皇五帝"之一，他的丰功伟绩流传已久，天下无人不知、无人不晓。

女修给自己的儿子起名为大业，在女修的悉心教导下，大业慢慢长大成人，娶了少典部族的女华为妻，并生下一个儿子，唤作大费。

听着有些摸不着头脑，不管是大业还是大费，跟我们的主角秦朝有什么关系呢？根据《史记·秦本纪》中记载："秦之先，帝颛顼之苗裔孙曰女修。女修织，玄鸟陨卵，女修吞之，生子大业。大业取少典之子，曰女华。女华生大费，与禹平水土。"秦朝的先祖可以追溯到远古时代的颛顼大帝，是颛顼大帝的后裔，这个身份就注定了秦朝不是一般的朝代。

别看大业的出场气氛十足，他在历史上却不是很有名。要说厉害的，还得是他的儿子大费。

在《史记·秦本纪》的记载中，大费曾与大禹一同治水，寥寥几字，明确地表示了大费的才能与功绩，非常人一般。

相传，治水成功后，舜帝对大禹的功绩十分欣赏。大禹是位有良知、谦逊的人，并没有独占功绩。他十分谦虚地向舜帝禀明："非予能成，亦大费为辅。"（《史记·秦本纪》）舜帝听后，连连点头，脸上露出了欣赏的笑容，随即赏赐了大费，并把一位姚姓贤德之女嫁给了他。大费连忙跪地拜谢舜帝，感激地接受了赏赐。从此，大费便为舜帝驯养禽兽、管理山林。在大费兢兢业业、勤勤恳恳、有条不紊的管理之下，森林茂盛，禽兽大多被驯服。大费便被人称为"柏翳"，叫的人多了，渐渐地变成了"伯益"。因为大费的政绩突出，舜帝十分欣赏他，便赐姓"嬴"，以示奖励。秦朝，从此便有了自己的姓氏。

舜帝十分看好禹，认为他为人宽厚、德才兼备，于是身体力行地向大家展示了什么叫"禅让制"，他将帝位传给了禹。禹得知后，很是惊讶，这算是躺赢了吧。

如果禹真的继承了帝位，那就不是他了。在舜帝去世后，禹并没有直接继位，他想让舜帝的儿子商均继位，奈何天下诸侯只朝拜他一人，纷纷上前劝说，禹这才接下了这帝位。

晚年时的大禹也想效仿舜帝，将帝位传给贤良之人，他思前想后，选中了伯益。在去东方视察的时候，禹帝于会稽山去世。

虽然禹帝生前将帝位传给了伯益，但是最终建立夏王朝的却是禹的儿子——夏启。

《史记·夏本纪》中记载："及禹崩，虽授益，益之佐禹日浅，天下未洽，故诸侯皆去益而朝启，曰：'吾君帝禹之子也。'于是启遂即天子之位，是为夏后帝启。"禹帝去世后，虽将帝位传给了伯益，但是伯益辅佐禹的时间不长，臣民都不拥戴他，天下诸侯还是更看好启，于是启就继承了帝位。而《竹书纪年》中记载："益干启位，启杀之。"是说夏启与其党羽从伯益手中夺下了政权。不管是哪种说法，历史呈现给我们的结果就是伯益输了王位，启建立了夏王朝。

伯益虽然没有坐上帝王的宝座，但是他的后代在夏朝和商朝时期都出现过不少名人。其中，伯益的后代孙蜚廉（又称飞廉）是一个很关键的人物。说起来，蜚廉的重要性还体现在他的两个儿子身上。蜚廉有两个儿子，一个名叫恶来，一个名叫季胜。秦国便是源于恶来一族，赵国则源于季胜一族。

"恶来有力，蜚廉善走，父子俱以材力事殷纣。"（《史记·秦本纪》）

恶来遗传了父亲的基因，从小力气就特别大，而蜚廉擅长奔跑，父子俩凭借着才能和力气被商纣王重用。这父子俩也是站错队了，因为效忠的是商纣王，所以在史书中多以反面人物出现。

周武王伐纣的时候，蜚廉正在为纣王出使北方。等他完成任务回来的时候，得知儿子恶来已被诛杀，纣王也死了。这可怎么办？他的工作还没汇报呢。蜚廉是个工作狂啊，儿子死了没见他多伤心，可是工作没汇报，那是不允许的。于是他在霍太山筑起了祭坛，对着空气，向纣王汇报工作成果。《史记·秦本纪》中说，在蜚廉修建祭坛的时候，挖掘到一具石棺，石棺上刻着："帝令处父不与殷乱，赐尔石棺以华氏。"

蜚廉一看，这是让我不要参与殷朝的动乱哪。那我还嘚瑟啥？好歹也有个石棺，算是光耀门楣了。蜚廉死后，便埋在了霍太山。

而恶来虽然是作为战犯被诛杀的，幸运的是，当时西周的政治文明程度较高，他的子孙并没有因他受到株连，已经算是不幸中的万幸了。

在经历了女防、旁皋、太几、大骆四代之后，直到五世孙非子出现，终于开启了秦国的大幕，非子成为秦国的开国之君，大秦终于名正言顺地登上历史舞台。

蜚廉还有一个儿子名唤季胜，也是个厉害人物，赵国王族便是季胜这一支衍生而来的。《史记·秦本纪》中记载："季胜生孟增。孟增幸于周成王，是为宅皋狼。皋狼生衡父，衡父生造父。造父以善御幸于周穆王。"季胜的儿子叫孟增，受到周成王的信赖，也被称为"宅皋狼"。皋狼的儿子是衡父，衡父的儿子叫造父，便是季胜的四世孙。造父很有名，他曾师承著名车手泰豆氏，有一手驭车的绝活，是当时最好的车手。

造父在跟老师学习的过程中，天赋显露无遗，也因他驾车技术了得，深得周穆王的赏识。相传，周穆王一下子得到了骥、骅骝等八匹骏马，开心到起飞，强烈地想展示一下他的骏马，于是周穆王决定驾车西游。

浩浩荡荡的车队向西出发，谁知车队走到半路时，部下匆忙来报，徐国趁周穆王巡游，发动叛乱。周穆王听到消息后，瞬间怒了，命令车队立即返回。关键时刻到了，造父以熟练的驾车技术，仅用了一天时间，便把周穆王安全地送回了镐京，及时平定了叛乱，相当给力。周穆王惊叹之余，为了奖赏造父，便把赵城赏赐给了他，从此造父一族便以"赵"为氏，赵国就这么出现了。

叔父的成功显然对非子产生了巨大的影响，激起了非子的斗志。当时，非子居住在犬丘，他十分喜爱养马，并且善于饲养。在那个战乱频仍的时代，马匹作为特殊的战略资源是十分重要的，非子看着眼前的一匹匹马，仿佛见到了成功的曙光在向他招手。于是非子更加潜心养马。

彼时的西周已是周孝王时代，也是西周走向衰败的开始。由于多次遭到戎人的进攻，战争频发，马匹的稀缺和重要性昂露出来。周孝王每日愁眉不展，他想找个养马能手管理牧场，犬丘的人便把非子善于养马的这项技能告诉了周孝王。周孝王十分惊喜，于是召见了非子，听到非子的管理计划，周孝王满脸赞赏，随即将非子派去管理汧河、渭河之间的牧场。非子特别珍惜这个可以展示自己的机会，决定大展身手。终不负所望，在他的悉心管理下，牧场马匹得到了大量的繁殖。

周孝王对非子做出的成绩十分高兴，为了奖励非子，很大方地把一小块叫秦的地赐给他作为封邑，并让他接续嬴氏的祭祀，号称秦嬴。终于有了属于自己的地盘，非子开心得简直要跳起来了。

秦国的历史，由这一块小小的封地，拉开了序幕。

谁会想到，此时还只是西周的一个小小的附庸国，国土面积方圆不超过五十里的巴掌大的秦国，日后会发展成为令人闻风丧胆的大秦帝国呢？

二、历经波折——秦国历史拉开序幕

非子顺理成章地成了秦国的第一任国君。国君之位的背后，代表着承载了更多的责任。尽管现在的秦国还只是个不起眼的附庸国，却肩负着周王室的边疆重任，搞好和西戎部落的关系，是其重中之重。

西戎是当时西周面临的一个巨大的外患问题，在周孝王继位前，戎狄就屡次侵犯西周，《汉书》中记载："王室遂衰，戎狄交侵，暴虐中国。"公元前906年，即周孝王五年，西周终于与戎人达成和解，双方的战争得以暂时告一段落。可是对于刚刚开国的秦国来说，却并非一件好事，作为周王室的先锋部队，秦国的首要任务就是安抚西戎。像西戎这种野蛮的部落，跟他们打交道实属不易，不仅要有头脑，还要时时刻刻提防着他们暗中胡来，当时的秦国每天都生活在刀尖上。

周厉王时期，发生了一件令非子痛苦难过的事。非子的哥哥，名字叫成，他的家族遭到了西戎的进攻，几乎全族被屠灭。当非子得到这个消息的时候，悲痛万分，所谓血浓于水，西戎屠灭秦之亲族，便是与秦国结下了不共戴天之仇，非子誓要为兄长报仇。令人惊讶的是，这个仇，秦国世世代代都铭记于心，非报不可，可见秦人的血性。

公元前827年，周宣王上台。他是周朝历史上的一位中兴名君，一心想要重振周王室往日的风采。此时的秦国已经历经四代，作为第四任君主的秦仲在周宣王中兴事业的感召下，主动请战讨伐西戎，欲报亲族被灭之仇。

周宣王被秦仲的勇气、义气所感动，随即任命秦仲为大夫，率军出征，讨伐西戎。但是，就目前秦国的国力而言，他的这种行为却是草率了。西戎是很强大的，强大到什么程度？连周王室都没有把握能打赢，更何况是秦国这种实力弱小的附庸国呢？

秦仲的勇气并没有给这场战争带来任何加持，一场开始即结束的战争早已注定，在西戎凶猛的反攻下，秦军溃不成军。

公元前822年，即周宣王六年，西戎大军攻破秦国，秦仲战死沙场，秦国全军覆没。从开国到灭亡，仅仅用了数十年时间，着实令人唏嘘。当然，这不是秦朝最终的结局，只能说是秦朝历史上跌宕起伏的一个转折点，如果秦国真的在这时候领了盒饭，哪还有后面的大秦帝国什么事。经历了如此大的挫折，接下来就是峰回路转的时候了。

秦仲被杀后，他的五个儿子仓皇地逃到周都镐京。周宣王得知秦仲战死的消息，很是悲痛惋惜。念在秦仲的英勇牺牲，周宣王召见了他的五个儿子。秦仲的五子在朝堂上激动万分，誓要为父报仇。周宣王被这五子要为父亲报仇的精神所感动，当即借出一支有七千人的军队，交给了秦仲的长子，史称秦庄公，用来鼓励支持他们英勇奋战，努力收复家园。

当时，西周的军制是这样的：周王室拥有六个军的兵力，每个军整编人数是一万两千五百人，六个军是七万五千人。而周宣王直接借给秦仲儿子们七千人，相当于中央军十分之一的兵力。以当时秦国的附庸国的地位，周宣王的出手已是相当阔绰了。借兵与借钱可不一样，借兵那是有借无还。因为周宣王的慷慨借兵，在以后的岁月里，秦国对周王室时时保持着一颗感恩的心。即使到了春秋时期，周王室一步步走向衰落，辉煌不复存在，秦国仍念及周王室之前的滴水之恩，勤王的义举就是对周宣王的涌泉相报。

秦庄公，他是秦仲的长子，可以说是秦国历史上一位划时代的君主。他率领着只有七千兵力的军队，奋勇抗战。被周王室视为最危险的敌人，西戎的凶猛、强大可想而知。但是秦庄公却没有丝毫的退缩，他指挥着仅仅七千人的军队，势如破竹，异常勇猛，如疯了一般冲向西戎军队，西戎人看秦庄公的架势，着实有点儿忐忑了。

战果如何呢？那必然是秦庄公大胜，击败西戎，夺回了失去的土地。秦庄公在这场反击战中表现得冷静自持、有勇有谋、胆识过人、战绩出色，令周宣王刮目相看，连连称赞，更加倚重他来阻止戎人的侵犯。为了表彰秦庄公，周宣王这次的赏赐可谓大手笔了，把他们先祖大骆的封地犬丘封给了秦国，并任命秦庄公升任西陲大夫一职。

胜利并没有冲昏秦庄公的头脑，反击、胜利、收复失地、加封，对秦庄公来说仅仅是个开始，他所面临的问题要比反击战更加严峻。国土面积狭小、少得可怜的人口数量、没有了七千王师的助力，凡事只能靠自己。作为一国之君，必须身先士卒，努力拼搏，而这一搏就是四十四年。

公元前797年，周宣王讨伐太原之戎，战败；公元前792年，周宣王伐条戎、奔戎，战败。公元前790年，西戎大举进攻，灭姜侯之邑。连连战败的周宣王彻底被激怒了，这是欺负他手底没人哪，这是赤裸裸的挑衅哪。恼羞成怒的周宣王于公元前789年召集南方诸侯的军队，拼凑起一支联军，即"南国之师"，誓要征讨姜戎。

在千亩之战中，周军惨败，这支"南国之师"几乎全军覆没。自此，周宣王一蹶不振，跟泄了气的皮球一样，再也无力讨伐西戎，中兴事业被迫就此结束。周宣王心中郁结，没过多久就死了，周幽王继位。新官上任三把火，周幽王刚登上王位，就命伯士为统帅，率领六个师的兵力，于公元前779年大举进攻六济之戎，周军依旧没能逃脱战败的魔咒，不仅惨败，连统帅伯士也战死沙场。

这一场场周军与西戎的战果，无不展示着西戎的强大，与秦国的弱小形成鲜明的对比，可见当时秦国的处境是很艰难的。值得庆幸的是，秦国有一个坚强的、努力的君主，秦庄公为了全身心地投入到与西戎的战争中，将朝中政事都交给弟弟，自己则带着三个儿子奋战在前线。这英勇无畏、不恋权势的品德值得赞扬。后世秦人以尚武而著称，这种尚武精神正是从秦庄公时期开始的。秦庄公把锲而不舍、坚定不移的精神注入每个战士的灵魂中，这就是秦国的血脉精神。

秦庄公去世后,依照嫡长子继承制的传统,应当是长子世父继承君位。但世父一生戎马,只想复仇,无心君位。他曾经立下誓言:"戎杀我大父仲,我非杀戎王则不敢入邑。"(《史记·秦本纪》)世父誓要为祖父报仇雪恨,若不杀死戎王,决不进入封邑。随即,世父便把君位让给了弟弟,自己则扛过父亲的大旗,继续血战沙场。

公元前778年,秦襄公继位。此时的西戎势力日益壮大,已经对周王室的政权产生了严重的威胁。而秦国作为周王室的附庸国,面临的国际形势、军事责任更加严峻。考验人品的时刻到了,秦襄公该如何破解眼前的困局呢?

和亲,是古代王权贵族常用的一种社交手段。秦襄公元年(前776),秦襄公将自己的妹妹缪嬴嫁给了西戎丰王,希望以联姻来缓和与西戎紧张的关系。秦襄公的这步棋走得没毛病,只是千算万算,还是漏算一步。公元前777年,即秦襄公二年,秦国遭到沉重一击。

西戎军队如暴风般席卷犬丘,一心想报仇雪恨的世父看着眼前的死敌,一鼓作气,亲自率领大军迎战,结果惨败,世父沦为西戎的俘虏,这简直就是世父的耻辱。好在戎人并没有杀掉世父,也许是敬重世父的骨气,也许是出于外交的考虑,世父被关押了一年多后,戎人便把他释放回国。

这时,秦国与西戎的战争终于告一段落,暂时友好相待。休战不管是对秦国还是西戎来说,的确是一件好事,起码百姓能过一阵子的安生日子了。不过,有一个人就没那么幸运了,他就是周幽王,一个自作孽不可活的君主。

周幽王是西周末代的天子,也是中国历史上著名的昏君。他是典型的作死型选手,要说他的昏庸史,怕是得讲个三天三夜,其中广为人知的就是为了博美人一笑的"烽火戏诸侯"了。更荒谬的还在后头,他废掉王后(申后)与太子宜臼,改立褒姒为王后、伯服为太子,也是众所周知的荒诞事迹。也因他的此举,引来申后的父亲申侯的愤怒,导致申侯与犬戎(西戎的一支）合谋进攻镐京。周幽王为他的胡作非为付出了惨重的代价，危难之时，诸侯们都拒绝出兵勤王。

在周幽王的生命受到威胁之际，不在诸侯之列的秦国如天使一般降临在周幽王面前，伸出了援手。《史记·秦本纪》中记载："秦襄公将兵救周，战甚力，有功。"秦襄公始终记着若不是当年周宣王出手相救，秦国怕是早已亡国，大恩大德没齿难忘。但是单靠秦国的力量，终究无法救出周幽王。周都镐京最终被犬戎军队攻克，周幽王在骊山脚下被杀，这就是历史上著名的"骊山之变"。

骊山之变后，前太子宜臼登上原本就属于他的王位，即周平王。而周都镐京历经浩劫，千疮百孔，破烂不堪。于是周平王在公元前770年开启了东迁之路，迁都到洛邑，这意味着中国历史上的西周时代已经结束，东周时代悄然开始了，这也是周王朝的一个历史转折点。

曾是天下共主的周王室，经过骊山之变后，往日的辉煌已不复存在，完全丧失了领袖地位。而一直扮演配角的诸侯们终于有机会翻身做主人，于是群雄并起，你方唱罢我登场，一幅群雄争霸的画面出现在历史上。至此，天下已不再是周天子一人的独角戏，中国由此进入万千气象的春秋战国时代。

在各方诸侯全力争霸的时候，怀揣着报恩之心的秦国还在进行着自己的义举，默默地守护周平王东迁。周平王对秦襄公的义举感激涕零，想要赏赐一番，但实在是囊中羞涩，这可如何是好？好在天子的身份还在，气场不能丢，周平王急中生智，架势十足，大笔一挥，封秦襄公为诸侯。

别看周王室已经落魄，可名义上还是至高无上的天子，册封个虚名的权力还是有的。有了诸侯的名号，秦襄公也算扬眉吐气了一回。别看只是个虚名，起码他可以名正言顺地与东方诸侯们平起平坐，成就诸侯之霸业了。秦国从此也摆脱了附庸国的称号，政治地位那是直线上升，这对秦国来说，好事一桩啊。

名有了，地也得跟上啊。可谁能想到，周平王把岐山以西的土地赏赐给了秦国。这不是空头支票吗？来看看周平王是怎么说的："戎无道，侵夺我岐、丰之地，秦能攻逐戎，即有其地。"(《史记·秦本纪》)这叫赏赐吗？周平王确定不是在开玩笑？！被封赏的岐西之地，早就被西戎占为己有。受封的地竟然还要自己去争夺回来，周平王这波操作，属实难看了点儿，不知道秦襄公心里作何感想。不过，凡事有利有弊，经此一封，秦国也算有了新的奋斗目标。

公元前766年，即秦襄公十二年，秦襄公率领大部队欲讨伐西戎，到达岐山后，秦襄公病亡，夺取岐西之地的重任便由他的儿子秦文公扛起。

而此时的秦国，处境有些许的尴尬，空有诸侯国之名，却没有与之匹配的土地，这在历史上也是少有的。要夺取岐西之地，无疑是虎口夺食，艰难得很，一场拉锯战就此展开。直到公元前750年，即秦文公十六年，秦文公再次派兵攻打西戎，皇天不负有心人，秦军大胜，西戎兵败仓皇逃走。

秦文公终于扬眉吐气一回，他将周朝的遗民收为己有，将地盘扩展到了岐山。秦文公是位讲诚信的君主，他按照当时周天子的赏赐，将岐山以东的土地还给了周王室，岐山以西的土地则归属于秦国。秦文公真是太实在了，周王室就这样轻而易举地得到了本不属于自己的土地，心里乐开了花。

这是秦国历史上的第一次领土扩张，不仅土地面积增加了，人口数量也得到了大幅度的增长。在那个战火纷飞的时代，无论是对于经济的发展，还是军事的需要，人口是极其重要的发展因素。加之文明程度较高的周人归入秦国，也大大提高了秦人的文化水平。

战争告一段落，能让秦文公喘口气，想想该如何治理国家了。

秦文公于公元前753年，即秦文公十三年，设立了记载大事的史官。受到教化的百姓很多，显然秦文公不愿意让秦国被视为毫无文化的诸侯，他也是有追求的。秦国开国以来，一直被戎狄势力包围，近朱者赤，近墨者黑，秦国的文明程度是远远不如东方诸侯的。

公元前746年，即秦文公二十年，秦文公在律法上也下了不少功夫，他制定了诛灭三族的刑法。秦文公制定的律法与其他诸侯国相比，是更加野蛮、残酷的。秦文公之所以采取严刑峻法，也是情有可原的，秦的生存环境十分恶劣，强敌环伺，用这么严厉的手段也是求个自保。以前还是附庸国的时候，秦还有周王室作为靠山，如今周王室衰微，秦只能依靠自己单打独斗，稍有不慎就有灭国之患。

秦文公在位期间，秦国扩张了版图、营建了城邑、设立了记事史官和诛灭三族的刑法，这一项项举措初步奠定了秦国的制度基础。在秦襄公之前，秦国只是个小小的附庸国，根本谈不上什么国家管理、制度建设。长期以来，秦国在文化方面极其落后，经常被东方诸侯们嘲笑、蔑视。非子开国之后，秦国的任务是养马。自秦仲去世以后，秦国在七十多年的时间里，每日为了生存而战斗，加上地狭人少，只需要简单的管理就可以了。如今成为诸侯，秦国在内政上就必须认真对待，下点儿功夫了。

尽管秦文公的制度建设是粗糙的、野蛮的，但毕竟是从无到有，已经是很不错了。因为秦文公的政绩卓著，所以，秦文公去世后，他的谥号为"文"，这是对他文治成就的肯定。

在秦文公长达五十年的统治下，秦国终于进入到一个较长的政治稳定期，但凡事有利有弊，秦文公在位的时间太长，太子等不及继位就领了盒饭，秦文公只能把君位传给孙子，但是孙子年幼，这又埋下一个安全隐患。

公元前716年，秦文公去世，年仅十岁的嫡长孙秦宪公（《史记·秦本纪》中唤作秦宁公）继位。秦国令人担忧的一幕出现了，执掌国家的权力落入权臣大庶长弗忌、威垒、三父这三人之手。

三、内忧外患——秦国面临的第一次危机

历史上,大多被提及的权臣,特别是在皇帝年幼的情况下,都不是什么好人。秦宪公继位后,大庶长弗忌等权臣的真实面目慢慢展现出来,在他们的唆使下,长达三十六年时间没有与西戎爆发过大规模战争的秦国,开始了新一轮的与西戎之战。

公元前714年,即秦宪公二年,秦军派兵大举进攻亳戎(西戎的一支)的荡社。第二年,秦军与亳戎交战,亳戎首领亳王战败逃亡到西戎,荡社被秦军所攻灭。公元前704年,即秦宪公十二年,秦宪公再次派兵攻打西戎小国荡氏,没过多久,荡氏就被秦军收入囊中。

即使秦国的文化相对落后,被东方诸侯们视为蛮夷,但这掩盖不了秦国在西方的战斗中,对捍卫中原文明起到的至关重要的作用。当时的西戎势力分布十分广泛,与东方诸侯的势力纵横交错,秦军在伐戎的战争上取得的成就令人叹为观止,十分惊艳。

公元前704年,秦宪公去世,终年二十一岁。秦宪公的早逝、权力的诱惑,注定了秦国国内将面临一场政局动荡。《史记·秦本纪》中记载:"宁公卒,大庶长弗忌、威垒、三父废太子而立出子为君。"秦宪公的长子早早就被立为太子,但权臣大庶长弗忌、威垒、三父这三人却大逆不道,废黜了太子,拥立秦宪公的幼子出子为国君。这三个人,果然不是好人。

年仅五岁的出子就这样莫名其妙地被安排登上了国君的宝座,只是这把椅子还没坐稳,又被三父等人搞的一次政变,从国君的宝座上拉了下来。更为过分的是,他们竟然派人暗杀了出子,出子仅仅在位六年便去世了,而这六年里,出子就是一个摆设,任凭三父等人摆布,是个可怜的孩子。不知道是不是三父要立住他佞臣的人设,一定要对出子痛下杀手。不过,在当时那

个混乱的时代，弑君好似平常事。

春秋时期的一个历史特点就是权力下移。周天子失势，权力下移到诸侯；诸侯失势，权力下移到大夫。因此，孔子才把这个乱世称为"礼崩乐坏"的时代。在出子被弑之前，卫国的州吁弑杀了卫桓公，鲁国的子翚弑杀了鲁隐公，宋国的华父督弑杀了宋殇公。后来的霸主晋国更是陷入半个世纪的内战，好几任晋侯都死于反叛者之手。在这样一个历史背景下，秦国爆发弑君事件也不足为奇。

出子死后，三父等人为了继续培养自己的傀儡，为了继续掌控秦国的权力，又把被废黜的前太子扶植为国君，即秦武公。秦武公即位的年纪差不多也就十几岁，别看他年纪不大，心思却很细腻。特殊的经历，起起落落的过往，让秦武公的心智比同龄的人成熟很多。他学会了隐忍，收起锋芒，懂得隐藏自己的情绪，不动声色地培养着自己的势力。

公元前695年，即秦武公三年，秦武公见时机已到，孤注一掷，绝地反击，以暗杀出子为由，将三父等弑君者一并诛杀，并且灭了他们的三族。真是一鸣惊人，一招制敌，一绝后患，秦武公是个狠角色。

解决了后顾之忧、乱臣贼子，秦武公开始了亲政之路。他先率军讨伐彭戏氏（西戎的一支），到了华山下，就住在平阳的封宫里；公元前688年，即秦武公十年，秦武公攻打邽、冀两地的戎族，取得胜利，占领两地的土地，并将这两地作为秦国的县，这是中国历史上第一次设立县制。次年，秦武公又将杜、郑二地设立为县，同时灭掉了小虢国。这时秦国的国土，西起甘肃中部，东至华山，关中的渭水流域基本上都是秦国控制的范围。

在秦朝历史上，秦武公是一位比较有作为的明君，他在位二十年间，为秦国开疆拓土，并设立县制，为后来秦国的郡县制奠定了稳定的基础。

公元前678年，即秦武公二十年，秦武公去世，葬于雍邑的平阳。

秦武公怎么也不会想到，他的死差点儿毁了他的一世英名。他竟然用六十六个活人为他陪葬，这是何等的残忍！这无疑也暴露了秦国残酷的本性。

直到秦武公去世，努力拼搏了将近一百五十年的秦国，终于从一个小小的附庸国，崛起成为西部的一方诸侯。

秦武公有一个儿子，名唤白，为了避免权臣反叛弑君的悲剧再现，白并没有继承君位，而是被封于平阳。秦武公把君位传给了弟弟，即秦德公。

公元前 677 年，即秦德公元年，秦德公居住到雍城的大郑宫，并用牛、羊、猪各三百头在鄜畤祭祀天地。第二年，秦德公下令在立法中设立伏日，农历六月三伏天的说法就是从秦德公时期开始的。同年，君主的宝座还没坐热乎的秦德公去世，仅仅在位两年，终年三十四岁，秦德公的长子秦宣公继位。

秦国的实力以高铁的速度日益强大，周边的梁伯、芮伯等小国纷纷来朝见，以表对秦国的崇拜。但是，自秦文公之后，秦国的国君都是在位很短时间便去世了。秦宣公同样也没活得久一点儿，他在位时间十二年，于公元前 664 年去世。

秦宣公去世后，也没有将君位传给自己的儿子。他有九个儿子，但是因为年幼的关系，没一个可以继承君位的，秦宣公深知国君英年早逝，留下的幼子难堪大任，必会引起内乱。俗话说，规矩是死的，人是活的，出于对国家的考虑，国君们就必须有所变通。在嫡长子因年龄问题无法接承君位时，宁可传位给年长的弟弟，也不能让国家内政有所动荡。于是秦宣公临死前将君位传给弟弟秦成公。

秦成公继位后，还没来得及大展拳脚、发光发热，仅在位四年便去世了。秦成公的儿子也挺多，有七个，奈何个个年幼，难当大任。于是他效仿哥哥秦宣公，把国君之位传给了弟弟，他就是秦国历史上一位伟大的君主——秦穆公。

四、秦穆公登场——一位伟大的君主

秦穆公即位之时,作为秦国宿敌的西戎已经衰落,对秦国构不成任何威胁。但另一股势力悄然而起,并且成为秦国数百年的劲敌,这便是秦国的邻居——晋国。

公元前672年,晋国伐骊戎,灭其君;公元前661年,晋国灭耿、霍、魏三国;公元前660年,晋国伐皋落氏(赤狄之一支)。晋国的彪悍作为,处处展示着强大的实力,战战彰显着无敌的勇猛。秦穆公刚刚坐上国君的宝座,就遇到如此火爆的强邻,怎么跟晋国好好相处,成为秦穆公上台后要处理的第一件大事。

秦穆公为了想出与晋国的相处之道,可谓绞尽脑汁。多一个敌人不如多一个朋友,为了秦国的霸业,秦穆公决定主动向晋国示好,并以联姻的方式缔结"秦晋之好",诚意十足。

公元前656年,即秦穆公四年,秦穆公迎娶了晋献公的女儿,史称"穆姬"。这场政治婚姻虽然没有美好的爱情,却给秦穆公带来了一个美好的收获,他意外地得到了一位治国之才,此人便是被称为"五羖大夫"的百里奚(《史记·秦本纪》里记作百里傒)。

这位"五羖大夫"是真的了不得,凭借着智慧与才能,在秦国接下来的发展中,为秦国的崛起和六国的统一奠定了坚不可摧的基础,堪称一代名相。

百里奚曾在虞国任大夫一职,以贤良著称,只可惜时运不济,遇到的国君十分昏庸,百里奚在虞国的日子不得志,白瞎了一身的才能。

当时晋国的头号敌人就是虢国,虢国虽小,但虢国国君的胆子却非常大,曾多次派兵攻打晋国,晋国可是军事力量很强大的国家,秦国都要忌惮三分，而虢国的君主在作死的这条路上越走越远。晋国冷眼看着虢国的挑衅，心中已有自己的盘算，非要拔了虢国这颗眼中钉、肉中刺。为了一举灭掉虢国，晋国制订了一个非常著名的作战方案，史称"假道伐虢"，就是借道虞国，出其不意突袭虢国。

晋国为了跟虞国"借道"，给虞国国君送去了白玉和良马，见钱眼开的虞国君主看到这些宝物，两眼放光，爽快地答应让晋国军队通过国境。百里奚赶忙上前劝阻，这"道"不能借呀，晋国可是虎狼之国，若是灭掉了虢国，那虞国离亡国也不远了。可是贪财的虞国君主不听劝哪，眼里只有这些金银珠宝。百里奚捶胸顿足，恨铁不成钢，心里恨恨地说："什么玩意儿！"不出百里奚所料，晋国派兵灭掉虢国后，顺手牵羊把虞国也解决了，动作干净利落。

虞国灭亡了，百里奚一下子从一国大夫沦为亡国奴，这落差不是一般的大。秦穆公这时应该站出来好好地感谢一下晋献公，晋献公没有发现百里奚的好，把他当作普通的奴隶打发到秦国去，充当女儿穆姬的奴仆。这对百里奚来说，伤害性不大，侮辱性极强，如此清高的一个人，怎么会忍受这样的羞辱？于是他决定途中逃跑，为自己的自由放手一搏。

从《史记·秦本纪》的记载来看，此时的百里奚已经七十多岁了，一位这么大岁数的老年人，开启了他的逃亡之路，可以想象是多么艰难。他一路奔波，好不容易逃到楚国后，还没等过境，在边境就被楚人给抓住了，真是从一个牢笼逃到了另一个牢笼。

按照《史记·秦本纪》中的记载："穆公闻百里傒贤，欲重赎之。"秦穆公听说百里奚的才能，想以重金赎回百里奚。转而一想，又觉得不可行，如果以重金去赎，楚国一定会怀疑百里奚的身份，万一楚国也知道了百里奚的潜在价值，不肯放人怎么办？秦穆公思来想去，决定以低价，派人对楚王说："吾媵臣百里傒在焉，请以五羖羊皮赎之。"（《史记·秦本纪》）楚国哪会想到，一个老人还能有这么大的用处，只当百里奚是个普通的奴仆，收了五张黑公羊皮，随即高高兴兴地把人放了。后来楚国知道了百里奚的能力，不知道心里是不是悔恨极了。秦穆公以五张羊皮换回了百里奚，而百里奚"五羖大夫"的称呼就是这么来的。

百里奚回到了秦国，秦穆公还是想探探他到底值不值这五张羊皮的，于是召见百里奚，并向他询问起国家大事，百里奚冷冷地答道："臣亡国之臣，何足问？"秦穆公一看百里奚的态度，心想还挺傲娇啊，有点儿东西，于是说："虞君不用子，故亡，非子罪也。"秦穆公的话深深地触动了百里奚，百里奚大为感动。随即百里奚滔滔不绝，知无不言，言无不尽，两个人这一聊便聊了三天。

长期以来，秦国虽然靠着一腔热血、英勇神武闯出了一片天地，但政治文化这方面，着实只是半开化的水平，国家管理粗放，制度不完善，有点儿随心所欲。在国家规模还小的时候，这个问题还不算是个大问题，但随着土地的扩大与人口的增加，对统治者的执政能力的要求就更高了。百里奚曾任虞国大夫，在治理国家上有丰富的经验，同时人品高尚，有远见卓识，令秦穆公十分钦佩。

百里奚的一生跌宕起伏，从虞国大夫到亡国奴，从楚人的阶下囚到五张羊皮换回来的奴隶，如坐过山车一般，当他跌入人生谷底时，转瞬的时间，就能跃上人生的巅峰。百里奚是被幸运之神眷顾的，在与秦穆公畅谈几天后，百里奚一跃成为秦国上卿，一人之下，万人之上。

秦穆公慧眼识才，改变了百里奚的命运，作为回报，百里奚改变了秦国的历史。

秦国自从有了百里奚，政治文化水平明显得到了全面提升，不仅如此，百里奚还加送秦穆公一个重要的人才，便是蹇叔。蹇叔是百里奚的挚友，他的才能是百里奚都自愧不如、望尘莫及的。蹇叔为人淡泊名利、安贫乐道、深居简出，所以他的才能世人并不知晓。

百里奚早年的时候热衷于功名，经常游走于各诸侯国之间，希望以自己的才能博取到功名，从而进阶到社会的高层当中。而蹇叔却恰恰相反，他为人低调，不愿展露自己的才智，更不愿参与到这乱世纷争中。正因为淡泊，蹇叔以旁观者的视角看待时局，反而看得更加透彻、更加深远。那时急于成名的百里奚经常让自己深陷险境，曾因蹇叔的劝阻才躲过了好几次血光之灾。

百里奚的性格使然，始终不能像蹇叔那样过着闲云野鹤的生活，心中终究放不下他的政治抱负，最后他决定前往虞国，希望可以大显身手。临行前，蹇叔劝诫他说，虞国国君昏庸无道，是听不进去大臣劝告的君主，这样的君主不值得跟随。雄心壮志的百里奚已被功名冲昏了头脑，没有听从朋友的劝说，结果虞国被晋国所灭，自己也沦为阶下囚。

每每忆起往事，百里奚都是百感交集、感慨良深。百里奚认为，不能让蹇叔的才智就这么被埋没，也为了感激秦穆公的知遇之恩，他向秦穆公举荐蹇叔，并告诉秦穆公，蹇叔的聪明才智在自己之上。这对求贤若渴的秦穆公来说就是及时雨，当即以重金礼聘蹇叔前往秦国，并拜为上大夫。有了百里奚和蹇叔在旁辅佐，秦穆公可谓锦上添花、如虎添翼。

秦穆公的这五张羊皮，价值回报入得超乎想象，用五张羊皮不仅仅换来了一个百里奚，同时还得到了蹇叔，以及他们出色的儿子。百里奚的儿子名叫孟明视，蹇叔的儿子叫西乞术，之后都成了秦国的重要将领。秦穆公时代，秦国有三大将领，除了孟明视与西乞术之外，还有一位将领叫白乙丙，这些有智之才，实实在在撑起了秦国人才的半壁江山，同时也撑起了秦国的未来。

公元前648年，即秦穆公十二年，晋国遭遇大旱，晋国百姓生活苦不堪言，到处都闹饥荒，于是派人到秦国请求援助粮食。丕豹上前劝谏秦穆公，这个时候断不能借粮给晋国，相反要利用晋国缺粮的时机去攻打晋国。秦穆公又问百里奚的意见，百里奚说："夷吾得罪于君，其百姓何罪？"（《史记·秦本纪》）秦穆公听后，派人用船和车给晋国送去了粮食。然而公元前

646年，即秦穆公十四年，秦国发生了饥荒，秦穆公向晋国请求粮食援助。秦穆公以为晋国会知恩必报，没想到晋惠公的所作所为让秦穆公大跌眼镜，晋国不仅没有出手相助，还意图趁秦国粮食紧缺的时机派兵攻打秦国。晋国的这波操作，真的是让人无语，良知哪儿去了？

第二年，晋惠公还是没能控制住自己欲望的小手，下令军队攻打秦国，真是不讲究。秦穆公怎么可能咽下这口气，他亲自率领军队迎战。秦军与晋军在韩地交战，两军相见，分外眼红，战况十分激烈，秦军的勇猛让晋军败下阵来，连国君晋惠公都被秦军俘虏了。

秦穆公真是痛快极了。这时，周天子和秦穆公的夫人穆姬纷纷前来求情，秦穆公顾及夫人的感受，最终与晋惠公订立盟约，晋惠公派他的儿子公子圉到秦国来做人质，将他换回晋国。秦穆公为了掌控公子圉，再一次政治联姻，将自己的女儿怀嬴许配给了他。秦穆公以自己的诚意换来了暂时的和平，但是后来晋国毁三观的作为，还是让秦、晋两国走到了水火不容的地步。

在当时的历史背景下，除了秦、晋两国之外，实力最强大的诸侯国就是楚国了。在诸侯国当中，楚国是比较有个性的。楚国崛起的时间相对早些，在西周中后期势力就日益强大。进入春秋时代后，楚国以傲视群雄的姿态出现在世人的面前，成为地大物博、实力雄厚的南方霸主。

在周代五等爵中，楚国被周天子列为最低一级的"子爵"。明明是实力派选手，却被人这样轻视，楚国君主怎么会甘心居于他国之下？于是找到周天子，要求提升爵位，没想到竟被周天子拒绝了。楚国君主是个暴脾气之人，他没有忍气吞声，相反，决定自立为王。其他诸侯被称为"公侯"，而楚国君主则自称为"王"，与周王分庭抗礼，摆明了告诉周天子，看你能奈我何？实力雄厚的楚国从此自立门户，不再受周王室的管制，自成一派。

在经过楚武王、楚文王的奋力拼搏、开疆拓土之后，到了楚成王统治时，楚国的国力如日中天，楚成王不断派兵北进，蚕食中原。面对楚国不可一世、气势汹汹的架势，能与之抗衡的只剩下秦国与晋国了。

秦穆公看楚成王太嚣张了，若不还手，岂不是要打到秦国门口了！必须好好挫挫他的锐气。于是，公元前635年，秦穆公下令秦军攻打楚国的鄀国。晋文公得知消息，必须力挺秦穆公，立刻下令派兵支援秦军，这也算是对秦穆公的报答。

鄀国怎么可能是秦国的对手，一边奋力抵御秦军，一边向楚国求助。楚成王也没犹豫，随即派斗克、屈御寇率大军救援鄀国。这边楚国的援军已经出发，而那边的秦军也没闲着，秦军采用了极为冒险的战略决策，秘密绕过析城，直接兵临商密，若不能迅速拿下商密，秦军将面临腹背受敌的不利局面。既然敢冒这个险，秦军就是有把握迅速攻城的。秦军采用的是心理战，故意让人装扮成战俘，给商密守军造成析城已经战败的假象。秦军又让人装扮成楚人，置办起一个盟誓的仪式。鄀国人大惊失色，认为楚国将领已经背叛自己，与秦国结盟。

秦国这招"无中生有"用得极妙，大获全胜。鄀国君主见大势已去，无力再做抵抗，乖乖投降了，秦军一拥而上，不费吹灰之力便把城内的楚军一网打尽。这场战役的结果，对自视清高、战无不胜的楚国来说，是个不小的打击。

这是秦穆公与晋文公第一次进行军事合作，秦国以主角的身份艳压全场。当初因晋文公阻止秦穆公东进勤王惹出的嫌隙，通过这次军事行动，关系得以修复。攻鄀之战只是一场小小的战役，相较于接下来的城濮之战，是小巫见大巫。城濮之战是关乎中原霸局的战争。

城濮之战是春秋时期晋国和楚国之间的一场战争，这两个国家虽然不是我们的主角，但是起着至关重要的作用，让我们看到为了演好这个主角，秦国是多么努力。城濮之战可以说是诸侯国争霸的首次大战，公元前634年前后，势力强大的楚国不断北上，蚕食中原，意图称霸中原。为了阻止楚国的不断侵犯，晋文公大力扩充军队，储备军粮，做好迎战的一切准备。

公元前632年，城濮之战的号角吹响。

春秋时期，鲁国、曹国、卫国、陈国、蔡国、郑国、许国等许多诸侯国都臣服于楚国的强大。楚国傲娇自满，不断侵犯中原，并且派兵攻打宋国，宋国打不过，只能派人向晋文公请求支援。晋国目前还没有十足的把握与楚国正面交锋，于是采用了"调虎离山"之计，先是出兵攻打楚国的跟班曹国、卫国，试图以此来迫使楚国从宋国撤兵。

楚国这么傲娇，怎会轻易撤兵？楚军不但没有撤兵，反而打得更加凶猛，晋国见计谋没有得逞，也是要面子的，那就打！晋楚大战便开始了。晋文公之所以敢迎战，因为他身后还有秦、齐两国作为军事后盾。别看当时许多诸侯国都拜倒在楚国门下，但势力强大的秦、齐两国却是站在晋国这一边的。尤其是秦国，有谁都不服的精神，秦军的强悍和勇猛，甭管是谁，当秦国成为对手，都是有所忌惮的。秦穆公都没亲自上阵，只派遣了小儿子子憖率军增援晋文公，驻师于城濮。

晋国有了秦、齐两国的助阵，加上战略战术运用得当，如脱缰的野马，一举击败楚国，大获全胜。在这场至关重要的战役中，晋国一战成名，称霸一方。史书中对这场战役有详细的记载，但是对于秦军的表现只是只言片语，即使秦军是作为配角出现的，但对秦国来说，城濮之战的意义深远，秦国通过这场战争，迈出了通往中原的第一步。

秦、晋两国的关系始终是时好时坏、分分合合，而接下来发生的事，使秦、晋两国好不容易修复的关系再一次出现裂痕。

城濮之战大获全胜，使晋文公激动兴奋，决定借着胜利的势头攻打郑国。秦穆公见状，不仅没有支持晋文公的决定，还撤走援军，并且留下一支军队，帮助郑国守城，这无疑是公然叫板晋国。秦穆公为什么要这么做？

秦穆公是个实在人，可是却多次被晋国欺骗耍弄，加上晋国之前忘恩负义的行为，始终让他耿耿于怀。秦穆公的这一举动，让晋文公措手不及，蒙圈了。晋国的将军们觉得秦穆公公然倒戈，太不给晋国面子了，纷纷在晋文公面前煽风点火，提出截击秦穆公，灭掉秦军主力。好在晋文公是个讲理的人，不像前任晋惠工、晋怀公那样狼心狗肺、恩将仇报，他不想与秦国交战，毅然决然地拒绝了将军们的提议。

秦穆公既然派军队留下援助郑国，晋文公不想在秦、晋两国的关系上雪上加霜，只好撤兵回国，放弃攻郑。表面上风平浪静的两个人，实际上已经心生芥蒂。

晋文公这个人还是不错的，是位仁义之君，在位时间仅仅八年，但他却是晋国百年霸业的开拓者、引领者。公元前628年，晋文公去世，新上任的晋襄公以迅雷不及掩耳之势，与秦国撕破脸。晋国与秦国的关系已经临界冰点，两大军事强国势必要兵戎相见。

秦穆公得知晋文公去世的消息，表现得很冷漠，甚至没有派人前去吊唁。不仅如此，他还打算趁着晋国国丧无暇顾及其他，偷偷派出一支军队远征郑国。

当初秦穆公从郑国撤军时，曾留下一支军队，表面上是帮助郑国抵御晋国的，实际上则是秦穆公在郑国内部打下的一根楔子，为秦国重返中原做的准备。秦穆公与历代秦国君主不同，他志在中原。

但攻打郑国，对于当时的秦国来说，此举是不明智的。秦国与郑国相隔甚远，中间隔了好几个国家，势必要远征。看地图，感觉是件很容易的事情，但实际操作起来却是很难的。毕竟那是古代，没有便利的交通，要想攻打一个国家，浩浩荡荡的人马车队、军旗飘飘，就注定不可能低调，更无保密性可言。这样大张旗鼓的远征，简直就是在告诉众人，我要打你了，不仅给了敌人做防御的准备，还把自己暴露在危险当中。远征的不可控因素实在太多了，几乎是不可能完成的任务。

秦穆公雄心壮志力图争霸中原的决心是不变的，但是一味空想是不可取的，他认为自己在郑国留有一支军队作为内应，这场战争就赢了一半。再者，晋文公刚刚去世，晋国新君刚刚即位，政权交接之际，不可能出兵增援郑国，更没空拦截秦军，又赢了一半。他此刻的想法过于简单了，郑国怎么会对秦国的远征毫无察觉？如果晋国出兵截击，秦军要怎么办？

秦穆公固执的劲儿上来了，就奔着最佳主角使劲儿。任凭百里奚、蹇叔怎么晓之以理、动之以情地相劝，都不好使。秦穆公没有听取任何人的意见，一意孤行，坚持自己的作战计划，就是要打，谁都拦不住。

为了这次远征，秦国可谓做足了准备，派出最强领军阵容，以孟明视为统帅，西乞术、白乙丙为副统帅，三员大将齐上阵，秦穆公这是背水一战哪。浩浩荡荡的远征军意气风发地出发了，一路倒也相安无事。穿过晋国后，从周朝都城的北门经过，然后向滑国开进。正如蹇叔所料，秦军如此大规模的军事行动，怎么可能做到瞒过众人、密不透风呢？进入滑国后，尴尬的相遇出现了，秦军与郑国商人弦高打了个照面。

弦高见到浩浩荡荡的秦军出现在此地，心中知道必定有大事发生，他害怕被秦军杀掉或被俘，心生一计，当场献上他的牛，说："闻大国将诛郑，郑君谨修守御备，使臣以牛十二劳军士。"（《史记·秦本纪》）弦高的意思是说，得知秦国要惩罚郑国，郑君已经恭敬地做好了防备工作，派他用十二头牛来慰劳秦国士兵。言下之意，郑国已经知道秦军的计划了，并且做好了万全的准备。实际上，郑穆公对秦军的偷袭计划一无所知，好在弦高急中生智，没有让秦军有所怀疑，并及时报信给郑穆公，否则后果不堪设想。

郑穆公得到消息后，立即派兵暗中调查驻扎在国内的秦军，发现他们已经进入战斗准备，全副武装，显然是要与远征军里应外合，一举歼灭郑国。形势紧急，刻不容缓，郑穆公当即下了逐客令，把这支充当内应的秦军赶出郑国。孟明视、西乞术等秦军将领收到密报后，认为计划已经败露，错失了绝佳的突袭时机，若现在孤军前行，没有援军，恐怕很难取胜，只好撤军。大老远地跑过来，还没行动，计划就败露了，孟明视等将领心中不甘，若这样空手而归，怕是要被人笑掉大牙。于是，孟明视顺手牵羊，把滑国给灭掉了。让孟明视没有想到的是，灭滑之举给秦军带来了灾难性的后果。

秦国的远征军还在为灭掉滑国而沾沾自喜，不承想在返程的路上，经过崤山的谷地时，被早已埋伏在此的晋军突袭，长途跋涉已经让秦军疲惫不堪，突如其来的攻击，更是让秦军毫无还手之力。结果不言而喻，秦军全军覆没，孟明视、西乞术、白乙丙三名大将全被晋军俘虏了，这真是奇耻大辱。崤山之战，晋国不费吹灰之力便取得胜利。这是晋襄公上位之后的一场战役，秦国在崤山之战中受到重创，而晋国用实力再一次向世人证明晋国的霸主之位。

崤山之战对春秋时期的历史产生了深远的影响，秦国作为少数几个能对抗晋国霸权的国家之一，经此一战，秦穆公向中原扩张的美梦就此醒了。

晋襄公大概是喜欢残缺的美，在经历了这场几乎完美的伏击战后，竟然释放了秦国的三名大将。之所以释放这三名大将，文嬴夫人在其中起到了关键作用，她是秦穆公的女儿、晋文公的夫人，这个女人不是个简单的人物。虽然嫁到了晋国，但骨子里流淌的仍是秦国的血，她想方设法营救孟明视等三名秦将。晋襄公被文嬴夫人一洗脑，稀里糊涂地就把孟明视等三人释放回秦国了。晋国元帅先轸得知后怒火冲天，当着晋襄公的面便大发雷霆。晋襄公这时才意识到自己失策了，这不是放虎归山嘛！立刻派人前去追赶，但为时已晚。

在回国的路上，三名大将心里忐忑不安，羞愧难当，不敢想象回国以后将面临什么。当他们看清楚眼前来迎接他们的人的时候，愣在了原地，不是别人，而是**秦穆公亲自来迎接他们**。

没有预想的怒发冲冠，没有预想的责罚，反而官复原职。这样的胸襟，这样的气魄，的确非常人所能及。孟明视等将领深受感动，心存感激，从此肝脑涂地，誓死奋斗。若干年后，当孟明视率领秦军讨伐晋国、西戎，以胜利的战绩归来时，给秦穆公交了一份满意的答卷，这足以证明秦穆公的做法是非常明智的。

公元前 624 年，即秦穆公三十六年，孟明视看清时局，认准时机，主动请缨，率军讨伐晋国。有了充分的准备，孟明视率领大军，汹涌澎湃地向晋国进发。秦国大军刚渡过黄河，孟明视便下令烧毁了渡船，以表取胜的决心，若战败，不生还。

孟明视心中憋着一股气，为了秦国，更是为了自己，亲自率领先锋部队，一路势如破竹，过关斩将，终将晋军击败，一举攻下了王官、鄗地，一雪崤山之战的耻辱。

公元前623年，即秦穆公三十七年，秦军再次出征西戎，以迅雷不及掩耳之势包围了绵诸，并活捉了绵诸王。秦穆公乘胜追击，二十多个戎狄小国被收入囊中，归顺秦国。秦国转瞬之间开拓土地千里，国界南至秦岭，西达狄道，北至朐衍戎，东到黄河，终于成为西部真正的霸主。之前的颓势不复存在，经过秦国的奋斗，终于做了自己的主角，傲视西方，东方诸侯对秦国的迅速崛起十分震惊。

秦国称霸西方，从广义上说，是华夏攘夷战争的伟大胜利。在华夏诸侯一系列攘夷战争中，秦国取得的成就无人能及。如果没有秦国在西部挫败西戎，中原诸侯的日子怕是没有那么好过了。

凭着在西方攘夷的丰功伟绩，秦穆公被后人列为"春秋五霸"之一。

在秦穆公执政之前，秦国几乎无名，一直徘徊在附庸国之列，史书中对秦国历史的记载也十分简略。从秦穆公上台开始，秦国的国力有了质的飞跃，为天下所瞩目，特别是两次干涉晋国内政，扶植晋国君主，无不展示着其强大的军事力量。当时的秦国，是唯一一个能与晋、楚抗衡的国家，实力稳居前三强。秦穆公时代，可称为秦国的第一个黄金时代。可惜的是，这个崛起、辉煌的时代，随着秦穆公之死而烟消云散。

五、告别挨打的日子——秦献公的改革和战争

秦穆公是位伟大的君主，是位划时代的君主，他雄才大略、知人善任、礼贤下士，有海纳百川的胸襟，有肚里能撑船的气度，有远见，有谋略。但令人难以置信的是，秦穆公死后，竟用一百七十七个活人殉葬，而良臣奄息、仲行、针虎也在陪葬者的名单当中，真不知道是不是有人故意为之。这不是秦穆公能干出来的事情，很有可能是继任的秦康公依照秦国的传统，为死去的秦穆公搞了一个轰轰烈烈、震惊世人的殉葬。

殉葬，是中国古代文明史中残暴的制度之一，在西周和春秋时期十分盛行。战国时代思想家墨子在《墨子·节葬》篇写道："天子杀殉，多者数百，寡者数十；将军大夫杀殉，多者数十，寡者数人。"反映了当时社会上流阶层的这一恶习。

而秦国君主的殉葬制度是从秦武公开始的，秦武公去世时，以六十六个活人为他殉葬。殉葬人数的多少与君主的功绩成正比，不知道是谁想出这么缺德的换算方式，秦穆公的功绩要比秦武公的功绩多很多，所以陪葬人数高达一百七十七人，比秦武公多了一百多人。

秦康公以为自己的举动是忠是孝，他何曾想得到，因为这次大规模的殉葬行动，给秦国的未来蒙上了一层阴影。

秦穆公的功绩，大多是依靠百里奚、蹇叔等外来人民的辅佐。然而，当贤臣也被当作陪葬品活埋时，这足以吓退任何一个想到秦国发展的外国人。谁愿意为秦国奉献自己的才能后，还要成为国君的陪葬品呢？

从此以后，东方的有智之才再也不愿踏足秦国这片土地，刚刚有所起色的秦国，一下子又回到了人才缺乏的时代。直到秦献公上台，废除了长达三百年的殉葬制度，秦国才得以迎来了下一个春天。

秦献公即位之前曾在魏国流亡，在魏国，他接触到了中原先进文明文化。魏国在魏文侯统治时期，儒家思想得到广泛的传播，他极为推崇儒学思想，尊孔子高徒子夏为师。不仅如此，他还支持著名的法学家李悝支持变法，成为战国时代第一个改革变法的国家。魏文侯的这些举措，在秦献公的心里深深地烙上了印记。

秦献公的继位之路并不平坦，一度陷入危机。公元前385年，即秦出公二年，秦国庶长在西县迎立秦献公为君。秦出公母亲得知后，暗中命人前去截杀秦献公及其一党。谁知，这支军队的将领早已被秦献公收买，并在路上说服手底下的人前去迎接秦献公。沿途闻讯而来迎接秦献公的秦国百姓排成排，秦献公在这些人的簇拥下顺利进入秦国的都城庸城，并杀死秦出公赵昌和他的母亲，一举夺回君位。

秦国在此前三百年时间里，频繁地更换国君，导致秦国的君与臣的关系十分混乱，是为内乱。而军事力量日益强大的晋国借此机会，派兵夺取了秦国河西的土地。

秦献公继位后，立即着手废除殉葬制度，这无疑受到儒家思想的熏陶。殉葬制度的存在，严重阻碍了秦国文化前进的脚步。公元前384年，即秦献公元年，秦献公宣布"止从死"，废除自秦武公起秦国实行三百多年的活人殉葬制度。这一制度的废除具有划时代意义，不仅提高了秦国的文明程度，避免了秦国的青壮年劳动力被白白杀死，也为秦国人才的引进铺平了道路。同年，力行改革的秦献公派军队讨伐西戎狄族，将其攻灭，并设立了狄道县。

公元前383年，即秦献公二年，秦献公实行迁都，把首都从雍城迁至栎阳。秦献公之所以迁都，其目的在于魏国。当初不讲究的邻居魏国，趁秦国内乱之际，夺取了秦国河西（黄河与洛河之间）之地，气势汹汹逼人。旧都雍城远在关中西部，不利于秦献公作战指挥，而栎阳是"东通三晋，北却戎狄，亦多大贾"的要地，迁都至此，对军事需要以及国家的建设是有利无害的。

秦献公不仅在秦国国内进行改革，废止人殉、迁都，还扩大了商业活动、编制户籍和推广县制，并且数次发动收复河西失地的战争。

公元前379年，即秦献公六年，秦献公把蒲、蓝田、善、明氏等边境地区改建成县，由自己直接掌控，初步完善了秦国的行政区划分。公元前378年，即秦献公七年，秦献公进行了第一次经济改革，即"初行为市"，开始对工商业进行规范管理，抽取营业税。初行为市与初租禾为秦国的国库带来大量的收入，秦国的经济实力倍增。

公元前375年，即秦献公十年，秦献公将全国人口按五家为一"伍"的单位编制起来，称为"户籍相伍"。在奴隶社会里，奴隶居在"野"，平民和奴隶主在"国"，两部分人区分得十分明显。秦献公的这一户籍改革，取消了国和野的界限，凡秦国统治下的人民一律被编入"伍"，实际上就是把奴隶的地位提升了，享受国民的待遇。农忙时互相帮助，农闲时进行军事训练，如果有人犯法，实行连坐，实现集体化管理。这是积极的、进步的改革。

秦献公还有一项举措，就是吸引周边国家和部族的人到秦国种地、放牧，并与本国人一视同仁，下令不许歧视外来户。秦献公统治期间，着重于内政改革，通过这一系列改革，秦国的人口数量大幅度增加，原来的很多荒地也得到开垦，粮食富足，国库充裕。秦献公时期的改革颇有成效，为秦孝公时期的商鞅变法打下了坚实的基础。

公元前366年，即秦献公十九年，韩、魏两国联合发兵攻打周显王的城邑，联军逼近洛阳，周王室岌岌可危。秦献公便以勤王为借口出兵，秦军在洛阳城下打败了韩、魏两军。经此一战，秦国在诸侯国之间的地位明显有所提高，秦人由此恢复了往昔的自信与拓土扩疆的雄心壮志。

河西之地一直都是秦献公的心病。公元前364年，即秦献公二十一年，"与晋战于石门，斩首六万，天子贺以黼黻"（《史记·秦本纪》）。秦献公派兵攻打魏国，欲夺取秦国的故土河西之地，秦军一直打过黄河，与魏国在石门激战，斩杀魏军六万人，取得了秦国前所未有的胜利，周显王为了表示祝贺，特赐秦献公黼黻之服。

公元前361年，即秦献公二十四年，秦献公去世。秦献公是秦国得以复兴的关键人物，他上台之后，立志改革，不畏战争，初步改变了秦国被动挨打的局面，为秦国的东进与东方诸侯国争雄奠定了基础，正是他打下的坚实的基础，成就了未来商鞅变法的辉煌。

六、商鞅到来——拉开秦国全面变法的序幕

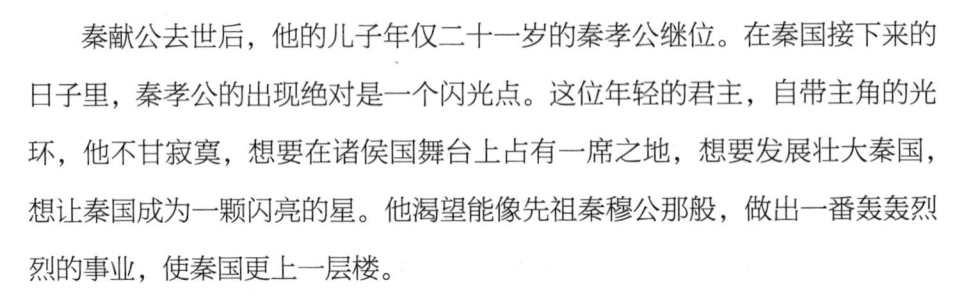

秦献公去世后，他的儿子年仅二十一岁的秦孝公继位。在秦国接下来的日子里，秦孝公的出现绝对是一个闪光点。这位年轻的君主，自带主角的光环，他不甘寂寞，想要在诸侯国舞台上占有一席之地，想要发展壮大秦国，想让秦国成为一颗闪亮的星。他渴望能像先祖秦穆公那般，做出一番轰轰烈烈的事业，使秦国更上一层楼。

秦孝公继位时与齐威王、楚宣王、魏惠王、燕文公、韩昭侯、赵成侯并立，淮河、泗水之间有十多个小国。而楚国、魏国与秦国接壤，魏国从郑县开始沿洛河向北，直到上郡，修筑了长城。楚国在汉中与秦接界，南部有巴郡、黔中。周王室势力衰微，不足为惧，诸侯国间都是以武力相互征伐吞并。当时黄河和崤山以东的战国六雄基本成形，而秦国地处偏僻的雍州，不参与中原各诸侯国的盟会，被诸侯们视为夷狄一般。

在春秋时期，各个诸侯国会盟成为主导国内政治的一种主要形式。诸侯会盟一般由两个国家作为主持，就是晋国、楚国。晋国、楚国都是秦国的邻居，但是他们主持的诸侯会盟都把秦国排挤在外。这是明目张胆的歧视霸凌啊！如果不是秦国英勇奋战打败西戎，何来今日平静安稳的中原？何来今日

的诸侯会盟？虽然秦国文明落后于其他诸侯国，可是不应该将秦国捍卫华夏文明的功绩给抹杀了。

秦孝公有很强的危机感，虽然魏、韩、赵三国之间的矛盾日益激化，战争一触即发，但是他们对待秦国的态度却出奇的一致，十分默契，甚至可以为了对付秦国而摒弃前嫌，这对秦国来说可不是一件好事，堪比一颗定时炸弹在身边，成为秦孝公的心病。加上沦陷的河西之地还控制在魏国手里，在收复失地之前，他有什么资格说强大呢？

恢复秦穆公时期的霸业是秦献公和秦孝公两代君王的愿望，秦孝公将其视为己任，他广施恩德，救济孤寡，招募战士，明确论功行赏的法令。他深知要改变秦国，提高秦国的实力，依靠一群思想守旧的老官僚是不行的，他们不敢创新，害怕改革，固守己见，冥顽不灵，他必须另辟蹊径。于是，秦孝公做出了一个惊人的举措，他颁布了著名的《求贤令》，命国人及大臣献富国强兵的计策。因之前秦献公废除殉葬制度，为人才的引进铺平了道路，秦孝公凭此令以求天下贤才，更是如鱼得水。

《求贤令》全文如下：昔我穆公自岐雍之间，修德行武，东平晋乱，以河为界，西霸戎翟，广地千里，天子致伯，诸侯必贺，为后世开业，甚光美。会往者厉、躁、简公、出子之不宁，国家内忧，未遑外事，三晋攻夺我先君河西地，诸侯卑秦，丑莫大焉。献公即位，镇抚边境，徙治栎阳，且欲东伐，复穆公之故地，修穆公之政令。寡人思念先君之意，常痛于心。宾客群臣有能出奇计强秦者，吾且尊官，与之分土。

《求贤令》的颁布，为秦孝公引来一位改变秦国历史的人才，此人就是商鞅。

商鞅，又称为卫鞅或公孙鞅，是卫国国君的后裔，后来在秦国得到秦孝公的重用，被封为商君，因此被称为商鞅。商鞅年轻时勤奋好学，喜欢刑名之学，深受李悝、吴起的影响。李悝曾在魏文侯时期主持变法，是战国时代变法的领军人物。卫国本是小国，政局动荡不安，商鞅无法在本国发光发热，于是前往魏国，做了魏国国相公叔痤的侍从，任中庶子，希望在魏国能够闯出一片天地，实现自己的政治抱负。

公叔痤病重时曾向魏惠王举荐商鞅，说："我的随从商鞅，年纪虽轻，却有奇才，大王可以把国家大事全都托付给他，让他治理。"魏惠王听后，没有说话。当魏惠王即将离开时，公叔痤又对魏惠王说："大王假如不能用商鞅，就一定要杀掉他，不要让他走出国境。"魏惠王点头表示答应，其实心里认为公叔痤已经病入膏肓，开始胡言乱语，所以并没有将公叔痤的建议放在心上。

公叔痤死后，商鞅知道自己在魏国不会有施展拳脚的机会了，恰逢这时，听说秦孝公颁布的《求贤令》，于是商鞅踏上西行之路，来到秦国，通过秦孝公的宠臣景监见到了秦孝公。

商鞅第一次与秦孝公见面，因为心里没有把握，不知道秦孝公内心的真实想法与变法的决心，便以"三皇五帝"的帝道为谈话内容，谈了很久，秦孝公一边听一边打瞌睡，什么都没听进去，事后景监责备了商鞅。

商鞅慢慢摸清秦孝公的想法后，第二次见面不说"帝道"了，改谈王道，可是还是不合秦孝公的心意。商鞅与秦孝公的两次见面，说的都是治理天下的道理，而此时的秦孝公眼里只有秦国，没有天下，他自然提不起兴趣，景监又被训斥了。

商鞅再次与秦孝公见面的时候，他胸有成竹，既不谈帝道，也不谈王道，只说霸道。在春秋时期，争霸才是硬道理，其余都是云烟。于秦孝公而言，建功立业就是他奋斗的目标，恢复秦穆公时期的辉煌就是他的责任。最后这次畅谈，秦孝公听得津津有味，十分入迷，不知不觉两个人已畅谈几日仍不知疲倦。

商鞅把从李悝思想里吸取的精髓加以丰富，形成了自己一套独有的理论，并将这套理论灌输给秦孝公。秦孝公虽心怀抱负，但变法并不是光靠理论、思想就可以成功的。李悝变法之所以成功，是因为魏国是新兴国家，背负的传统包袱少。而吴起变法失败，是因为楚国历史悠久，守旧派势力强大，在楚悼王死后，守旧派立马发动政变，将吴起杀害，吴起提倡的变法最终也被废除。而秦国的守旧派，怕是比楚国的还要顽固不化。

自从变法的事情在秦孝公心里生了根、发了芽，他没睡过一天好觉，没吃过一顿安稳饭，承受着巨大的压力，当一个人要与一国的人为敌时，需要的不仅仅是勇气，更加需要一颗坚定的心。

商鞅清楚秦孝公的矛盾心理，于是对他说："疑行无名，疑事无功。"意思是说，行动犹豫不会成名，办事犹豫不会成功。在商鞅的劝说下，秦孝公终于下定决心，势必要在秦国国内推行变法，以此来推翻旧的制度，即使会遭到国内守旧势力的顽强抵抗，秦孝公也不怕，就是要干一番大事业。

秦孝公在朝堂上明确表达了自己的想法与决定，守旧派中以甘龙、杜挚为代表，表示强烈的反对，于是双方产生激烈的辩论。这场轰动一时的辩论是一次思想上的交锋，商鞅凭借着清晰的思路，铿锵有力、有理有据地驳倒了守旧派，让秦孝公对变法有了更深刻的理解。秦孝公变法的初衷只是为了复兴秦穆公时期的辉煌，而商鞅却将变法的目的提高了一个层次，他对制度的改革不仅改变了秦国的面貌，对之后两千年的中国政治也有着深远的影响。

在辩论赛上赢了的商鞅，开始着手实践。首先，他把农业的重要性提升到国家战略的高度，《垦草令》成为他实施变法的第一步。秦孝公于公元前359年，命商鞅在秦国国内颁布《垦草令》（主要内容有：刺激农业生产，抑制商业发展，重塑社会价值观，提高农业的社会认知度，削弱贵族及官吏的特权，让国内贵族加入到农业生产中，实行统一的税租制度以及其他措施）作为全面变法的序幕。

从《垦草令》的内容看得出，商鞅比较重视农业，他认为农业是本、商业是末，他对商业采取了压制的手段，迫使他们务农。在秦国的领土内，有很多没有开垦的荒地，要想增加财政收入，为军事需求提供大力的支持，就必须发展农业、大力拓荒。之后的秦国之所以能够组织大规模的远征，充足的后勤物资供应是一大因素，就凭这一点，证明商鞅还是很有远见的。

《垦草令》在秦国成功实施后，秦孝公于公元前356年任命商鞅为左庶长，在秦国国内实行第一次变法。变法的主要内容有：改革户籍制度，实行什伍连坐法，明令军法，奖励军功，废除世卿世禄制度，建立二十等军功爵制（二十等爵由低到高分别是：一公士，二上造，三簪袅，四不更，五大夫，六官大夫，七公大夫，八公乘，九五大夫，十左庶长，十一右庶长，十二左更，十三中更，十四右更，十五少上造，十六大上造，十七驷车庶长，十八大庶长，十九关内侯，二十彻侯），奖励耕织，重农抑商，严惩私斗，改法为律，制定秦律和推行小家庭制。

变法中的什伍连坐法，是我国连坐制度形成的标志，使得全体国民只能无条件地听从国家的安排，向富国强兵的方向冲刺。而军功爵制则是一种奖励军功的机制，它的出现和确立，在秦国的军事史上具有划时代的意义。

变法中的军功爵制，在赏赐爵秩的原则上还有较严格的限制。它不仅仅是一种头衔，还和实实在在的经济利益息息相关。

原则一：凡是在作战中斩敌一首级者，可得爵位一级及与之相应的田宅、庶子，也可以做官。斩敌首级五颗，还可以役使隶臣五家。军功的大小决定着将士爵制等级的高低。

原则二：爵位高者赏赐重，爵位低者赏赐轻。对五大夫以上的高爵赏赐，在正常的官爵升迁之外还有"赐邑""赐税""税邑"等。五大夫以下的低爵，只晋升官爵一级，或赐点钱财、奴隶等。

原则三：赏罚并行。秦国军队以伍为基本战斗单位，据《商君书·境内》篇记载，一伍之中如有一人战死，其余四人即获罪；如有二三人战死，其他人的罪名更重。将功折罪的方法就是杀敌，一人战死，须杀敌一人。以此类推，将士想要得到"斩一首爵一级"的奖赏，必须在斩杀敌人的数量中扣除已亡战友的人数后，方能获得。

军功爵制是商鞅以一种新的价值观在引导将士们，建立军功者是最光荣的人。如果说以前将士们上战场是义务、是不得已，那么现在战争就是照亮他们升官发财之路的曙光，将士们个个赤红双眼要为自己的前程奋力一搏。这对秦国的军事制度产生了极为深远的影响，直接把秦国带入一条疯狂扩张的道路上。

经过第一次变法后，秦国国力肉眼可见地强大起来，在诸侯国中的地位有了明显的提高。

公元前355年，秦孝公与魏惠王在杜平会盟，结束了秦国长期不与中原诸侯会盟的局面。

公元前350年，秦孝公命商鞅征调士卒，按照鲁国、卫国的国都规模修筑冀阙宫廷，为营造新都做准备。并于公元前349年，将国都从栎阳迁至咸阳。咸阳位于关中平原中部，北依高原，南临渭河，顺渭河而下可直入黄河，终南山与渭河之间可直通函谷关，迁都咸阳有利于向函谷关以东发展。

迁都的同时，秦孝公命商鞅在秦国国内进行第二次变法，主要内容为：开阡陌封疆，废井田，制辕田，允许土地私有及买卖，推行县制，加收口赋，统一度量衡，燔诗书而明法令，塞私门之请，禁游宦之民和执行分户令。

第一次变法的目的在于变更法令，明确赏罚手段，重点发展农业，改革军制等，而第二次变法便是完善、强化国家的行政功能了。

经过两次变法后的秦国，在经济上改变了旧有的生产关系，废井田开阡陌，从根本上确立了土地私有制，百姓家家富裕充足，国人路不拾遗，山中没有盗贼。在政治上，打击并瓦解了旧的血缘宗法制度，使国家机制更加健全，中央集权制度的建设从此开始。在军事上，奖励军功，达到了强兵的目的，极大地提高了军队的战斗力，人民勇于为国家战斗，怯于私斗，乡村、城镇秩序安定，为秦国发展成为战国后期最强大的国家，为秦的下一步的战略发展创造了有利的条件，为统一全国奠定了坚固的基础。

商鞅变法可谓中国历史上最成功的变法，也是影响最大、最深远的一次变法。

七、河西之地——秦孝公心之所向

秦国的国力在经过变法之后，不断壮大。接下来要解决的问题就是该如何收复河西失地，恢复秦穆公时期的霸业了。现在的秦国，已经具备收复河西地区的能力了。

公元前 354 年，即秦孝公八年，赵国派兵攻打卫国，夺取漆及富丘两地。赵国此举遭到魏国的干涉，魏国出兵包围了赵国都城邯郸，以此援助卫国。魏国的精锐部队全部出征，无疑给了秦孝公一个绝佳的进攻机会。于是秦孝公趁魏军主力出征之机，派军队偷袭魏国，进攻魏河西长城重要据点元里，大败魏军，歼灭守军七千人，并占领少梁。少梁城是黄河西岸的重要渡口，这意味着秦军随时可以渡河攻击魏国的河东。

同年，秦孝公命公孙壮率军攻打韩国，包围焦城，虽然没有攻克，却占领了上枳、安陵、山氏并筑城，深深地插入魏、韩两国交界地区。

魏惠王并没有因为少梁城的丢失而改变他的战略决心。他的意图十分清晰，排除万难迫使赵国投降，只要赵国臣服于魏国，魏国就可以联合三晋的力量与秦国一决高下。魏惠王的出发点是没错的，计划也没毛病，但是他忽略了这场战争的艰难远远超乎他的想象。

魏惠王没想到的是，在魏军围困邯郸之际，齐国突然出兵围魏救赵。齐国的名将孙膑在桂陵之战中大破魏军八万精锐，生擒魏将庞涓。与此同时，南方的楚国也打着"救赵"的旗帜，出兵攻取魏国睢水一带的土地。虽然腹背受敌，但魏惠王却一点儿也不慌乱，就是不从赵国撤兵，还召集韩国军队参战，用来击退援赵的齐军，始终牢牢地把握着战争的主动权。

公元前353年，即秦孝公九年，齐军与宋国景敌、卫国公孙仓所率部队会合，围攻魏国的襄陵。此时魏军主力已攻破赵国首都邯郸，但在桂陵之战被前来救援赵国的齐国军队击败。楚宣王也派大将景舍率兵救援赵国，夺取了魏国睢水、濊水之间的土地。现在的局势，一个字：乱！

这么乱的局面，怎么少得了秦国呢？秦孝公抓住魏国国内空虚的机会，于公元前352年，任命商鞅为大良造，这是秦国最高的官职。商鞅率领秦军渡过黄河，向东挺进，直逼魏国旧都安邑。秦军长驱直入，分分钟将魏国旧都安邑包围并占领。魏惠王得知秦国出手的消息，急忙派军队在上郡要地固阳以东修建崤山长城，用来阻止秦军的进攻。此时的魏惠王分身乏术，既要攻赵，又要对付齐、楚的进攻，四面受敌，焦头烂额。

秦孝公见轻而易举就拿下了安邑，大有乘胜追击的势头，公元前351年，商鞅又率军包围并占领了固阳。

魏惠王失之东隅，收之桑榆。尽管西疆在商鞅的进攻下连遭挫折，但在中原大战中，魏惠王却取得了重大胜利。

魏军兵围赵国首都邯郸三年后，终于将其攻陷，取得了重大胜利。公元前351年，商鞅趁赵国风雨飘摇之际派兵攻打赵国，夺取蔺城。此时的赵国已经油尽灯枯，无奈之下，赵成侯终于手举白旗低头认输，被迫向魏惠王俯首称臣。

在魏武侯去世后，魏国先是陷入内战，随后又遭到赵、韩两国的入侵挑衅，还面临着秦国在西线的骚扰。魏惠王都以他的才略一一化解，在内战中消灭竞争者，而后分化瓦解赵、韩联盟，迫使韩国俯首称臣。紧接着，魏惠王大举攻赵，挫败齐国援军，迫使赵国臣服。尽管魏国在西线遭遇一些损失，总体上仍然取得了巨大的成功。除了赵、韩两国外，泗水流域的十二个中小诸侯慑于魏国之力量，全部屈服。一时间，魏国仿佛又回到春秋时代晋国的霸主地位。

魏惠王立中原霸主之威，继续对外扩张。公元前350年，魏国纠集刚刚臣服的赵国，出兵攻打燕国，取夏屋；公元前346年，魏惠王派大将魏章率魏、韩联军进攻楚国，攻取上蔡。魏国在西线的损失，在东线上得到了补偿，也不算吃亏。鉴于魏国在中原咄咄逼人的气势，东方大国齐国感到了严重的威胁，于是从公元前350年开始，打造了一条长城防线，以防魏国的突然进攻。

一系列的军事成功，使魏惠王立于战无不胜的霸主地位，在魏惠王看来，自己已经无敌了，但是他不甘寂寞，又把苗头对准了秦国。

此时的秦国正在国内如火如荼地进行第二次变法，并不知道自己已经成为魏国的下一个目标。魏惠王打着朝见天子的旗号，召集了十二个诸侯国，兴师动众全力向西进发——伐秦。面对魏国及诸侯联军来势汹汹的进攻，秦孝公要如何应对呢？

尽管商鞅变法后秦军的战斗力有了质的飞跃，但要以一国之力抗击十三国的进攻，简直是以卵击石，不自量力。

危急时刻，商鞅的智慧再次派上了用场，轻松化解了秦国这次危机。商鞅在魏国待过很多年，对魏惠王的性格拿捏得死死的。魏惠王这个人什么都好，就是好大喜功，一心想维持魏国的霸权事业，想超越魏文侯与魏武侯的功绩，想要成为天下最亮的那颗星，想让所有人都臣服于他的脚下。

既然魏惠王喜好虚名、骄傲自满，何不顺水推舟送他个虚名？于是商鞅自告奋勇出使魏国，要以自己的三寸不烂之舌，说服魏惠王放弃攻秦。

接下来就是商鞅的表演时间了。见到魏惠王后，商鞅一副崇拜的表情，开始大拍马屁，吹捧他在中原取得的伟大功业，把魏惠王吹得飘飘然找不到北了。俗话说得好，"千穿万穿，马屁不穿"，这话着实有理。商鞅看吹捧得差不多了，话锋一转，又以略带惋惜的口吻说："魏国有这么强大的实力，却只能领导鲁、宋、卫这样的小国，实在可惜，不如称王，先有'王'的名号，自然可成'王'的事业。"他还信誓旦旦地保证，秦国第一个支持魏惠王称王。

那一刻，魏惠王是真的感动啊，就差哭了，想想手下十几个跟班，怎么就没有人像商鞅这样了解他的内心呢？商鞅继续忽悠说，秦国永远都是魏国坚强的后盾，只要魏国搞定齐国与楚国，魏惠王就真的成为主宰天下的人了。这么明显的意图，被"王"蒙蔽了双耳的魏惠王愣是没听出来，伐秦的心思早就飘到如何搞定齐、楚两国上面了。轰轰烈烈的伐秦之战，还没开始就戛然而止。

没过多久，魏惠王还真给自己封了王，正式称为"夏王"。称王后，魏惠王召集他的跟班宋、卫、邹、鲁等国君在逢泽开了个会，秦国派出的代表是公子少官，以此来向魏惠王表示愿意服从他的决心，魏惠王看到秦国这么有诚意，非常开心。不过，为了表示对周天子的敬意，魏惠王还是率领众诸侯朝见天子，历史上把这次诸侯峰会称为"逢泽之会"。商鞅只是略施小计，就化解了秦国的危机，可谓非常划算。

如果往更深层思考商鞅的计谋，就会发现他是真的狡猾：一方面解除了秦国面临的战争危机，另一方面则制造了魏国与赵、韩两国的决裂。而称王的举动，直接将魏惠王推向风口浪尖。

表面上看，魏惠王在逢泽之会高高在上、出尽风头、风光无限，细细一琢磨却不是那么回事。除了秦国派代表来参加大会外，齐国、楚国这样的大国并没有派代表出席会议，燕国也没有派代表，连魏国新收的小弟赵国、韩国也不出席大哥的盛会，叫大哥情何以堪？

赵国与韩国表面上对魏国俯首称臣，心里却是不服的。要知道三个国家都是从晋国分裂出来的，地位是平等的，凭什么他们就要低人一等？如今魏惠王以"夏王"自居，把地位凌驾于众诸侯之上，赵、韩两国的君主心里特别不是滋味，便以拒绝参加会议这种消极的方式表示抗议。打也打不过，吵还不敢吵，只能消极抵抗了，着实憋屈。

韩国这么不给魏惠王面子，魏惠王肯定不能轻易放过它。为了打压韩国，魏惠王想出一个主意。韩国在战国初期消灭了郑国，吞并其土地归为己有，魏惠王提出应该让郑国复国。这明摆着要让韩国把吞进肚子的肥肉吐出来，韩昭侯想都不想一口拒绝了。魏惠王怎么能就这么放弃，随即提出魏国与韩国本是一个国家，韩国应该合并进魏国。自以为是老大的魏国对韩国领土的觊觎之心已是昭然若揭，不知道韩国能否见招拆招。

韩昭侯还是很有骨气的，没有答应魏惠王任何无理要求。魏惠王见威逼不好使，只能动手了。公元前344年，魏惠王派兵攻打韩国，打算以武力解决掉韩国。事已至此，韩国只有奋起抵抗，决不认输。韩昭侯一边抵御魏军的进攻，一边向齐国求助。

当时的魏惠王就是被商鞅捧得太高了，完全高估了自己的实力。公元前342年，齐国军队在田忌、孙膑的领导下，在马陵之战大败魏军，杀魏将庞涓，俘魏太子申，歼灭十万魏军。马陵之战是战国时代最重要的战役之一，也是魏国由盛转衰的开始。

马陵之战无情地揭开了魏惠王纸老虎的面纱。趁着魏国战败，邻国便团结起来围殴魏国。

公元前341年，齐国与宋国联军进攻魏国东部；赵国则趁机进攻魏国北部；这边商鞅也没闲着，带着秦军进攻魏国西部。一时间，魏国三面受敌，面临着前所未有的危机。

八、西鄙之战——商鞅的大手笔

魏国在马陵之战中损失惨重，元气大伤。商鞅认为这是个绝佳的讨伐魏国的机会，并向秦孝公提出作战计划。魏国正处于内忧外患之际，如果抓住这个机会，加大打击力度，蚕食魏国西部土地，魏国必然向东撤退。魏国一向东撤退，秦国就占有了黄河和崤山之天险，可以控制此战略要地，向东也可以控制各国诸侯，此乃帝王大业也。

秦孝公听了商鞅的分析,觉得有道理,可行性非常强,便采纳了商鞅的建议,决定趁魏国实力尚未恢复之际大举攻魏。于是,秦国致信齐、赵两国,准备联合攻打魏国,这就是秦孝公统治期间重要战役之一的西鄙之战。

秦孝公心中充满期待,潇洒地下了一道命令,派商鞅亲自率军进攻魏国河东地区。而魏国派出的竟是商鞅的旧友公子卬迎战,两军对阵时,商鞅含情脉脉地写了一封信,派使者送给公子卬,信上说:"吾始与公子欢,今俱为两国将,不忍相攻,欲与公子面相见,盟,乐饮而罢兵,以安秦、魏。"(《史记·商君列传》)内容绝对有真情实感,不过执笔人有几分真心就不好说了。公子卬收到信后深受感动,没有任何怀疑就前往赴约。岂料酒没喝成,却成了商鞅的俘虏,可笑至极。魏军莫名其妙地失去了统帅,将士们你瞅瞅我、我看看你,群龙无首,这仗怎么打?商鞅见公子卬到手,随即下令,给魏军致命一击,魏军惨败,伏尸数里,血流成河。

西鄙之战成为商鞅的代表作,但是赢得壮观却不美观,而魏国继马陵之战后又一次遭到重击。后世历史学家曾评论说:"魏惠王之败于齐、秦,此盛衰一转关也。"在东西两线全部遭遇惨败后,魏国的霸业就此告一段落,取而代之的是齐国与秦国的霸业。

商鞅这个人,目的性忒强了,吃相十分难看,为达目的不择手段,甚至连卑劣的手段用得都极为顺畅。诱捕公子卬、偷袭魏军的行为属实是不好看。虽然孙子曾说"兵者诡道也",那是指战略战术层面迷惑、欺骗敌人的手段,而不是道德上的无下限。

魏军在西线惨败,迫使魏惠王低下了高贵的头。魏惠王为了让秦国不再继续进攻,做出了重大让步,割让部分河西之地以换取短暂的和平。

尽管只是收回部分失地,对秦孝公来说仍然是值得回味的伟大胜利。秦孝公刚刚上台时就立志雪耻,收复河西。如今往这个目标前进了一大步,他怎么能不欣喜呢?于是他兑现《求贤令》的承诺,把邬地封给商鞅,共计有十五个城邑。商鞅把邬改名为"商",他本来叫"卫鞅"或"公孙鞅",此后被称为"商鞅"。商鞅从此跃上人生的巅峰，但是，此时的他不会想到，两年后他就将从巅峰坠入地狱。

公元前338年，即秦孝公二十四年，秦孝公嬴渠梁病危，《战国策》记载秦孝公想传位于商鞅，商鞅推辞不接受。秦孝公去世后，葬于弟圉，其子秦惠文王继位。

第二章

翘足引领

一、车裂商鞅——秦惠文王巩固权力和地位

随着咸阳城一声丧钟敲响,一个时代结束了。曾遭商鞅打击的太子嬴驷摇身一变成为秦国的君主,史称秦惠文王,又称秦惠王。

出生即巅峰的秦惠王年轻时玩世不恭,还是太子的时候,一度触犯了禁条。当时正值有人反对新法的实施,法令的行通遇到阻碍。商鞅说:"法令行不通,根源在于国亲贵戚。国君真要实行变法,就要先从太子开始。对太子不能用墨刑,就让他的师傅代受墨刑。"这样一来,法令顺利实行,秦国被治理得很好,但商鞅此举把太子得罪了,为他以后的政治道路埋下了祸根。

自从商鞅来到秦国,实行变法改革,政绩卓然,所以秦国百姓只知有商鞅,却把秦孝公给忽略了,对于一国之君来说,这绝对不是个好现象。而商鞅在权力的顶端待久了,习惯于把自己看作秦国的最高统治者,把自己的话当作国家的法律,无人敢跟他公开作对。这时的商鞅已被权力熏染得忘我了,他忘记了自己的身份,忘记了秦国不姓"商"这个事实,现在的他太飘了。随着秦孝公的离世,一切都变了。

秦惠王刚刚上台,因商鞅被割掉鼻子的公子虔便秘密召集了一批人,来到秦惠王面前诬告商鞅谋反。不论秦惠王是否相信,这么多年来,他在公子虔等人的教导下,早就对商鞅没有好感了,加上商鞅手里的权力严重威胁到他的君威,所以商鞅谋逆的罪行基本已经盖棺定论。一股反商鞅的力量正在集结,目的就是要置他于死地。

当公子虔、公孙贾等曾被商鞅严厉惩罚的贵族重返政坛,原先的太子党已经成为朝廷最大的势力,商鞅自己也感觉到大难临头。此时的他终于从梦境回到现实,不得不为自己的将来有所打算了。

沉思后的商鞅决定以保命为主,在政敌下手之前必须逃出秦国,不然只

能像吴起那样，国君一死就被清算了。天下虽大，可是要逃到哪儿去呢？他思来想去，决定逃往魏国。商鞅心里有着自己的盘算，毕竟他在魏国待过很多年，有一定的人脉。而且，他曾多次往返秦、魏两国，对去往魏国的道路相对熟悉些，利于他的逃跑能够顺利进行。他考虑到的还有一点，就是马陵之战后，魏国失去了霸主的地位，自己若能帮助魏国增强国力，以后还能回来找秦国报仇。

商鞅计划好逃亡的路线以后，不敢有一丝的懈怠，提着行李向着秦、魏边境狂奔，一直跑到边关附近。他忍饥挨饿，好不容易发现有一处客舍，也就是旅馆，迫不及待地想进去歇歇脚，好好吃上一顿饱饭，睡一个安稳觉。进到客舍后，老板要求他出示凭证，因为商君有令，没有凭证者不能住宿，否则老板将以同等罪名论处。那一刻，如晴天霹雳，商鞅后悔莫及，他做梦都没想到，自己亲自制定的法令，反过来坑了自己一把。无奈之下，商鞅只能强打精神，拖着疲惫的身体，迈着沉重的步伐继续逃亡，直到跨过秦境，进入魏国。

踏入魏国国境的那一刻，商鞅终于找回了自己，他现在已经安全了，不需要再担心秦国政府的捉拿了，他可以在魏国大展拳脚了。商鞅对自己的未来还是充满信心和斗志的，因为衰落中的魏国需要他这样的治国奇才，俗话说"是金子到哪儿都会发光"。他不正是块闪闪发光的金子吗？那么，魏惠王缺他这颗金子吗？会主动来请他吗？事实证明，这只是商鞅一厢情愿的幻想罢了。

当年商鞅还是个默默无闻的侍从时，公叔痤曾跟魏惠王举荐说，把国政交给商鞅来治理，否则就杀了他。魏惠王压根儿没当一回事，一笑置之。不想历史证明了公叔痤卓越的识人之才，当魏国被秦国坑得那么惨时，魏惠王曾发出一句这样的感叹："寡人恨不用公叔痤之言也。"（《史记·商君列传》）魏惠王对当初没采纳公叔痤的意见十分后悔，现在商鞅逃到魏国，魏惠王会听从公叔痤的话，重用商鞅吗？答案当然是不可能的了。

当年魏惠王在中原大战诸侯时，商鞅却趁机在西部搞破坏，夺了少梁与旧都安邑。而在魏惠王率十几个诸侯准备伐秦时，商鞅用甜言蜜语把他忽悠了，魏国不仅失去了一个进攻秦国的最好机会，还因为称"王"一事，使魏国成为众矢之的，腹背受敌。最过分的是，商鞅以卑鄙的手段生擒公子卬，又在秦、魏谈判中迫使魏惠王损失河西许多土地。这一桩桩一件件的事情，让魏惠王对商鞅恨之入骨，恨不能亲手解决了他。

商鞅在以奸诈的手段为秦国捞取许多好处的同时，也切断了自己的所有后路。卑鄙的人去哪儿都是不受欢迎的。魏惠王知道商鞅入境的那一刻，当即下令把商鞅驱逐出魏国，理由是：商鞅是秦国的犯人，魏国得罪不起秦国。

正常情况下，商鞅遇到这么大的难处，是可以找朋友帮忙的。当然，眼下这种局面，秦国的朋友是不可能出手相助了，商鞅要再一次感谢自己制定的法制，知情不报者腰斩，十家连坐，瞧瞧这刑罚，谁愿以身试法，连累旁人呢？身在异国的朋友，公子卬是其中一个，结果被商鞅欺骗、俘虏，冲这一点，甭管是哪国的朋友，都不可能再与他为友了。总之，商鞅亲手切断了朋友的后路，让自己也无路可走。

天无绝人之路，商鞅想到自己还有一片封地——商地。到了今天这个地步，他决定一不做二不休，跟秦国死磕到底，回到自己的领地后，高举对抗秦国的大旗，誓以武力对抗到底，奋力一搏。

商鞅的地盘，总共只有十五座城。商鞅想凭这十五座城，要与自己一手打造的强大的秦国抗衡，简直是天方夜谭。但是商鞅已经没有退路了，不是一战就是一死，战了有可能保住命，不战就是等死，于是纠集了一伙党徒，试图先发制人，出兵攻打郑县。

秦惠王刚上台时，公子虔等人就诬告商鞅谋反，但是秦惠王对如何处置商鞅迟迟没有做决定，他心里还是有所顾忌的，明眼人都知道，公子虔明摆着是要报割鼻之仇。然而，商鞅举兵攻郑县之举，谋反的罪名算是坐实了，秦惠王再没有任何顾虑，派遣大军镇压商鞅的叛乱。在秦军的铁拳下，商鞅这群乌合之众不堪一击，很快四分五裂，商鞅战败被俘。

权力重握的公子虔等人绝不会让商鞅痛快地死去，每每想到割鼻之仇，公子虔恨不得将商鞅千刀万剐，如今他终于可以明目张胆地报仇雪恨了。公子虔将商鞅判处最残酷的车裂之刑，也就是五马分尸。不是死后五马分尸，而是活着的时候五马分尸，那种痛苦，难以想象。

这位以严酷手段治国的改革家，最终以如此悲惨的结局收场，令人唏嘘。

司马迁曾在《史记·商君列传》中评价商鞅："商君，其天资刻薄人也。"他的天性就是个刻薄的人，可能这就是商鞅被杀的原因所在。

商鞅被杀后，秦国并没有因为商鞅的原因废除新法，而是一直沿用下去。尽管新法推行之初，旧贵族、老官僚的权利受到损失，但是经历了二十年的变法后，秦国的文明程度大大提高，国力日益强大，蛋糕越做越大，大家能瓜分到的利益便越来越多，反对新法的人自然就少了，就连以前拼命反对变法的太子党对新法也开始认可。

商鞅变法是秦国历史的分水岭。变法之前的秦国，是一个虽有蛮力但地位甚低的诸侯国；变法之后的秦国，已然成为吸引天下人才前往的国度。秦惠王延续商鞅变法的精神，采取更为开放的人才引进政策，秦国的发展一日千里，很快崛起成为超级强国。

二、张仪入秦——纵横术成为秦国之风尚

随着齐国与秦国的崛起、魏国霸权的衰落，群雄争霸开始进入一个新的阶段。这个阶段的标志性事件，就是各国诸侯相继称王。

公元前334年，齐、魏两国"徐州相王"，即相互承认对方的王号，由

于齐国强大，齐威王为大王，**魏惠王**为小王。公元前 325 年，秦国继齐、魏之后称王；公元前 323 年，魏、韩、赵、燕、中山五国相互承认对方的王号，史称"五国相王"。

至此，"战国七雄"全部称王。在春秋时期，周天子虽然无权无势，但仍被诸侯们称为共主，三家分晋还是需要得到天子的正式册封才能跻身于诸侯之列。如今，周天子最后一块遮羞布被扯去，诸侯们再也不需要他的册封，当中央政权不复存在时，各诸侯国都使出自己的必杀技，每时每刻都在为争夺生存空间而战。在这样的历史背景之下，纵横思想成为战国中期引领潮流的政治思潮。

所谓纵横，即合纵与连横。韩非子曾释义说："纵者，合众弱以攻一强也；横者，事一强以攻众弱也。"这个说法还漏掉一种，在战国早期，诸侯之间除了弱弱联合、弱强联合之外，还存在强强联合。

一向善于诡诈之术的三晋是纵横家思想的策源地，《史记·张仪列传》中写道："三晋多权变之士，夫言从衡强秦者大抵皆三晋之人也。"三晋有许多善于权变的人，那些主张合纵、连横使秦国强大的，为秦国对东方诸国取得压倒性优势做出贡献的，大多是三晋人。

早期纵横家的代表人物有三个，分别是苏秦、公孙衍与张仪。此三人中，张仪对秦国的贡献最大，而苏秦与公孙衍也与秦国有过一段交集。

苏秦与张仪都是鬼谷子的弟子，鬼谷子是战国时代一位异人，此人十分神秘，没人知道他是从哪儿来的，历史上也没有关于他的故事，唯一被世人所知的便是他的这两位优秀的徒弟。

公元前 333 年，公孙衍率兵攻打魏国河西的雕阴城，魏国战败。秦惠王对战果很满意，当即将公孙衍提拔为大良造，公孙衍成为秦国当红的权臣。为了讨好公孙衍，魏惠王主动把公孙衍的故乡阴晋割让给秦国，秦国将该城更名为宁秦。此时的公孙衍可谓春风得意，一步登天，权势相当于当年的商鞅。做人应该有危机感，特别是高层领导，更要时刻警惕，公孙衍就是太自满了，张仪的到来，直接让公孙衍下岗了。

张仪是魏国人，与苏秦是同门师兄弟。与苏秦一样，张仪从鬼谷子那儿学成归来后，时运不济，本想凭着学到的知识改变自己的命运，谁知却四处碰壁，穷困潦倒。

尽管魏国是纵横家诞生的摇篮，但这些纵横家在自己的国家都没有大展拳脚的机会。张仪与公孙衍一样，未能得到魏惠王的赏识，只好到外国寻求发展。

机缘巧合下，张仪来到秦国。此时秦惠王即位已经将近五年，在公孙衍的努力下，秦国内政保持得很稳定。当初苏秦入秦时，秦惠王关注的重心在于内政，所以对他那套"兼并天下"的说辞并不感兴趣。现在形势不同了，张仪主张的连横战略得到了秦惠王的赏识。很快，张仪在秦国政坛崭露头角，青云直上。

张仪入秦没多久，便与公孙衍发生了冲突。在此之前，公孙衍平步青云，独揽大权，成为秦国最有权势的大良造。但是张仪的出现，波及到公孙衍的利益。他发展势头十分迅猛，秦惠王对他越来越器重。他在秦国如日中天，对公孙衍的地位构成了严重的威胁。同样是来自魏国的谋略家，张仪这是明晃晃地来砸场子了，不久，两个人就到了水火不容的地步，暗斗已经满足不了两个人想掐死对方的冲动。

面对张仪的咄咄逼人，公孙衍越想发力，越像无头苍蝇一样，反而把事情搞砸。公孙衍属于后劲儿不足的选手，在秦国愈发失势。公元前329年，公孙衍上演了一出负气出走的戏码，回到了故乡魏国。魏惠王并没有像对商鞅那样把他驱逐出境，而是任他为将，以防御秦国的进攻，公孙衍对秦国的了解在这时派上了用场。秦惠王对公孙衍的离开并没有不舍，反而在公元前328年提升张仪为相国，这是打公孙衍的脸哪。两位纵横大师的对抗正式开始。

秦惠王执政致力于军事与外交。秦孝公曾任用法家人物治国，秦惠王则任用纵横大师理政。秦惠王时代，是秦国大扩张、大外交的时代，并对宿敌魏国形成全面碾压的态势。

秦惠王统治时期取得的第一个伟大胜利，就是全面收复河西。

魏国在马陵之战后逐步走向衰落，河西形势愈发朝不保夕。河西战局的转折点发生在公元前340年，是年商鞅诱擒公子卬，大破魏军。魏惠王被迫签订城下之盟，割让部分河西之地。此举对河西战局产生了致命的影响，因为完整的长城防御体系被切割后，防御能力大大降低了。

公元前333年，公孙衍率秦军攻打魏国河西的雕阴城，魏军大败。此后，魏国又割让阴晋城给秦国。秦国收复河西之地指日可待。

魏惠王把河西之地一割再割，反正就是不能一刀切。一天一点儿诱惑，秦国不仅没有知足，反而胃口更大了。公元前331年，秦惠王派秦公子卬统率大军，大举进攻魏国控制下的河西诸城。镇守河西的魏国老将龙贾已经竭尽所能却无力回天，他率兵与秦军决一死战，誓死拼杀，结果惨败，魏国将领龙贾被秦军俘虏，魏军死伤数万人。

这次战败的结局，让年迈的魏惠王失去了继续战斗的勇气。此时的魏惠王在位时间已经长达四十余年。可能是因为年纪大了，折腾不起了，也可能东西两线战场不断失利的打击让他自信全无，他再也不是当年那个意气风发、牛气哄哄的魏惠王了。一次次的战败，一次次的割地，使魏国国力更加衰弱，而秦国则更加强大，双方的实力对比更加悬殊，完全不是一个等级的。

自公元前419年魏文侯筑少梁城经略河西以来，到公元前330年，经过八十九年的反复争夺，魏国最终在河西战争中以失败告终。秦国正式全面收复河西之地，这是秦国历史上的重大事件，失地的收复，为秦国进军中原打响了第一枪，其灼人的烈焰很快就要燃烧整个东方。

三、鲸吞蚕食——秦国夺取巴蜀

秦国势力的不断强大，引起了各诸侯国的危机感。公元前317年，魏、赵、韩、燕、楚五国联合起来攻打秦。秦惠王没有一丢丢的退缩，随即派遣庶长樗里疾在修鱼破魏、赵、韩三国联军，斩首八万，一时间抵挡住东方联军的进攻。但西方的义渠趁乱出兵，在李帛突袭秦军。在被夹击的危急情况下，秦惠王及时改变战略，于公元前315年，采用司马错的建议攻打蜀国，破蜀军于葭萌关，灭掉蜀国。

公元前316年，西南的巴国与蜀国打了起来。巴国与蜀国位于今天的四川、重庆一带，如今被称为"巴蜀"，就是从这两个古国的名称里来的。巴、蜀是西南最强大的两个国家，巴国首都是巴，位于重庆嘉陵江北岸；蜀国首都在成都，在西南民族中称霸一方。

两个国家都想成为西南霸主，谁都不服谁，于是巴蜀战争爆发了。巴国的实力相较于蜀国稍微弱一点，眼瞅着要挨打了，巴国赶紧派人前往秦国请求救援。秦惠王早有将巴蜀据为己有的野心，巴国的求救正中秦惠王的下怀。此前，秦惠王也曾犹豫不决，心里惦记着巴蜀，但张仪制订的征韩方案又十分诱人。所以，究竟应该是征韩呢，还是先伐蜀？为此，秦惠王召集群臣开会，让大家各抒己见，集思广益。

张仪作为有政治抱负的人，对"伐蜀派"的想法不屑一顾。张仪说："今夫蜀，西僻之国而戎翟之伦也，敝兵劳众不足以成名，得其地不足以为利。臣闻争名者于朝，争利者于市。今三川、周室，天下之朝、市也，而王不争焉，顾争于戎翟，去王业远矣。"（《史记·张仪列传》）

张仪认为，蜀国不过是西方偏远的国家，非常落后，为攻打蜀国而浪费兵力并不值得，况且夺取了他们的土地也得不到实际的利益。而三川、周室就不一样了，可亲近魏国，结好楚国，出兵进攻韩国的三川，堵绝什谷的隘口，挡住屯留的要道，进而控制韩国。这样，魏国到南阳的通道断绝，让楚兵直逼南郑，秦军进击新城和宜阳，兵临西周和东周郊野，讨伐周王室，逼迫周王室交出象征无上权力的九鼎，到时可以挟制周天子而向天下发号施令，这才是王者的事业。

张仪的想法被很多人看好，但是有一个人则坚决主张伐蜀，他就是秦国将领司马错。

司马错认为，要想强化军队，百姓是根本，百姓富足，军队自然强大。蜀国虽是西方偏僻的国家，却是当地人的首领，像桀、纣那样残暴无道，如果秦国出兵攻打，就好像豺狼驱赶群羊，分分钟灭掉蜀国。只要占领了蜀国，其土地就自然归为秦国所有，土地有了，百姓自然富足。攻克蜀国，天下不仅不会认为秦国残暴，反而会得到制暴止乱的美名。如果攻打韩国，挟天子以令诸侯，将会背负不忠不义的骂名，得不偿失。况且，攻打韩国，有太多不稳定的客观因素存在，齐国、楚国、赵国等诸侯国都是潜在的不安定因素，容易将秦国置于危险当中。

的确，争夺中原会牵扯到各诸侯国的利益，牵一发而动全身，征韩并不是张仪想象的那样简单，事态的发展根本无法预测。相反，巴蜀远离中原，即使秦国出兵大西南，中原诸侯也懒得干涉。

司马错的意见得到了秦惠王的认可，于是他敲定最后方案：伐蜀。

秦国积极备战，一支由张仪、司马错、都尉墨等领导的远征军组织起来，准备出发。尽管张仪并不看好伐蜀，但是为了让自己的宰相位置稳如泰山，保护好自己的权力，他自告奋勇领兵出征。

秦军浩浩荡荡向大西南挺进。秦国的出兵令蜀王始料未及，为了对抗秦军，他亲率军队在葭萌关抵抗秦师。秦国兵团仿佛猛虎出山，蜀军完全不是秦军的对手，被打得落花流水，哀鸿遍野。蜀王趁乱而逃，逃到武阳时被秦军追上击杀。蜀国的太傅、宰相、太子等人见大势已去，唯一的出路就是向张仪、司马错投降，于是都乖乖地放下武器，不再做无谓的抵抗。

秦国就这样轻而易举地把蜀国收入囊中，秦惠王随即设立蜀郡。秦惠王封公子通为蜀侯，陈庄担任蜀相，张若担任蜀郡守。为了防止当地人反叛，秦朝廷动员上万个家庭移居到蜀地。这个移民政策有效地改变了蜀地的政治文明程度，秦民也把先进的农耕技术带到了西南。随着大量人口的涌进，蜀地的荒地得到了开垦，"天府之国"的优势渐渐显露出来，后来成为秦国的粮库，为秦国进取中原提供了强有力的后勤保障。

秦军是打着救援巴国的旗号讨伐蜀国的，令巴国没想到的是，解决了蜀国，巴国成了一只被顺手解决掉的羊。吞并巴蜀，证明了司马错的想法是很有远见的，继商鞅变法之后，秦国的实力得到又一次质的飞跃。

吞并巴蜀只是一场规模很小的战役，但是带给秦国的意义却十分深远。此役之后，秦国在经济上得到了很好的发展，成都平原是巴蜀重要的农耕区，面积将近三千平方公里，有平整的地形、肥沃的土壤，自然条件非常好，这给秦国解决了战略物资的需求，也提高了百姓的生活水平。而地理上，我们都知道，中国的自然地理，地势西高东低，河流走向是由西往东流。秦国吞并巴蜀后，领土从关中拓展到西南，在陆路上有高山峻岭为天然屏障，既能阻挡东方诸国的进攻，又能凭借着险要的地理条件，不断向东方鲸吞蚕食。而从水路上看，秦国控制长江、黄河上游，沿着水路可顺流而下，对下游的东方诸国发动进攻更加有利。秦国在地理上进可攻、退可守，据黄河、崤山之险，控长江上游，居高临下，雄视东方，隐隐有窥视天下之势。

公元前316年，秦国在夺取巴蜀后，获得了侧击楚国的地理条件，从此楚国再也不能安枕无忧了。

夺取巴蜀后，楚国成为秦国下一个鲸吞蚕食的对象。司马错将巴、蜀两地的士兵作为主力，召集了十万大军，乘船沿着涪水顺流而下，一路向东攻打楚国。这次战役以秦国大获全胜而告终，秦军攻城略地，秦惠王轻轻松松地将新占领的土地并入秦国的版图。

秦军的胜利使楚国如梦初醒,楚怀王为了对抗秦国,当机立断选择与齐国结盟。当时,齐国与秦国的实力相当,都是超级大国,齐、楚的结盟,对秦国来说是非常不利的。秦惠王因此十分担忧,如何阻止齐、楚结盟成为秦国当下最重要的问题。而谁能解决这个问题呢?又到了张仪上场的时刻了。

四、六百里之地——张仪的无赖行径

张仪在家悠然自得地喝着水,突然接到秦惠王的命令,于是收拾行装,自信满满地出发,直奔楚国。

见到楚怀王后,张仪开门见山地说:"大王诚能听臣,闭关绝约于齐,臣请献商、於之地六百里。"(《史记·张仪列传》)倘若楚国与齐国绝交,秦国将献上六百里之地。楚怀王非常高兴,不用花费任何成本,就可以得到六百里的土地,好事一桩啊。楚怀王怕过这村就没这店了,采纳了张仪的意见,当即宣布与齐国绝交。楚国大臣得知此事,纷纷来祝贺楚怀王,只有一个人为楚怀王的决定暗自神伤,此人便是陈轸。

陈轸建议楚怀王给自己留条后路,表面上疏远齐国,暗地里仍然保持良好的关系,如果秦国真的信守承诺,送上六百里之地,再断交也不迟。现在秦国的目的就是拉拢楚国,是害怕齐、楚联盟。若楚怀王只听张仪的一面之词,还未拿到土地就冒冒失失地宣布与齐国断交,一旦没有齐国作为后援,楚国就被孤立了,到时秦国又怎么会履行承诺呢?

对于陈轸的建议,楚怀王不以为然,让陈轸闭嘴吧,他自有定夺。楚怀王对秦国十分信任,毕竟秦、楚的友情有数百年之久,当初秦国还仗义出手,救楚国于水火之中,光凭这点,秦国就不可能欺骗楚国。

楚怀王的确是轻信了秦国,轻信了他们之间的友谊。此一时,彼一时,秦国自从商鞅变法以来，国家的内政与外交都是由法家与纵横家作为主导的，这两大家都有一个共同点，就是不达目的不罢休，即使是采用卑劣的手段也要将你拿下。

楚怀王与齐国断交令张仪十分满意，高高兴兴地回秦国去了。楚怀王担心张仪回到秦国后失联了怎么办，于是派了一名使者跟张仪一起回秦国，任务是接收那六百里之地。

意想不到的事情就这么巧合地发生了。回到秦国没多久，张仪出了事故，受了外伤。据说是因为他贪杯，从马车上摔了下来，得卧病三个月不能上朝。楚国使者一想，这是意外，也是没有办法的事情，便在咸阳待了几个月。时光飞逝，日子一天天过去，六百里的土地却杳无音信，使者心里着急，派侍从快马加鞭回国向楚怀王汇报工作进展。楚怀王也是一脸问号，他品出来了，张仪的这场事故里面很有故事，有点儿摸不清张仪的想法了。于是，楚怀王召集群臣开会，讨论一下究竟该怎么应对。真不知道这帮楚臣是怎么想的，竟然得出了张仪是认为楚国与齐国的关系断得不够干净。

楚怀王竟然认为大臣们的分析合情合理，于是楚怀王派勇士到宋国借了符节，来到齐国，当着齐国百姓的面辱骂齐宣王。齐宣王得知后气疯了，一怒之下，索性与秦国称兄道弟，彻底放弃了楚国，楚怀王真的成了孤家寡人。楚怀王对自己的失策并不自知，他还满怀期待地等着六百里之地。

楚怀王的举动让张仪乐开了花，他当即让人取出一幅地图，装模作样地在地图上圈出了六里的土地交给楚国使者。楚国使者一看地图上巴掌大的土地，蒙了。六里？这是开玩笑呢吧，当初秦国承诺的是割让六百里土地呀！楚国使者算是看明白了，从一开始就被张仪给耍了，于是说："臣受令于王，以商、於之地六百里，不闻六里。"（《史记·张仪列传》）

张仪根本不再理会楚国使者，反正六里的土地我是给了，你爱要不要吧。六百里之地变成六里之地，楚怀王知道的时候，气得七窍生烟，好歹楚国也是个大国，就算实力大不如前，那也是地大物博之国，怎能被如此耍弄。楚怀王无论如何也咽不下这口气，盛怒之下，楚怀王决定派兵攻打秦国。

楚怀王任命屈匄为大将，率领十余万大军向秦国进发。秦惠王不甘示弱，派庶长魏章率军抵御，秦楚战争爆发。

战争才刚刚开始，楚军就有些体力不支了，而秦军处于防御，才进入状态，还没有发力呢。秦惠王随即又派出两位优秀的将领增援前线，一位是樗里疾，一位是甘茂。

在两位大将的指挥下，秦军开始凶猛地反扑，楚军节节败退，最终被赶出秦国。樗里疾与甘茂哪能这么轻易放过楚军，他们率军乘势追击，将战火燃向楚国。屈匄一路后退，退至丹阳时，与秦军展开决战。此役楚国惨败，楚军八万多名士兵战死，大将屈匄及七十多名部将沦为战俘。楚怀王派出的这支远征军几乎全军覆没。

虽然战败，但楚怀王没有轻易认输，他对秦国的怨恨已经让他丧失理智，他召集军队，集结士兵，把能用上的士兵都派上场，要以举国之力与秦国决一死战。

刚刚组建成的一支楚军向前线进发，在蓝田与秦军展开激烈的战斗，结果可想而知，楚军又一次大败而归。令楚怀王更加头疼的是，魏国、韩国趁楚、秦开战之际出兵南下，攻城略地，一直打到楚国的邓地。

面对腹背受敌、城池丢失、楚军惨败的情况，楚怀王开始慌了。楚国已经无力再与秦国对抗，便低头求和，忍痛割了两座城池给秦国，才换取秦国的停战。

楚国像霜打了的茄子一样蔫了。军事上遭到重创，不仅没有拿回六百里之地，反而丧失了大片领土，得不偿失。在政治舞台上，楚国处于更加被动的劣势。

这就是秦国与东方诸侯的不同，秦国更有长远的战略目标和坚定不移的执行力，而东方诸国的外交政策朝令夕改、缺乏远见，最终被秦国逐个击破。

五、伐义渠——秦惠王又一壮举

秦惠王统治时期，在秦国的西北部有一支强大的少数民族政权，便是义渠。

义渠是匈奴的一个分支，占据今天的陕西北部、甘肃中北部和宁夏等地。义渠凭借着骑兵特有的机动性对秦国的边境进行抢劫掠杀，甚至一度侵入到秦国的洛河流域。这一系列挑衅行为，使自己一步步走向万劫不复之地。

正是因为义渠对秦国产生了巨大的危害性和破坏性，公孙衍才得以说服秦惠王暂停攻打魏国，转而讨伐义渠。

对付义渠这种游牧民族，秦国没有派大量的军队去打压，而是命人烧荒，效果十分明显。游牧民族以牛、羊、马为主要生存工具，为了这些牲畜不被饿死，断不能让它们靠近牧草被烧光的秦国边境，以免被饿死。

公元前 331 年，义渠发生内乱，秦惠王派庶长长操率领军队，趁其自相残杀之际一举平定了义渠。义渠的军事力量由此遭到了很大的削弱。公元前 314 年，秦国在义渠设置县，义渠对秦国称臣。

义渠称臣只是缓兵之策，秦惠王与东方诸侯开战的时候，义渠又背叛了秦国。此举遭到了秦惠王派兵镇压，到了公元前 315 年，秦国共伐取义渠二十五城。

此时的秦国在西北地区占有了大片的优良牧场，这为秦国打造精锐的骑兵奠定了良好的基础。在战国时期，赵国因为精锐的骑兵，得以成为战国七雄中的强国。而对于秦国来说，现在拥有的骑兵强于之前的赵国，这也是秦国能够在长平之战击败赵国的重要原因之一。

秦惠王从登基之初就着手铲除异己、立相分权、扩疆拓土，壮大了秦国的实力。公元前 311 年，秦惠文王去世，时年四十六岁，葬于咸阳北原。

秦惠王统治的二十余年里，创下了惊人的业绩。军事上，北扫义渠，西平巴蜀，东出函谷，南下商於，为秦国开疆拓土、提高国力；政绩上，慧眼识珠，任贤用能，甄拔人才，这也是秦惠王能够取得重大政绩的关键。

他不仅重用赢华、异母弟公子疾、司马错等秦人，也重用了大量的外籍能臣，诸如公孙衍、张仪、魏章等魏人都能为秦惠王所重用。如果秦惠王不能识人善任，不能重用人才良将，是不会取得重大政绩的，能才良将造就了秦国在秦惠王时代的辉煌，也侧面反映了秦惠王的识人驭人的本领。

秦惠文王上台后的第一个对手就是大名鼎鼎的商鞅。从当时的历史背景来看，秦国的法令建设已经基本成型，倒是独揽大权的商鞅成了秦国改革成果的最大威胁。秦国的法治建设是靠强力完成的，也就是商鞅所说的霸术。在法治建设完成后，秦国有两个人是双重性质的：秦惠王和商鞅。他们由于拥有巨大的权力，既是法治的最强维护者，也是法治的最大危害者，而君主制下法的象征只能是一个人，商鞅的悲剧根源就在这里。

商鞅是秦惠王定要除掉的人，只是早晚的问题。秦惠王除掉商鞅以后，又以陷害、栽赃良臣等罪名将公子虔、公孙贾等人及其党羽一并处决，出色地完成了秦孝公没有完成的收尾工作。

而重用张仪连横破合纵，是他一生中最大的亮点。对张仪，秦惠王求之、试之、任之、信之。在秦国与各诸侯间复杂的邦交斗争中，张仪多次逆转危势，解秦国之困，击溃五国攻秦之兵。自此，直到秦始皇统一六国，秦国用士"不唯秦人"成为不变的路线。

秦惠王取得的一系列胜利，做出的一系列政绩，为后来嬴政扫灭六国创造了有利的条件。

第三章

转瞬即逝

一、假道伐韩——秦武王唯一的壮举

嬴荡出生于公元前329年,是秦惠文王与惠文后之子。公元前311年,秦惠文王去世,嬴荡继位,是为秦武王。

秦武王从小就跟其他公子文文弱弱的气质、形象相反,他个子不高,却长得十分壮硕,因天生神力,年少时极其喜欢与勇士们比武角力,做一些有关力气方面的游戏。说他"孔武好戏"并非传闻,《史记·秦本纪》中记载:"武王有力好戏,力士任鄙、乌获、孟说(又作孟贲)皆大官。"有力的勇士都成了大官,秦武王还大量招募勇士。

乌获、任鄙两位大将,在秦惠王时期就颇为秦惠王倚重。这两位大将人高马大,作战十分勇猛,在战场上英勇杀敌,气势逼人。秦武王登基后,因二人武功高强,力气大于常人,对二人更是宠爱有加,二人一度成为秦武王身边的大红人。

孟贲是齐国人,凭借力大无比而闻名于乡里。他听说秦武王正在招募天下勇士,认为自己终于有地方大展拳脚了,便只身前往秦国投奔秦武王。秦武王经过测试,知道他也是个名不虚传的实力派人物,于是拜为大官,与乌获、任鄙一起受宠。

在张仪的眼里,这些勇士都是头脑简单、四肢发达的,不能与他这种靠才智上位的谋臣相提并论。可是他忘了,秦惠王的时代已经结束,他在秦国的政治生涯也走到了尽头。

秦武王还是太子的时候就不喜欢张仪,上台后,很多被张仪打压的大臣纷纷来到秦武王面前,义愤填膺地说:"无信,左右卖国以取容。秦必复用之,恐为天下笑。"(《史记·张仪列传》)大臣们都说张仪不讲信用,反复无常,以出卖国家的利益来取悦国君的欢心。秦国一定要再任用他,恐怕被天下人耻笑。

而这些话传到了诸侯们的耳朵里，他们认为张仪与秦武王之间出现了隔阂，都纷纷退出了连横，恢复了合纵联盟。

秦武王即位的第一年，大臣们便夜以继日不停地诽谤张仪，而齐国又派人来责备张仪，一时间张仪已成为众矢之的。张仪害怕再这么下去会被秦武王杀掉，便以退为进，以自身换自由。他劝说秦武王，东方诸国有乱，秦国才可能从中得利，他愿意利用齐王憎恨他这一点前往魏国，齐国知道他在魏国必然会攻打魏国，两国激战之际，秦国可趁这个空隙攻打韩国，打进三川，兵临周都，挟持天子，便可成就帝王之业。

秦武王听了张仪的话，觉得很有道理，可行性很高，于是准备了三十辆兵车，将张仪送到了魏国。张仪到达魏国后窃喜，这下子小命是保住了。

齐国听说张仪在魏国，果然派兵攻打魏国，魏哀王害怕得不得了。张仪安抚魏哀王，不用怕，有他在，一切问题都不是问题。于是张仪派遣他的门客冯喜到楚国，再借用楚国的使臣到齐国，以游说秦武王那一套，成功地说服齐国撤走了攻打魏国的军队，这下子张仪可以高枕无忧了。

张仪的离开对秦武王来说没有任何影响，在张仪离开之后，秦武王任命樗里疾与甘茂为左、右丞相。

秦武王即位之初，便对韩国虎视眈眈，一心想要攻打韩国。韩国的军事重镇宜阳是阻挡秦国东进最为重要的屏障，秦军若想出兵函谷关，首先必须占领此地，才可以保证物资与兵员的疏通顺畅。

秦武王找到一个机会，将心中的疑问说了出来，他问左丞相甘茂："寡人欲容车通三川，窥周室，死不恨矣。"（《史记·秦本纪》）表面上是在说，想在三川地区打通一条哪怕只能容车子通过的路，到洛阳去看一看周王室，即使死了也不遗憾了。实则是在询问甘茂对攻打韩国夺取宜阳这个战略计划有什么想法。

对于伐韩一事，右丞相樗里疾是持反对意见的，他认为秦国到韩国路途遥远，欲远征，劳师费财，还不一定能有收获，如果在开战之际，赵、魏两国从背后偷袭，后果将不堪设想。

而甘茂则认为，伐宜阳，定三川，是秦国挺进中原、成就帝王之业的关键所在。

要想攻打韩国宜阳，必须先拆散韩魏联盟，只要魏国站在秦国这一队，赵国就不能越过魏国去增援韩国，韩国一旦被孤立，宜阳虽然城池坚固兵精粮足，但被秦军攻克的可能性就很大了。

于是甘茂自请前往魏国，扬言一定说服魏国，不但不出兵偷袭，还会让魏国出兵增援秦国。秦武王听了甘茂的话大喜，当即赐予甘茂很多金银珠宝，令其出使魏国。

公元前308年，甘茂带着向寿自信满满地出使魏国，到达魏国后，甘茂对向寿说："您回去，对武王说，'魏国听从我的主张了，但我希望大王先不要攻打韩国。'事情成功了，全算您的功劳。"向寿回到秦国，将甘茂的话汇报给了秦武王，秦武王亲自到息壤迎接甘茂，见到他第一件事就问不攻打韩国是什么缘故。

甘茂回答说："樗里子和公孙奭二人会以韩国国力强为由来同他争议攻韩的得失，大王一定会听从他们的意见，这样就会造成大王欺骗魏王，而他将会遭到韩相公仲侈的怨恨。"

秦武王笃定地说："我不会听他们的，请让我跟您盟誓。"于是便有了息壤之盟。

秦武王命甘茂率军队进攻宜阳，五个月后还是毫无进展，右丞相樗里疾和公孙奭果然与秦武王争议讨伐之事。秦武王陷入犹疑，想让甘茂退兵回国。甘茂说："息壤之盟就在那里，大王您可不要忘记呀。"秦武王为之一震，于是增兵五万，派乌获前往协助甘茂。甘茂亦散私财以赏部下，秦军果然士气大振，击退韩国援兵。

公元前307年，秦军攻克宜阳，斩首六万。秦军乘胜渡过黄河，夺取武遂并筑城,韩襄王被迫派公仲侈到秦国谢罪,与秦国议和。

就这样,秦武王借了三川之道,夺取了韩国的宜阳,"假道伐韩"也成为秦武王在世的唯一壮举。

二、举鼎而亡——秦武王的滑稽之死

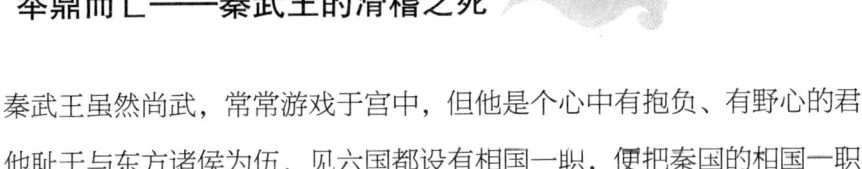

秦武王虽然尚武,常常游戏于宫中,但他是个心中有抱负、有野心的君王。他耻于与东方诸侯为伍,见六国都设有相国一职,便把秦国的相国一职改称为丞相,并于公元前309年,在秦国设置了丞相的官位,而且设立左、右丞相各一人,任命甘茂为左丞相兼领上将军,樗里疾为右丞相,丞相一职在当时可是独一份。

秦武王的抱负还未实现,就因他的孔武好戏,断送了自己的性命,而他的死,可谓相当滑稽。

公元前307年,秦武王与孟贲比赛举"龙文赤鼎",轮到秦武王了,他憋足了劲儿,一鼓作气,鼎还没被完全举起,便两眼出血,胫骨折断,在夜里气绝而亡,年仅二十三岁。

明人冯梦龙在《东周列国志》的第九十二回《赛举鼎秦武王绝胫,莽赴会楚怀王献秦》中以小说笔法将这一过程写得非常生动形象:

话说秦武王到了周室太庙,见九座宝鼎一字排列,整整齐齐,犹如九座小铁山,不知重多少斤两。他俯身细察,发现每只鼎腹各有荆、梁、雍、豫、徐、扬、青、兖、冀字样,于是单指"雍"字鼎说:"此雍州,乃秦鼎也!寡人当携归咸阳耳。"然后与大力士孟贲比赛举鼎,结果,大鼎离地才半尺,力尽失手,鼎坠于地,压碎了右足胫骨,当夜暴毙。

这只是小说的内容,有胡编乱造之嫌。但秦武王举鼎力尽而死,却是与《史记》所记载的大致相同。

《史记》中有三个地方提到了这一情节：其一，《史记·秦本纪》载："王与孟说举鼎，绝膑，八月，武王死。"注意，这里的记载说明，秦武王并非被鼎砸到当晚死的，而是回秦国后才死的。其二，《史记·赵世家》载："十八年，秦武王与孟说举龙文赤鼎，绝膑而死。"在这里，特意点明了秦武王所举为九鼎中的龙文赤鼎。其三，《史记·甘茂传》载："武王至周而卒于周。盖举鼎者，举九鼎也。"在这里，九鼎似乎不是九个大鼎，而是一个名叫"九鼎"的大鼎。

不管怎么样，秦武王因为举鼎而断送了自己的政治野心和生命，结局令人唏嘘。秦武王在位期间，平蜀乱，设丞相，更修田律，修改封疆，拔宜阳，置三川，欲据九鼎，政绩可见一斑。秦武王去世后的谥号为"武"，因其无子，群臣迎立秦武王的异母弟、在燕国做人质的公子稷回国继位，是为秦昭襄王。

秦昭襄王即位后，秦国迎来更加辉煌的时期。

第四章

黄金时代

一、嬴稷回国继位——秦国的一代雄君

秦武王的去世，引发了秦国的内战。由于秦武王死得突然，而且他没有子嗣，新君的人选只能从他的兄弟里挑选。

在秦国当时的历史背景下，最有可能继承王位的应数公子壮。为什么呢？

因为公子壮是秦惠王的嫡子，秦武王的亲弟弟，可谓根正苗红，而且他还得到了惠太后与武王后的全力支持。惠太后是秦惠王的妻子，也是公子壮的生母；武王后是秦武王的妻子，公子壮的嫂子。

王位继承之路原本平坦的公子壮，却在途中遭遇了一个强劲的竞争对手，这个人便是公子稷。公子稷是秦惠王的庶子，秦武王去世时，他正在燕国当人质。一个身处异国的庶子，拿什么跟嫡子争呢？

实则不然，公子稷的背后有一个实力雄厚的亲友团。

公子稷的母亲是芈八子。很熟悉，对不对？没错，她就是电视剧里的"芈月"的原型，一个十分了不起的女人。

芈八子是楚国人，从小就个性十足，十分有主见，妥妥的御姐范儿，后来嫁给秦惠王成为王妃。芈八子心思颇重，她是很有谋略、有志向的人，若不是女儿身，定能成为大名鼎鼎的谋臣。芈八子深得秦惠王的宠爱与信任，她仗着自己的荣宠，一步步地将自己的亲朋好友都安排在秦国政权的高层，构建了庞大的权力关系网。

芈八子所构建的权力网以她的两个弟弟为中心，一个叫魏冉，是她同母异父的弟弟；另一个叫芈戎，是她的同父异母弟弟。魏冉后来被封为穰侯，芈戎被封为华阳君。魏冉在秦惠王时期就担任重要官职，参与处理国家大事，在秦国政坛地位显赫。除了这两个弟弟外，芈氏权力关系网中还有一个

重要人物，便是她的外族亲戚向寿，就是当初跟甘茂一同出使魏国的人。

秦武王去世后，芈八子与魏冉秘密商议，从燕国悄悄地迎回公子稷，拥立其为秦王，这便是秦国著名的一代雄君秦昭襄王，也称秦昭王。芈八子一跃成为太后，史称"宣太后"。到手的王位被截和，惠文后、武王后怎么可能咽下这口气，毫不示弱地拥立公子壮为王，史称"季君"。秦国由此爆发了前所未有的内战。

在这场内战中，宣太后以她的聪明才智略胜一筹。内战初始，宣太后继续留用樗里疾为宰相，樗里疾在秦国军界的地位是无人可以撼动的，从而宣太后得到了军方的大力支持，就凭这一点，宣太后争权夺位的事已经成功了一半。随后，宣太后将弟弟魏冉提拔为将军，守卫首都咸阳。

即使多数大臣反对公子稷继位，但在魏冉等人的支持下和镇压下，作为秦武王同父异母弟弟的他，最终仍顺利地登上王位的宝座。继位之初，因秦昭王尚且年轻，于是宣太后听政。

尽管秦昭王继位备受争议，但宣太后先下手为强，赢得了政治上的主动权。同时，季君（即公子壮）的支持者仍大有人在，这就使得这场秦国内战成为旷日持久的战争。

战争持续了整整三年，最终在魏冉的铁腕下，秦昭王的军队彻底打垮了季君的军队。在中国的历史中，成王败寇，失败的季君成了乱臣贼子，这场内乱被称为"季君之乱"。

宣太后在镇压敌人方面心狠手辣，毫不留情，以绝后患。"季君之乱"中，在宣太后的授命下，魏冉将公子壮、惠文后、秦昭王异母兄弟，以及跟随季君的大臣们尽数诛杀，不留活口。这是疯狂的报复，疯狂的铲除异己，不仅如此，当年秦惠王其他妃子的儿子，她也命人全部处死。在她的政敌中，只有一人幸免于难，就是秦武王的妻子，被逐回自己的娘家魏国。

这场内战让秦国元气大伤，对外扩张的势头戛然而止，东方诸侯纷纷乘机搞起合纵运动，以对付秦国这头西方巨兽。

二、一念之差——秦昭王诱擒楚怀王

秦昭王上台后，左丞相甘茂的处境十分尴尬，他受到公孙奭与向寿的排挤。两个人制造谣言，利用舆论压力打压甘茂。甘茂心里明白，如果继续留在秦国，结局只有一死，为了保住性命，他最终选择逃离。

在当时的情况下，"战国七雄"中，唯一能与秦国抗衡的便是超级强国齐国。因此，甘茂决定前往齐国以求自保。齐宣王对甘茂的到来表示热烈的欢迎，并任命甘茂为上卿。甘茂的到来，对齐国的外交政策产生了重大的影响。齐国自齐威王时代开始崛起于渤海之滨，自马陵之战后一跃成为最强大的国家之一，与西方的秦国遥相呼应。不过，与秦国相比，齐国在外交上略显保守，不像秦国那般激进。通过甘茂的努力，齐国在外交上开始趋于活跃。

当时的历史背景下，魏国和韩国在秦国的打击下已经衰落，赵国与燕国分别在赵武灵王与燕昭王统治下锐意改革，无意诸侯混战。所以，齐国要想与秦国争霸，首先要争取到楚国与其结盟。在整个战国时代，楚国政坛虽然缺乏生气，但楚国毕竟是拥有广阔的土地及百万之军的大国，是存在一定实力的。

在秦惠王时期，齐国与楚国就曾结盟，只因楚怀王为得到六百里之地轻信张仪的鬼话，竟不惜与齐国决裂。结果，楚国赔了夫人又折兵，成了孤家寡人。对于被楚怀王绝交这件事，齐宣王始终耿耿于怀。事情过去这么久了，齐宣王决定再相信楚怀王一次，毕竟吃一堑长一智，楚怀王不可能这么不长脑子，再上秦国的当。于是主动抛出橄榄枝，希望与楚国再次结为同盟，共同对抗秦国。

事实证明，楚怀王就是没长脑子，他并没有从失败中吸取经验教训，反而认为自己聪明过人。

楚怀王为什么自视聪明？因为在秦国内战中，宣太后与魏冉赢得了胜利，他们都是楚国人，还是属于楚国的王族"芈"姓，这是纯纯的自家人哪。这么一算，秦国的政权相当于掌握在楚国人手中，抑或说，秦国有一半属于楚国了。在楚怀王眼里，秦国是自家人，齐国是外姓人，他怎么可能联合外人打自家人呢？

如果事事都像楚怀王想的那般简单，那还谈什么政治，还谈什么争霸！秦国之前的权臣公孙衍、张仪都是魏国人，当他们成为秦国的权臣后，对自己的国家也并不那么友好。

楚怀王面对齐宣王抛来的橄榄枝，又犹豫了，再一次没了主意，于是召集群臣紧急开会。多数人认为应该与齐国结盟，秦国屡次欺骗与羞辱楚国。楚臣说："王虽东取地于越，不足以刷耻；必且取地于秦，而后足以刷耻于诸侯。"楚国虽然从东边的越国得到地盘，但不足以雪耻。不如与齐国深交，得到齐国的帮助才能夺回秦国抢去的地盘，一雪前耻。

楚怀王见大臣们都支持与齐国结盟，最终下定决心放弃秦国。不久之后，在宜阳之战遭到惨败的韩国也加入了楚国与齐国的结盟。

不承想，齐楚联盟不到一年的时间再次破裂了，这在意料之外，又在情理之中，问题仍出在楚怀王身上。

楚国与齐国结盟，让秦国深感不安，加上韩国的加入，秦国就必须采取应对措施。拆散、破坏齐楚同盟成为秦国当前的首要任务。为了达到这个目的，秦国可谓煞费苦心。

秦国制订了一个破坏联盟计划。第一步，先以重金贿赂楚怀王及楚国大臣。俗话说得好，有钱能使鬼推磨，这就是金钱的威力。楚国君臣收了钱，翻脸比翻书还快，立场马上就动摇了。第二步，恢复与楚国通婚。自春秋时代开始，秦、楚两国就有王室通婚的传统，秦国以通婚的方式表明两国的关系是经得起历史考验的。最后一步，将占领的楚国上庸归还给楚国。秦国人对楚怀王的性格拿捏得死死的,只要给点蝇头小利,楚怀王就立刻抛弃所有的原则。

楚怀王再一次背信弃义,又一次单方面宣布与齐国断交。令他没想到的是,楚国的噩梦从此开始,而他的命运也发生翻天覆地的变化。

齐宣王收到消息,得知楚怀王跟他断交了,对于楚怀王的反反复复,齐宣王实在忍无可忍无须再忍了,决定要好好教训一下楚国。齐宣王派甘茂出使魏国,甘茂游说成功,把魏国拉入合纵联盟。齐、魏、韩三国联盟磨刀霍霍,准备砍向楚国。

此时的楚怀王吓出一身冷汗,为了应对三国联盟的进攻,他只能寄希望于秦国身上。楚怀王决定把太子横送去秦国当人质,希望可以得到秦国的保护。谁知太子横这个不争气的家伙,狂妄自大,惹是生非,在一起打架斗殴中,把秦国大夫给打死了。太子横也知道自己闯了大祸,不敢再留在秦国,慌忙逃回楚国。楚国人质打死人还跑路,这简直就是在打秦国的脸哪!

秦国是不可能容忍这种事发生的,随即派遣芈戎率领秦军进攻楚国。如果楚怀王识相的话,赶紧与齐国修复关系,或许还能逃过此劫。可是,作为一国之君的他什么事都没做。齐宣王得知楚国与秦国交恶,十分高兴,决定来凑凑热闹,立即纠集魏、韩两国一同出兵,由齐国名将匡章指挥三国联军攻打楚国。

楚国陷入以一敌四的不利局面。楚怀王这次是真的慌了,楚国的百姓是真的哭了。

在西线战场,楚军根本无法抵挡秦军凶悍的进攻,两万名士兵被砍了脑袋。在北线战场,楚军败得更惨。齐、魏、韩三国联军在垂沙之战中几乎全歼楚军,击毙楚军统帅唐眜,楚国宛城、叶城以北的土地完全沦陷。

秦国并没有因为楚国的一次战败就放过他,而是持续攻打。面对秦军无休止的进攻,楚怀王不得不向齐国低头求助,而此时齐宣王已经去世,齐湣王继位。楚怀王把惹是生非的太子横送往齐国做人质,希望可以换取两国结盟，以应对秦国的进攻。

秦昭王看楚怀王又与齐国结盟，并将楚太子送往齐国做人质，他不甘示弱，把弟弟泾阳君也送到齐国当人质，以换取齐国保持中立。齐湣王是个虚荣心极强的人，他刚上台，秦、楚两国便争着来巴结，让他有一种飘飘欲仙的快感。于是，齐国采取了一种隔岸观火的态度，既不助秦，也不攻楚。

齐国的按兵不动，让楚怀王得以喘息，终于不用再两线作战，起码能喘口气。但是以楚国现在的实力来说，就算与秦国单打独斗，仍然处于劣势。公元前299年，秦国第三次大举出兵进攻楚国，占领了八座城池。

面对秦国疾风骤雨般的攻势，楚国连招架之力都没了。就在楚怀王绝望之时，突然收到了秦昭王的亲笔信。

秦昭王在信中简单地解释了一下为什么会攻打楚国，将原因归罪于太子横蛮横杀死秦国大夫并潜逃。随后秦国打起感情牌，以秦、楚数百年的友谊为前提，认为两国解决矛盾的最好方法是两国君主坐下来面谈，重新订立盟约。秦昭王把谈判的地点设在秦国的边关——武关。

楚怀王看完信后很担忧，拿不定主意。想赴会，又担心上当；不去吧，又担心秦昭王发怒，继续攻打楚国。尽管经常被秦国欺骗与欺负，楚怀王却始终怀有一种侥幸的心理。这时，楚臣上前劝阻楚怀王，莫要轻信秦国，而他的儿子子兰力主前往与秦国谈判。楚怀王优柔寡断，没有主见的性格，使他选择了一条不归路。

当楚怀王满怀期望地前往武关时，注定了他的希望会落空。"楚王至，则闭武关，遂与西至咸阳，朝章台，如蕃臣，不与亢礼。"（《史记·楚世家》）楚怀王抵达秦国时，并没有见到秦昭王的影子，迎接他的是一群如狼似虎的秦国士兵。他如同一只软弱的绵羊，命运不再由自己主宰。楚怀王没有受到君王的待遇，而是被当作附属国的臣子一般带到秦都咸阳。

秦昭王之所以软禁楚怀王，是已经有了自己的考量。虽然秦军战斗力远胜于楚军，但是楚国毕竟是大国，即便是要打垮楚国，秦国也要付出相应的代价。但是，现在的情况不一样了，楚怀王在他的手里，还不是他要割地就割地，他要领土楚国就得乖乖送上。不需要一兵一卒，就能得到自己想要的，岂不快哉！

楚怀王终于见到秦昭王了，但是这样的会面却不是楚怀王想要的，现如今他就是个阶下囚，任人宰割。秦昭王也没跟他客气，开门见山要求楚怀王割让巫郡与黔中郡。

秦昭王的要求令楚怀王为之一震，明抢就算了，还狮子大开口，脸在哪里？身陷囹圄的楚怀王迸发出罕见的勇气，果断拒绝了秦昭王的无理要求。秦昭王见状，心想这楚怀王还是有点儿傲骨的，硬的不行就来软的，使出浑身解数，也未能令楚怀王屈服，秦昭王的暴脾气上来了，将其软禁，企图以此对楚国施压。

意想不到的事情发生了，在得悉楚怀王被秦国软禁的消息后，楚国从齐国迎回太子横，立为国君，是为楚顷襄王。秦昭王始料未及，好好的计划就这么被打乱了。楚怀王更是悔恨不已，因自己的一念之差，不仅丢了王位，葬送了自己，也被自己的国家抛弃了。他真的不再是国王了，只是一个囚徒而已。

事态没有按照秦昭王的想法发展，令他十分不愉快。憋在心里的这口气怎么才能发泄出去呢？就是打人，而楚国再次成为秦国的攻击目标，楚军依然弱不禁风，抵挡不住势如猛虎的秦军，一战下来，阵亡五万人，析城等十六座城邑沦陷。

楚国既然已有新君继位，楚怀王对秦昭王来说没有了任何利用的价值，秦军对他的看管也渐渐松懈，楚怀王抓住这个绝佳的机会逃跑了。然而，当他历尽千辛万苦逃到秦、赵边境时，赵国却拒绝让他入境。没办法，楚怀王只好绕道魏国，结果还没跑多远，就被秦国追兵逮住，又一次被押回咸阳。楚怀王终究没能逃脱宿命的安排，没过多久病死于异国他乡。

司马迁曾评论楚怀王说："人君无愚智贤不肖，莫不欲求忠以自为，举贤以自佐，然亡国破家相随属，而圣君治国累世而不见者，其所谓忠者不忠，而所谓贤者不贤也。怀王以不知忠臣之分，故内祸于郑袖，外欺于张仪，疏屈平而信上官大夫、令尹子兰。兵挫地削，亡其六郡，身客死于秦，为天下笑。此不知人之祸也。"（《史记·屈原贾生列传》）

国君若圣明，大家都可以得到幸福，而楚怀王如此不明，其行为被天下人耻笑，怎么会幸福呢？当秦国将楚怀王的灵柩送回楚国时，楚国人像悲悼自己的亲人一样哀怜楚怀王。诸侯们也因秦国的所作所为，认清其诡诈的真面目。秦、楚从此彻底决裂。

三、逐渐强大——秦国树敌颇多

自商鞅变法以后，秦国在西方强势崛起，把魏、韩、楚等邻国打得落花流水、狼狈不堪。但其实秦国最强大的对手是远在千里之外的齐国。彼时的齐国风头正盛，与秦国并列为超级强国。

在"战国七雄"中，齐国的文化水平最为发达，战国时代最著名的学术中心稷下学宫就位于齐国首都临淄城的稷门外，这里会聚了天下英才。在稷下学宫一百多年的历史中，曾迎来名家尹文、田巴、孟子、荀子、孙膑等大师级人物。兼容并蓄的思想给齐国政治带来了生机勃勃的活力。

马陵之战是齐国通往霸权之路的标志性战役，代表着魏国称霸的时代已经结束。在齐威王、齐宣王两代明君的统治下，齐国国力日益壮大，成为唯一一个可以与秦国匹敌的超级强国。

在齐宣王统治时期，齐国曾创造仅用五十天就歼灭掉燕国的军事奇迹。尽管后来由于各诸侯国的干涉，齐国被迫从燕国撤军，但足以见证其超强的军事实力。在齐宣王晚年，齐军在垂沙之战中重创楚军，此役是楚国盛衰的一个转折点。

正因为齐国强大，秦国对齐国一直心怀忌惮，尤其害怕齐国与楚国结盟，故而一而再、再而三地破坏二者同盟。由于秦、齐两国领土并不接壤，所以两国倒也相安无事，并没有发生直接的冲突。直到公元前299年的一起事件，导致两国剑拔弩张、兵戎相见。

导致秦、齐两国决裂的关键人物，便是战国时代的四公子之一孟尝君，他是中国历史上赫赫有名的政治人物。在他的引领下，战国晚期的养士之风盛行，据说他的门客有数千人之多，天下闻名的侠士没有不知道他的大名的。

齐湣王二十五年，齐湣王派孟尝君出使秦国。本是件好事，但是秦昭王却愣是将事情搞砸了，他见到孟尝君后，被其贤能、智谋所迷倒，竟然把孟尝君留在秦国，担任秦国的宰相。此时，秦昭王虽是国王，但实际上秦国大权掌握在其舅舅魏冉的手里，魏冉是秦国的宰相，怎么会甘心将宰相之位拱手相让？

这时，有人劝说秦昭王："孟尝君贤，而又齐族也，今相秦，必先齐而后秦，秦其危也。"（《史记·孟尝君列传》）孟尝君的确贤能，但他是齐国的王族，如果担任秦国宰相，谋划事情一定先考虑齐国，而后才考虑秦国，这样秦国就危险了。秦昭王觉得有道理，便罢免了孟尝君的宰相职位。免职就免职，对孟尝君来说也没什么损失，可是被囚禁起来，孟尝君就相当恼火了。

秦昭王不仅囚禁了孟尝君，还有杀他的意思，他得不到的贤才，不能让他活着离开秦国。孟尝君感觉到了危险的存在，紧急情况下，他暗中派人求见秦昭王的姬妾，希望姬妾可以在秦昭王面前美言，借此释放他。

孟尝君后来终于用"鸡鸣狗盗"之计成功地从秦国逃出来，而秦昭王也反应过来了，后悔放了孟尝君，立即派兵追赶，但为时已晚，孟尝君已经顺利地逃出函谷关。

孟尝君经过赵国时，赵国的平原君热情地款待了他。而赵国人听闻大名鼎鼎的孟尝君在赵国，纷纷出来想一睹孟尝君的风采，结果都笑着说："原来以为孟尝君很魁梧，现在看来，只是个瘦小的男人罢了。"孟尝君听了这些话，大为恼火，这是赤裸裸的人身攻击呀！于是和他同行的宾客跳下车，砍杀了数百人，最后毁了一个县城才离去。由此可见，孟尝君的心胸极为狭窄，是个有仇必报的人。

齐湣王认为孟尝君被秦国囚禁一事缘于自己的派遣，对孟尝君心中有愧，等孟尝君安然回到齐国后，任命其为宰相，执掌国政。大权在握的孟尝君心里还记恨在秦国所受的耻辱，于是准备用齐国的力量帮助韩国、魏国攻打楚国，然后以此来联合韩国、魏国一同攻打秦国。

公元前 298 年，齐、魏、韩三国联军向函谷关进发。在此之前，由于楚国立楚顷襄王继位，秦昭王大举进攻楚国，取得斩首五万与攻略十六城的辉煌战绩。而在秦、楚正打得激烈的时候，孟尝君率领三国联军，出其不意地杀向函谷关，令秦昭王始料未及。齐国军队的战斗力是不容小觑的，在函谷关击败了仓促应战的秦军。

函谷关是秦国的门户，一旦被攻破，三国联军将长驱直入关中，后果不堪设想。

军事力量强大的秦国，怎会如此轻易地兵败？主要原因，是精锐部队此时全在楚国战斗，想立刻返回救援，时间上根本来不及。为了拖延孟尝君的攻势，秦昭王决定牺牲河东三城（武遂、封陵、齐城），换取孟尝君退师。

谁能想到，高傲的秦国竟然会割地求和，可见这次秦国面临的危机是多么大。以前只有秦国割别人的地，不想今天自己也要割地求和了，秦昭王的内心十分苦楚。

倘若秦昭王知道此时的孟尝君也不好过，同样面临棘手的问题，就不会这么轻易割地了。孟尝君遇到了什么难题呢？

粮食紧缺成为孟尝君现在急需解决的问题。齐国军队千里伐秦，粮食需要自备，一路下来损耗颇多，已经到了捉襟见肘的地步了。因此，孟尝君对深入秦境作战也没有了把握，最好的办法当然是通过谈判捞到一些好处。

秦昭王想以割三城谈和，孟尝君心中却另打算盘。孟尝君想到秦昭王手中还有一张牌，就是被软禁的楚怀王（此时的楚怀王尚未病亡）。他提出和谈的条件：秦国必须释放楚怀王。孟尝君的这个条件提得极妙，是对齐国相当有利的。为什么这么说呢？

楚国与齐国是邻国，国土接壤，得到楚国的土地，才是真正的收获。而秦国所割的三座城池，离齐国相隔甚远，不利于齐国的统治管理。孟尝君想将楚怀王占为己用，得到楚怀王就可以明目张胆地向楚国索取东部土地，以作为报酬。此次出战，孟尝君不仅报了秦国之辱的仇，还可以得到楚国的土地，可谓一箭双雕。

秦昭王听了孟尝君的条件，满口答应下来。于是孟尝君从函谷关撤军，但是他忘了一件事，秦国是个实打实不讲信用的国家。秦昭王食言了，拒绝履行释放楚怀王的承诺。孟尝君的如意算盘最终成了竹篮打水一场空，满心欢喜出征，双手空空归国。

第一次伐秦，败兴而归，孟尝君内心郁结。他就不信这个邪了，跟他耍无赖，毫无信用可言，那也别怪他手下无情了。于是孟尝君开始积极备战，为确保万无一失，他是做足了准备，之前是齐、魏、韩三国联军，而这次，孟尝君又拉来两个国家入伙，一个是赵国，一个是宋国。

五国联军，于公元前296年，波澜壮阔、大张旗鼓地向秦国进发，所到之处尘土飞扬，兵力比第一次攻打秦国更加强大。

此时，秦楚战争已经结束，秦国精锐部队全部回到祖国的怀抱，正休养生息。秦昭王知道孟尝君已率兵在来的路上，这次他可不怕了，命令军队集中力量迎战孟尝君。

一向霸气的秦军勇猛迎战，但是面对以一敌五的劣势，渐渐体力不支，武力值大幅度下降。而五国联军仗着人多，兵锋很盛，一路攻至盐氏（今山西运城）。秦国再次陷入危机，内心忐忑的秦昭王又一次采取"割地求和"的解困战术。

孟尝君这次的战略目标十分明确，雪耻、要楚怀王。而他的目标之一楚怀王，在悲愤与疾病的双重打击下已经郁郁而终。楚怀王一死，孟尝君打算在他身上榨取油水的如意算盘就彻底落空了。

得知楚怀王的死讯，孟尝君计划落空，无心恋战，现在就算是攻城略地，所得的一切好处只会落到其他国家头上，对自己终究无益。于是，他欣然同意了秦昭王的割地求和，根据协定，秦国归还韩国河外之地及武遂（今山西垣曲东南），归还魏国河外之地及封陵（今山西省永济市西南）。

孟尝君发动的两次伐秦之战，并没有重创秦国的军事力量，但其意义深远。此前，齐国虽然称雄于东方，却从来没有扮演过领袖的角色。孟尝君合纵韩、魏、赵、宋一同攻打秦国，是齐国第一次以主角的身份组织的大规模军事活动，大大提升了齐国在战国舞台上的威望。

而孟尝君伐秦之壮举，为他赢得了巨大的政治资本，得以在齐国政坛上呼风唤雨。一时间，齐国人只知有孟尝君，不知有齐湣王，如同当年秦国人只知有商鞅，不知有秦孝公一样。

功绩越高，权力越大，当权力到达顶峰之时，是非就会随之而来，政坛上向来如此。孟尝君执政时，齐湣王逐渐成了一个摆设，这使齐湣王对孟尝君相当不满，二人心生隔阂，矛盾开始激化。而秦国这边还火上浇油，大肆宣扬孟尝君"名高其主而擅齐国之权"，齐湣王终于坐不住出手了，剥夺了孟尝君宰相之权力。

齐国乃是秦国的第一强敌，而只有孟尝君能够主导齐国，合纵诸侯，共同抗秦。孟尝君的垮台，对秦昭王来说是个天大的好消息，他有一种如释重负之感，此时他的野心逐渐膨胀，认为以秦国之强，却跟其他诸侯一样只是个"王"，没啥意思，不够个性，不够瞩目，不够霸气。秦国傲视天下，地位理应在各诸侯国之上，于是开始了一场称帝的闹剧。

在上古时代，人们把五位德高望重的统治者称为"五帝"。他们虽然是凡人，在历史上却是神一般的存在。秦昭王显然也想把自己当作神，为了显示自己与众不同、高人一等的地位,他准备用"帝"号来取代"王"号。

四、称帝不成——秦昭王不断征战

心动不如行动,秦昭王于公元前288年在宜阳称帝。之所以把称帝的地点定在宜阳,而不是秦国的都城咸阳,可谓用心良苦。当时的宜阳,地理位置几乎是处于中国的中心位置。秦昭王挑这个地方是有意而为之,是用实际行动在告诉天下,自己理应是天下之尊,是能号令诸侯,以治天下之人。

秦昭王称帝之举,无疑预示着一场新的政治革命已经呼之欲出。诸王中的强者应当成为天下的领袖、帝者。秦国欲统一天下的野心昭然若揭。但是,秦昭王此举着实心急了,为时过早。以当时秦国的实力,尚没有强大到足以打垮所有的敌人,至少还有一个与之匹敌的对手——齐国。他不应该忘了,就在不久之前,孟尝君亲率五国联军攻打秦国一事,以秦国被迫割地求和而告终。

好在秦昭王很快便意识到这个问题,他不应该忽视齐国的存在。于是秦昭王派遣宰相魏冉亲自出访齐国,去怂恿齐湣王一同称帝,一为西帝,一为东帝,岂不快哉!

自秦昭王称帝后,引起了东方诸侯的强烈不满。尽管这些年来,魏、韩、楚等国在与秦国的战争中输得一败涂地,但从国家的政治地位来说,依然是平等的,大家都是王。秦国此番称帝,便是要做王中王,是把地位凌驾于各诸侯国之上的。面对如此欺压,东方诸侯是不可能同意的,一时间,反对秦国称帝的浪潮汹涌澎湃。

秦昭王还想拉拢齐湣王一同称帝,这个想法太过天真。很明显,称帝计划是要破产的。果不其然,齐湣王顺势而为,果断拒绝了秦国提出的称"东帝"的建议。

齐国态度鲜明、做法果断，得到了其他诸侯的拥护与支持，东方诸侯纷纷站到齐国一边。事已至此，秦昭王才懊恼地发现自己成了孤家寡人，却没有补救的办法，着实大意了。

这么看来，秦国称帝，不仅没有得到实际利益，反而让齐国趁虚而入，扩大了军事力量，真是得不偿失。两个月后，秦昭王灰溜溜地宣布撤销帝号，恢复王号。这出称帝的闹剧就这样结束了。

此时国力如日中天的齐国不甘寂寞，想得到版图的扩张。于是，齐湣王于公元前286年出兵攻打宋国。齐军气势如虹，风驰电掣，一顿操作猛如虎，在很短的时间里便攻下宋国。齐国灭掉宋国这场战役，在战国时代中是很重要的一场战役，此役既是齐国霸权的巅峰，又是齐国迅速衰败的开始。

齐湣王在攻取宋国的胜利下头脑发昏，飘飘欲仙，整个人都很亢奋，他的野心急剧膨胀，下一个矛头直指楚国。有了目标，立刻行动起来，楚国在齐军勇猛的攻势下，丢掉了淮北之地。齐湣王越战越勇，紧接着又进攻淮河下游的淮夷，夺取了七百里之地。

齐国仅用了一年时间，将土地几乎扩张了一倍，达到空前绝后的水平。被胜利冲昏了头脑的齐湣王意犹未尽，欲乘势吞并二周（东周、西周），自立为天子，成为天下共主。此时齐国的疆域面积已经堪比秦国了。

齐国这种疯狂的扩张速度、凶猛的掠夺行为，让所有诸侯都感到害怕。为了保住自己的国家，为了抵御齐国的疯狂进攻，几乎所有大国都联合起来，共同抵制齐国，这就有了后面五国伐齐的故事。

为了压制住齐国，魏、韩、赵甚至摒弃前嫌，与宿敌秦国结盟，组成联军。其中，在伐齐一事上，最卖力的当数燕国。在齐宣王统治时期，齐国曾经一度干掉了燕国。这是燕国历史上的奇耻大辱，此仇此恨，燕国不能忘怀，如今终于找到机会报仇了，燕国军队撸起袖子准备大干一场。燕国自然而然成了五国伐齐的主导者。

秦国在此之前，也曾受到多国联军的进攻，值得庆幸的是，联军每次都止步于函谷关。秦国之所以成为强国，不仅仅是因为军事力量上的强大，还因为秦国占据了黄金之险、崤函之固，险要的地形是天然的军事屏障，如此优越的地理条件，使东方军队至此望而却步。

与秦国相比，齐国在地理位置上毫无优势可言。齐国地处山东半岛，属于丘陵地形，缺少天然的军事屏障。尽管齐国军事力量十分雄厚，对付一个国家绰绰有余，对付两个国家使使劲儿，问题也不大，但现在面对的是五国联军，基本上就是挨打的命。如果此时的齐湣王能向秦昭王学习，乖乖割地求和，没准儿还有一线生机，但是他现在风头正盛，怎么会甘愿低头？

面对以一敌五的局势，齐湣王还犯下了一个致命的错误。齐国迎战的军队统帅是苏代，而苏代的身份很特殊，其实他是燕国派往齐国卧底的间谍。齐湣王竟然任命一个间谍为军事统帅，明摆着是送人头哇，这在中国历史战争中绝对的少有。

不出所料，在敌方间谍的指挥下，齐国在开战之初就向敌军送上了五万最精锐的士兵的人头。开始即结束，现在仿佛已经看到了齐国在此役中的结局。

五国伐齐的主导者是燕国，燕国名将乐毅亲自率领军队横扫齐国。《史记·乐毅列传》中记载："乐毅于是并护赵、楚、韩、魏、燕之兵以伐齐，破之济西。"乐毅指挥着五国联军去攻打齐国，并在济水西边大败齐国军队。

这场战争齐国惨败，差点儿走上亡国之路。就在齐国焦头烂额之际，楚国又派大将淖齿突然出击，直接干掉了齐湣王。

齐湣王一死，意味着齐国的霸业就此终结。曾经雄视东方的超级强国，一夜之间输得一败涂地，仅剩下两座城池，其余土地全部沦陷。齐国的命还是挺硬的，在这么狼狈的情况下竟然没有亡国，甚至等来一丝转机。

燕昭王的去世，为齐国带来了一丝希望。新上台的燕惠王对乐毅猜忌、打压，甚至罢免他的职务。齐国名将田单抓住这个千载难逢的机会，组织所剩无几的齐军进行反击战，竟奇迹般收复失地。经此一难，齐国已经从一流强国沦为二流国家，完全丧失了与秦国争霸的资格。

此时的秦昭王可是睡梦中都能笑醒了，秦国在伐齐之战中获得了巨大的利益。

秦国在东方得到一块土地，名为陶邑，这是以前宋国最肥沃丰饶的土地。由于陶邑与秦国并不接壤，故而是一块飞地，后来成为秦国宰相魏冉的封邑。再者，通过伐齐之战，秦国最强大的对手被干掉了，从根本上解决掉了秦国的心腹大患。至此，秦国再无可以与之匹敌的对手，即便是后来崛起的赵国，跟秦国也不是一个级别的。

五、完璧归赵——赵国的崛起

在战国之初的三晋战争中，赵国曾经遭到魏国的沉重打击，魏惠王迫使赵国臣服。对此赵国一直怀恨在心。

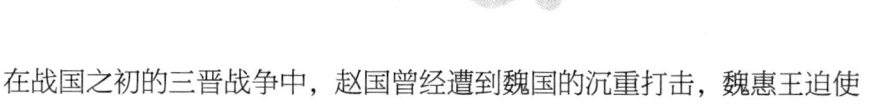

赵武灵王即位时，赵国国力衰微，不堪一击。这些对赵武灵王来说都不是问题，他是个有理想有抱负的君主，知道再这样下去定会走上亡国之路。于是他求贤纳士，立志改革，推行"胡服骑射"，以富国强民、提高军事能力、强大国力为目标。要想在国内进行改革，首要条件就是必须有一个相对稳定的外部环境。这就要尽量避免与周边的国家发生冲突与战争，秦国成为尤其要注意、远离的对象。

赵武灵王思前想后，决定改变与秦国敌对的立场，采取与秦结盟、交好宋国的外交政策，与秦国、宋国结为三角同盟。

事情发展得很顺利，对于赵国的主动示好，秦昭王还是很受用的。这使得赵武灵王无后顾之忧，可以专心、全力进行军事改革。

赵武灵王还是比较有智慧的人，他没有卷入中原的混战当中，在各诸侯国中充当一个透明的角色，没有任何一个国家会把注意力放在赵国身上，这恰恰是赵武灵王需要的时机。有了这个时机，他将对外扩张的矛头对准了北方的民族。出其不意地灭掉狄人建立的中山国后，赵国的疆域面积得到了大面积的扩张，赵国在悄无声息中一跃成为新兴的军事大国。

而与秦国的结盟，无非是赵武灵王的权宜之计，大家都是互相利用而已。这种貌合神离的盟友关系，是注定不能长久的。实际上，雄心勃勃的赵武灵王正在秘密地策划一次大行动，他在云中、九原集结了大批兵力，打算出其不意，攻秦国之不备。

为了全身心投入这次攻秦之战中，赵武灵王甚至将王位让给了儿子赵惠文王，自己则一心扑在战略谋划上。为了查探秦国军事实力的虚实，赵武灵王竟然冒充赵国使节出使秦国，只身来到咸阳城见秦昭王。

让人意想不到的是，如此雄才伟略的赵武灵王，在为如何强大赵国努力之时，竟意外地死于一场国内政变。发动这起政变的不是别人，而是他的两个儿子，只为争夺那高高在上的王位宝座。

赵武灵王之死，不仅让赵国进行了一半的改革大业止步不前，赵武灵王筹划已久的突袭秦国的计划也化为泡影。赵武灵王壮志难酬，赵国的新君缺乏他那样的气魄与能力，故而赵国的崛起不能算真正的崛起，只能说是框架上的崛起，实际的国力、军力终究无法与秦国相比。

公元前296年，就是赵武灵王去世的前一年，赵国与秦国的同盟关系便消失殆尽了。是年，赵国加入孟尝君领导的五国合纵，并派出军队参加攻打秦国的战争，战争以秦国割地请和而告终。赵国自从"胡服骑射"改革以来，军事力量的跨越式发展是大家有目共睹的，赵武灵王在世时，即使秦国很强大，对赵国还是有几分忌惮的。

赵国的实力在当时的七雄中能排到第三，仅次于秦国与齐国。由于赵国的地理位置不好，横亘在秦、齐两大强国之间，一旦秦、齐两国从西、东两面夹击，赵国就完蛋了。

正好在这个时候，燕昭王有征讨齐国复仇之志，打算集结众诸侯共同打击齐国。

五国伐齐如果没有赵国的全力支持，是不可能完成的。五国伐齐的构想始于燕国，却成于赵国。秦国之所以能够跨境参与攻打齐国的战争，与赵国从中穿针引线是分不开的。秦军应该就是借道赵国，才得以开赴齐国战场，如果赵国不借道，秦国根本过不去，更别提攻打齐国了。而五国中要是缺了秦国，总是差那么点儿意思。赵国出手相助的动机很明显，干掉齐国，自己就少了一个强有力的对手。

在伐齐之战中，赵国非常卖力，名将廉颇在这场战争中脱颖而出。伐齐之战的结果，齐国虽然侥幸未亡，但从一流强国沦为二流国家，再也无法对秦、赵构成威胁。由于赵国与秦国都想整垮齐国，共同利益也使得两国关系得以修复。

伐齐之战期间，赵惠文王得到了楚国的和氏璧，一件名副其实的稀世珍宝。秦昭王听说后，派人给赵惠文王送了一封信，表示愿意用十五座城来交换和氏璧。十五座城池换一块玉，稳赚不赔的买卖，搁谁谁不心动？但是秦国属于失信人员，诚信度少得可怜。

为此，赵惠文王决定派一个机敏且才智过人的大臣前去与秦昭王交易，群臣中他选中了蔺相如。

蔺相如带着和氏璧西行入秦，一路上风尘仆仆。《史记·廉颇蔺相如列传》中记载："秦王坐章台见相如，相如奉璧奏秦王。秦王大喜，传以示美人及左右，左右皆呼万岁。"见到秦昭王后，蔺相如捧璧献给秦昭王。秦昭王见了后爱不释手，把和氏璧传给姬妾和左右侍从看，众人对这块美玉也啧啧称赞，但秦昭王却只字不提十五城的事。

蔺相如看出秦昭王根本无意以十五城来交换，只是想以无赖的手段强取豪夺罢了。蔺相如上前假称美玉上有瑕疵，把和氏璧骗了回来，然后手持和氏璧退后几步站定，身体靠在柱子上，怒气冲冲地说："大王并没有诚意用城池来交换和氏璧，我便把玉收回来。如果大王一定要逼我的话，我就跟和氏璧同归于尽。"说罢，蔺相如便举着和氏璧，作势要往柱子上砸去。

秦昭王怕他真把和氏璧撞碎，赶紧向蔺相如赔礼道歉，并吩咐官员取来地图，指明从某地到某地的十五座城池交割给赵国。蔺相如心知秦昭王是不可能交出十五城的，便采取拖延战术，提出一个条件：和氏璧乃天下珍宝，赵王惧怕秦国，不敢不献给秦国，赵王送璧之前，斋戒了五日，以示和氏璧之珍贵，如今交与秦国，理应有隆重的仪式，秦王也应该先斋戒五日，到时再正式交易。

五天后，秦昭王在朝堂上安排了九宾大典，以隆重的仪式接见蔺相如。坐在朝堂之上的秦昭王，看着两手空空的蔺相如，傻掉了。他的和氏璧去哪儿了？飞了？

原来蔺相如早已派人偷偷地把和氏璧送回赵国去了。秦昭王得知和氏璧已飞回赵国，勃然大怒，这不是戏耍我吗？蔺相如却从容不迫地说：秦国自秦穆公以来，共有二十多位君主，没有一个曾经信守盟约的。我担心被大王蒙骗，就派人走小路，把和氏璧送回赵国了。

蔺相如不开口则已，一开口把秦国历代君主全都吐槽了一遍，勇气可嘉。蔺相如之所以敢这么做、这么说，早就将生死置之度外。反观秦昭王，被蔺相如怼得说不出话来，心里生着闷气。好歹他是一国之君，被一个别国大臣如此嘲讽，可是又没办法治他，如果定罪于蔺相如，岂不是有失风度？关键是蔺相如的话句句在理，他的内心多少也是认同的，毕竟自己干的事确实不漂亮。于是，秦昭王大度地一挥手，将蔺相如放回了赵国。

蔺相如侥幸逃过一劫，毫发无损回到赵国。由于完璧归赵的壮举，蔺相如被赵惠文王提拔为上卿。

时间飞逝，公元前279年，赵惠文王突然收到秦昭王抛来的橄榄枝，希望与他结为同盟，并邀请赵惠文王前往渑池会面，喝喝茶、聊聊天，联络一下感情。

事出反常必有妖，秦昭王这又是唱的哪出戏呢？莫非要故技重施，以会晤之名,把赵惠文王也掳走不成?这回还真是误会秦昭王了,他并没有恶意。

当时楚顷襄王打算策划一起新的合纵运动,秦昭王对"合纵"两个字极其敏感,只要出现一点儿苗头,必须立刻采取行动,制止它成长起来。自齐国衰落后,赵国已经一跃成为东方第一强国,秦昭王势必要阻止赵国加入合纵联盟。因此,秦昭王的战略目标很明确,一方面是阻止赵国加入合纵运动,另一方面是对楚国发动军事打击。秦国的外交能力炉火纯青,稳住赵国,才能在进攻楚国时无后顾之忧。

面对秦昭王的邀请,赵惠文王头疼了:不去?去?

赵惠文王心里也是有盘算的,他一直虎视眈眈地瞄着魏国与齐国呢。如果与秦国结盟,可以让赵国致力于向东扩张,和秦国免去一样的后顾之忧。从国家利益考虑,赵惠文王应该去;可是一想到楚怀王的下场,他又打起了退堂鼓。进也不是,退也不是,令他十分头疼。

好在赵惠文王的左膀右臂给他吃了颗定心丸。廉颇与蔺相如都认为,赵惠文王应该前往渑池与秦昭王会晤。为防不测,才智与勇气集于一身的蔺相如随赵惠文王参加会议,而廉颇则陈兵于国境之边,严阵以待。这已经是万全之策,于是赵惠文王放心地向渑池出发。

赵惠文王、蔺相如等一行人终于抵达渑池,秦昭王激动地设宴,热情款待。酒过三巡,秦昭王假装有点儿醉意,便提议说:"听闻赵王十分喜好音乐,不如就在这里奏瑟一曲吧。"赵惠文王喝了酒后,兴致颇高,当场奏瑟一曲。秦国的史官上前记录道:某年某月某日,秦王与赵王一起饮酒,令赵王奏瑟一曲。秦昭王这是在挑事呀!

蔺相如不甘示弱,手持盆缻,走到秦昭王跟前,请求秦昭王击缻助兴。缻就是装酒的瓦罐,秦人经常击缻而歌。秦昭王知道这是以牙还牙呢,脾气上来了,不肯动手。蔺相如威胁道:"我与大王仅五步之遥,大王要是不答应,蔺相如颈部的鲜血就要溅到大王身上了。"

无奈之下，秦昭王勉强用筷子敲打一下缶。蔺相如回头招呼赵国的史官记下来：某年某月某日，秦王为赵王击缶。一位秦国大臣见状，上前说道："请以赵十五城为秦王寿。"蔺相如立即回应道："请以秦之咸阳为赵王寿。"（《史记·廉颇蔺相如列传》）

正常宴会就是一个没有硝烟的战场，虽不见鲜血四溅，却是暗流涌动的舞台。直到酒宴结束，秦昭王始终未能占到赵国的便宜。

蔺相如在酒宴上的不卑不亢，兵来将挡，水来土掩，见招拆招，可谓全场最佳。在外交战中不可一世的秦国人居然讨不到半点儿便宜。在这场以脑力为主题的较量中，蔺相如是真正的赢家，他的精彩表现足以成为后世的范本。

通过渑池会晤，秦国与赵国达成了互不侵犯的协定。在此后的几年时间里，双方都恪守此协议，两个国家利用这段时间都积极对外扩张，完成了各自的战略目标，进一步确立了强势大国的地位。这一结果，代表着渑池会晤是双赢的。

六、伊阙之战——战神白起的成名之战

自从张仪提出"征韩论"以来，历代秦国君王都希望通过韩国这个跳板，一举拿下二周（东周与西周）。这个目标，在秦武王统治时期差一丢丢就实现了，只可惜这位尚武君王兴奋过了头儿，把自己的命送给了一尊鼎。秦昭王继位后，一直保持着夺取二周的初心。

公元前293年，秦昭王派遣一支人数大约十万的远征军从三川出发，向东周挺进。韩国与魏国一直把二周视为自家的后花园，得知秦军要来抢夺自家地盘，怎么可能无动于衷？为此，韩僖王与魏昭王秘密商议，决定乘秦军深入之机，集中精锐兵力将其歼灭。协议达成，韩国与魏国立刻行动，出

兵二十四万，想要一鼓作气消灭秦国的这支远征军。（根据《战国策》中记载："韩魏相率，兴兵甚众，君所将之，不能半之。"由此推断秦军人数大约十万。）

开战之际，秦军统帅向寿得知韩、魏联军的动向，发现自己处境相当危险，立刻下令从东周撤军，退至伊阙。韩、魏联军察觉到秦军撤退，随即追赶，双方三十几万军队陈兵于伊阙，一场大战即将开始。

伊阙地势险要，位于洛阳以南，是秦国东出中原的必经之路。在伊水谷地的深处，有一处山谷，这里两山并立，远望好像门阙，伊水从中流过，所以称为伊阙。

宰相魏冉接到从伊阙发回的军报，看过之后忧心忡忡，有一种不好的预感。向寿并不是一个优秀的将领，这点魏冉十分清楚，他根本没有能力解决如此复杂的局面。那么，向寿是怎么当上秦军统帅的呢？

当然是靠关系了。向寿是宣太后、魏冉姐弟的外族亲戚，也是秦昭王从小玩到大的朋友。靠着裙带关系，向寿哪怕实力平平，在秦国政坛上也是呼风唤雨的人物，当初就是这家伙把甘茂逼走的。

因为秦国的军功爵制度，军功是加官晋爵的阶梯，所以不安于现状的向寿也想上战场捞点资本。向寿原以为十万大军攻打弱不禁风的东周，就是分分钟的事，不承想半路杀出个程咬金，韩、魏竟然结盟，联军兵力还是自己兵力的两倍之多，这下子凉凉了。

说向寿水平有限，没见过世面是有道理的。在大敌面前，他只会一味地退缩，根本没想过解决的办法。这时，魏冉展现出宰相之风，他做出一个极其大胆也是出乎所有人意料的决定，就是换将。以级别甚低的白起代替向寿出任秦军统帅。临阵换将是很少见的，特别是以低级别换高级别。

临危受命的白起，将会有怎样的表现呢？面对如此错综复杂、敌强我弱的战场形势，这位年轻的统帅没有自乱阵脚、慌不择路，而是以冷静的头脑分析敌我双方的优势与劣势，以果断的速度制订作战计划并实施。

单从兵力上看,韩、魏联军的人数是秦军的两倍以上,占据绝对优势。而秦军长途跋涉,士兵疲惫,韩、魏联军则是按兵不动,以逸待劳,更是占尽地利。再从作战地点看,秦军远离大后方,补给线长,没有支援,劣势明显。无论从哪个方面看,韩、魏联军都是胜券在握。

然而,秦军也不是一点儿优势都没有。在以往的秦对魏、韩战争中,秦国占据多半的胜利,从心理层面讲,秦军的心理优势更为明显。而魏国和韩国的士兵,心里多多少少有点儿惧怕秦军。再者,魏、韩联军在兵力方面虽然占优势,但是有一个致命的漏洞,他们没有统一的指挥,各自为战,难以协同,这就给了白起以少胜多的机会。

《战国策》中记载:"韩孤顾魏,不欲先用其众。魏恃韩之锐,欲推以为锋。"魏国和韩国的联军之中,韩国军队势单力薄,韩国主将暴鸢希望魏国盟军作为先锋,率先出击。而魏军统帅公孙喜则认为韩军应该打头阵。

由于没有统一的作战指挥,韩、魏两军统帅在谁充当先锋这个问题上争执不下,双方都想保存实力,互相扯皮,谁都不愿主动出击,白白错失了进攻的良机。

此时,白起收到情报,得知魏、韩两军貌合神离,这无疑给了白起一个各个击破的机会。

白起立刻行动,制订作战计划后,先声夺人主动发起进攻。

白起先派出一支小分队,摇旗呐喊,虚张声势,逼近韩军营地,佯装进攻实力较强的韩军。韩军营中,暴鸢有些忐忑,怎么上来就打自己不打魏军呢?如果贸然迎战,胜率不高哇,况且岂不便宜了魏军?所以,没有立刻迎战。

白起之所以这么做,是考量了一番的。他判断韩国军队一定抱着保存实力的想法,定不会出击迎战,只要这边牵制住韩军,再以最快的速度拿下魏军,然后掉转马头对付韩军,以此达到逐个击破的目的。

韩军统帅暴鸢果然上当,以为遭遇秦军主力,不敢迎战,闭营不出,坐等魏军前来支援。

与此同时，白起亲自率领主力部队，以迅雷不及掩耳之势攻打魏军。

魏、韩两军本是遥相呼应之势，秦军若来攻打魏军，韩军立刻前来支援。秦军若是攻打韩军，则魏军前来助阵。然而，无论魏军还是韩军，都认为自己遭遇的是秦军主力，都在等着对方来救援，都不知道自己已成为白起计划中的一颗棋子。

为什么白起会先攻打魏军呢？主要是因为魏军的战斗力较差。在势均力敌的情况下，白起是有把握迅速击败魏军的。作为战国第一个霸主的魏国，现在已经沦为落水狗了。自从魏国的霸权凋零后，与秦国的战争基本上一打就输，一输就割地，就这样的情况，魏国仍不知进退，还想挑战一下极限。

面对如狼似虎的秦军，魏军尽管人数上略占优势，仍然丝毫没有招架之力。秦国士兵的勇猛不是虚传，在战场上，那真是玩命啊，秦军径直杀向魏军指挥中枢，把魏军统帅公孙喜给俘虏了。统帅被俘，群龙无首，魏军很快就没了章法，一片混乱，最终全线溃败。

拿下魏军后，白起立刻掉转马头攻向韩军。韩国大将暴鸢得知盟军被击破的消息后，大惊失色，胆战心惊。他自认为独木难支，随即率军仓皇撤退。

白起怎么会轻易让他逃脱，当即下令全军追击，接下来就是秦军的表演时间了，他们夺旗斩将，锐不可当，如入无人之境，连拔五城。

伊阙之战是战国时代规模最大的会战之一，秦军在兵力不到敌方一半的劣势下，击破魏、韩联军二十四万人，取得了辉煌的战果。

伊阙之战的胜利，与白起这个军事天才是分不开的。他能因势利导，抓住战机，化被动为主动，利用自己创造的天时、地利、人和，完成不可能完成的任务。此役对中原战局产生了巨大的影响，魏、韩两国在此役巨大失败的阴影笼罩下，再也无法组织对秦国的进攻。后来秦国著名宰相范雎评论说："韩、魏以故至今称东藩，此君之功，天下莫不闻。"（此君指的是白起。）

经过此战，秦国将魏国的河东之地占为己有。在河南、陕西、山西交界地带即黄河大拐弯处，山西境内有一块三角突出地带，如果秦军从黄河南岸进入中原，这片三角带就是很好的侧翼突袭基地，秦军占领这片三角地之后，出入关中已经毫无阻碍，函谷关天险已成坦途。

此时的白起，君爵是"左更"，位列二十等爵的第十二级。为什么魏冉会选择白起呢？

公元前294年，也就是伊阙之战前一年，当时魏冉派白起率兵攻打韩国的新城。那时白起的军爵是"左庶长"，在二十等爵中是第十级。新城之战的经过，史书并没有详细记载，但白起的用兵韬略肯定引起了魏冉的关注。这场战役不仅让白起的军爵跃升两级，还为他晋升为伊阙战役总指挥打下了基础。

魏冉把十万秦军的性命交给了一位年轻的统帅，果然有魄力、有胆识，历史将证明魏冉眼光之毒辣。魏冉的非常规提拔，开启了白起一代战神之路。

白起是战国时代最擅长指挥大兵团作战的将领之一，他果断而冷静，有着精确的分析能力，善于把握战争的局面，从而主导战势。伊阙之战，令白起名震诸侯，对敌人来说，他就如同一个怪兽，令人闻风丧胆。他是惊天战神，是战地屠夫，一生杀掠无数，与他共处一个时代的将领，在他耀眼的光芒下都黯然失色。

伊阙大捷，令秦昭王十分高兴，他欲乘机挥舞大旗，威震楚国。

自从秦昭王诱擒楚怀王后，秦、楚两国的关系跌至冰点，可谓水火不容、势不两立。伊阙之战后，秦昭王给楚顷襄王写了一封信，信上写的是："楚倍秦，秦且率诸侯伐楚，争一日之命，愿王之饬士卒，得一乐战。"（《史记·楚世家》）

这是公然向楚国下的一封战书哇，秦国将率领诸侯军进攻楚国，决一雌雄。楚顷襄王顿时慌了，这哪是决战哪，不就是让自己做好准备挨打吗？于是想招，打算跟秦国求和。

事实证明，楚顷襄王也没比他老爹楚怀王强多少。楚国实力虽强，号称大国，幅员广阔，拥兵百万，实际上就是个绣花枕头，比魏、韩两国强不到哪儿去，与秦国交锋几乎是场场败绩。

面对秦昭王的恐吓，楚顷襄王哪敢应战，根本没有那实力。再说了，楚怀王也已经去世多年，管他什么国恨家仇的，苟安一时算一时吧。

无奈之下，楚国只得屈辱地选择与秦国和解。楚顷襄王迎娶秦女为夫人，两国重新联姻，恢复外交关系。

面对楚顷襄王的软弱，楚国人表示强烈的不满。想想秦国是如何欺骗楚国，把楚国耍得团团转，甚至以谈判为名，把一国之君给扣押了，还有没有公理了？当然，要跟秦国谈公理，那纯属白费口舌。

与魏、韩两国相比，楚国此举更加丢人现眼。楚国人民对秦国充满了深深的敌意，同时也为国家有此国君深感失望，对楚国的未来满是担忧。

曾几何时，楚国也是一个超级强国，楚国人也是有血性的，怎奈统治阶级软弱无能，国家积弱，百万大军也只是摆设罢了。

公元前281年，楚顷襄王欲绝地反击，发起合纵抗秦运动，派出使者游说各诸侯国。而楚国的合纵计划严重受挫，还没开始就结束了。

齐国在经历了五国伐齐事件后，国家是勉强保住了，但军事力量衰微，从此一蹶不振。特别是楚国人趁乱杀了齐湣王，齐国更加不可能参加楚国主导的合纵运动了，要不是生存艰难，早就攻打楚国为齐湣王报仇了。

齐国衰败后，东方诸侯中实力最强的当数赵国。赵国经赵武灵王胡服骑射改革后，国力突飞猛进，军事力量迅速增强，成为秦国之外的第二军事强国。以赵国在诸侯国中第二把交椅的地位，怎么会听命于楚顷襄王呢？

至于燕国，与秦国相隔甚远，事不关己，高高挂起，是不可能蹚这趟浑水的。

最有可能与楚国合纵的国家，应该是魏国与韩国，可这两个国家目前的状态是自身难保，心有余而力不足。在伊阙之战后，秦国对魏、韩两国展开一轮接着一轮的鲸吞蚕食。

先是白起率兵渡过黄河，夺取了韩国安邑以东至乾河一带大片土地。紧接着秦军兵分两路攻魏，攻城略地。公元前289年，白起领兵攻打魏国，夺取了大小城邑六十一座。随后，白起与司马错一起进攻拿下了垣城。

魏、韩两国连连战败，就算有合纵的意愿，但是由楚国来主导，他们也是不可能参加的。秦昭王知道了楚顷襄王发动合纵运动，以此来抵抗秦国，相当愤怒，都已经放过楚国一马了，可是楚国不知好赖，非要挑衅，真得让楚国吃吃苦头了。为了集中力量打击楚国，秦国与赵国在渑池达成和平协定，解除后顾之忧。

公元前279年，魏冉任命白起为伐楚统帅。白起率数万秦军向楚国进发。看军队的人数，秦军是真不把楚军放在眼里，攻打拥有百万大军的楚国，只派出数万人的军队，这是赤裸裸的蔑视。

如果说孙子是最杰出的军事理论家，那么白起应该就是最杰出的军事实践家。这又是一场以寡敌众的战争，开战之前，白起首先就要精准地分析战况、评估风险，以制订作战计划。

白起首先分析出了楚国的问题所在，不是军队少，不是士兵不勇敢，而是楚国的内政太糟糕了，君王无主见，统治阶层软弱无能。后来白起总结说："是时楚国恃其国大，不恤其政，而群臣相妒以功，谄谀用事，良臣斥疏，百姓心离，城池不修，既无良臣，又无守备。"（《战国策》）

楚顷襄王敢叫板秦国，无非就是仗着兵多地广，不可否认，这的确是楚国的优势。但是，楚顷襄王没有清晰的自我认知，楚国上自国君，下至群臣，多是庸碌之辈，内政极为混乱。奸臣当道，像屈原这样的忠臣却遭到排挤。纵使楚国人民有爱国之心，奈何遇到不作为的统治者，又能怎样呢？更糟糕的是，自楚顷襄王以来，楚国几乎不修军备，破旧的城池也没修缮，防御能力极其低下。

秦军攻入楚国后，直取鄢城（湖北宜城东南）。鄢城是楚的别都，名义上是楚国的军事重镇，实则城防有许多弱点。

白起研究了一下鄢城城防，精准地找出其弱点，防洪能力不行。秦军掘开汉水的堤坝，引水灌城，鄢城守军随即陷入灭顶之灾，鄢城瞬间成为一片汪洋。从作战手段可以看出，白起虽然被称为战神，但是过于冷酷无情，对生命没有怜悯之心，在一场场博弈当中没有一丝手软。这也许就是生在战乱时代的人的悲哀，为了生存，为了自保，为了自己的国家，可以视生命如沙砾，肆意挥洒。

鄢城一战，楚国军民死伤数十万，生灵涂炭。攻陷鄢城后，白起一鼓作气，又拿下邓、西陵等城池。

在秦军面前，楚军毫无还手之力，任人宰割。鄢城大捷后，白起信心百倍，激情昂扬，尽管他手中只有几万人，仍大胆突进，孤军深入，直逼楚国首都郢都。

白起在军队渡河后，拆毁桥梁，焚毁船只，可谓破釜沉舟、背水一战。他以实际行动鼓舞着士兵们，战则生，退则亡。白起领兵孤军深入，实际上是存在一定风险的，一旦不能攻破郢都，军队就没有退路，极有可能被楚军反包围而全军覆没。

不过，在白起看来，鄢城一战，楚国君臣早已被秦军吓破胆。纵观楚国政坛，找不出一个有才干的大臣，试问又如何能阻止秦军前进的脚步呢？

战国时代的战争，比起春秋时代要更加残酷、更加暴虐、更加凶狠。通过掠食的方法，秦军一路长驱直入郢都城下。郢都城内一片混乱，百姓陷入深深的恐慌。此时的秦军与楚军的士气是有本质上的不同的，"秦中士卒，以军中为家，将帅为父母，不约而战，不谋而信，一心同功，死不旋踵"（《战国策》）。这足以表明秦军训练之有素，在战场上视死如归。秦军的荣誉感很强，只要杀敌建功就可以晋爵，这也是他们勇往直前的动力。

面对如此强悍的秦军，郢都军民根本没有激烈抵抗，便沦陷于秦军之手。楚军一溃千里,而白起的数万人马烧毁了楚王先祖陵墓,并长驱东进,一直到达竟陵。白起轻而易举地攻下了郢都,秦国便把郢都设为其南郡。那个妄想复仇雪耻的楚顷襄王呢?

楚顷襄王早已逃离郢都,向东逃难,迁都陈县了。经此一役,楚顷襄王彻底崩溃了,以后再也不提"复仇"二字了。

伐楚之战是白起继伊阙之战后的又一个军事杰作,他再次以寡敌众、以少胜多,把楚国大片土地收入秦国囊中。白起凭此战被封为武安君,他的赫赫战功已然超越秦国历史上任何一位将领。当然,他的传奇还远未结束。

七、范雎登场——穰侯倒台

白起已经成功登上秦国的政治舞台,这跟他的伯乐秦相魏冉的发掘有着直接的关系。

穰侯魏冉是秦国之相,位高权重,是秦国发展史中不可忽略的人物。当年,秦武王去世后,诸兄弟争着继位,秦昭王之所以能够顺利继位,正是因为有了魏冉的全力支持。

魏冉是宣太后的同母异父弟弟,是一位十分贤能之人,从惠王、武王时期就已经在朝中任职,处理国事。

秦昭王即位后,便任命魏冉做将军,守护咸阳。他曾经平定了季君公子壮及一些大臣的叛乱,驱逐秦武王后到魏国,使秦昭王各兄弟中图谋不轨者皆被诛杀,至此,魏冉的声威一时震动秦国。而此时的秦昭王尚且年轻,不能亲政,宣太后亲自主持朝政,任命魏冉执政。此时,樗里疾和甘茂为左右丞相。

在秦昭王在位七年时,樗里疾去世了。这时赵国人楼缓前往秦国,出任丞相一职,赵国大臣认为此举对赵国不利,赵王也为此事忧虑。于是,派仇液到秦国游说，希望秦昭王可以答应，同意魏冉做秦国的丞相，这样，赵国就不用派楼缓来秦国了，就不会被秦国所牵绊。

仇液收拾好行囊准备上路，这时，他的门客宋公来到他的面前说道："如果游说的过程不顺利，楼缓怕是要怨恨你。"

仇液略带疑问："如何是好？"

宋公说道："不如先安抚好楼缓，再行说服秦国之事。若是事情不成功，可以让楼缓感激你，若是成功，秦王任用魏冉为丞相，那么魏冉就会因此感激你的。"

于是，仇液听从了宋公的意见，前往秦国。

果不其然，秦昭王将楼缓撤了下来，让魏冉担任丞相一职。

魏冉出任丞相一职后，在政务上没有丝毫的松懈，反而越来越彰显出自己的领导才能。不仅举荐白起为将军，派他替代向寿为统帅，在伊阙大败韩国和魏国，还接连攻取了楚国的宛城、叶城。

由于魏冉在大战开始之前私自做了临阵换将的决定，起用白起，把秦昭王的朋友向寿换掉，且没有经过秦昭王的同意，致使秦昭王心生芥蒂，对魏冉的专政产生不满。

之后，魏冉身体不好，以生病为由辞去了丞相一职，秦昭王随即任用客卿寿烛为丞相。

魏冉在秦昭王心生芥蒂之时，巧合地身体抱恙，也许真的是由于年纪渐长，长年为国事忙碌，身体吃不消了。或许从他在伊阙之战中临阵换将的那一刻开始，就知道自己接下来将要面对的就是秦昭王的不满，为此，他选择明哲保身、急流勇退也是大有可能的。

不管魏冉是出于什么考虑，不能否定的是，他在伊阙之战取得胜利上做出了巨大的贡献。他顶住各方压力，冒着得罪秦昭王的风险，执意起用一个职位低级的将士为统帅，对战争有着明确的判断和果断的决定，无非都是出于一个目的，那就是让秦国取得胜利。

在寿烛被任命为丞相的第二年，便被秦昭王罢免。丞相之位不可空缺，随后，秦昭王又重新任用魏冉做丞相，并且把穰邑给魏冉作为封邑，后来又加封了陶邑，由此魏冉被称为穰侯。

在穰侯受封的第四年，曾担任秦国统帅，亲自率兵攻打魏国。在穰侯的指挥下，秦军势如破竹，魏军毫无招架之力，秦军一举击败魏国，并占领了魏国的河内地区，夺取了大大小小的城邑六十余座。

然而，穰侯的政治道路起起落落，似乎走得并不平稳。在攻魏取得了大胜后，不知道什么原因被秦昭王免职了。免职后的第二年，又担任了秦国的丞相，反反复复，起起伏伏。

穰侯再次任职时，派白起率军攻取了楚国的郢都，秦国在郢都设立了南郡。白起在这次战役取得胜利后被封为武安君。

白起是穰侯一手提拔起来的，二人极为亲近。穰侯看中的是白起的军事天赋，不忍他的才能被埋没，所以才会冒险破格提拔白起。而白起用自己一场场战役的胜利，回报穰侯的伯乐之恩，他没有因为自己的战功和秦昭王的欣赏便恃宠而骄，对穰侯依然抱着感激的态度，十分尊敬穰侯。

在秦昭王三十二年（前275），穰侯升任秦国相国一职，亲自带兵进攻魏国，赶走芒卯，进入北宅，接着围攻大梁。

在魏国面对如此危机的情况下，魏国大夫须贾找到穰侯，动之以情，晓之以理地进行劝说。

须贾告诉穰侯，此时魏国已经集结了上百个县的精兵良将来保卫大梁，兵力不少于三十万，而以三十万的军力守护七丈高的城垣，是很难攻克的。在久攻不克的情况下，秦军的将士们一定会慢慢疲惫，粮食的补给也会出现短缺，这样往往不攻而自衰。如果是这样，穰侯的陶邑反而也不一定能保住。不如趁楚国和赵国的援军还没到达大梁之际，象征性地向魏王索取一点儿国土，魏国现在处于焦头烂额的状态，魏王为了避免战争，自然会答应少量割让土地。这么一来，秦国想要的土地，不费吹灰之力便可得到，而魏国还可以免去一场血雨腥风的战争，不仅如此，穰侯的封地也保住了，土地拿到手，也算是立功了，可谓一箭三雕，何乐而不为呢？

穰侯听了须贾的话，在心里琢磨了好一会儿，觉得此主意甚好，便欣然同意了。于是，穰侯下令，停止对大梁的进攻，拿着魏国割让的土地，欢欢喜喜地回到了秦国。

谁知，第二年魏国就背叛了秦国，和齐国一伙儿了。魏国的背叛让秦昭王十分不满，于是命穰侯率兵再次攻打魏国。

穰侯上次轻易地放过魏国，却换来魏国的背叛，这次他可没那么好说话了。他采取积极进取的作战方式，一鼓作气大败魏军，斩首四万人，并占领了魏国三个县。秦昭王对穰侯的表现很满意，追加了封邑。

随后，穰侯和白起及客卿胡阳又率领大军攻打赵国、韩国和魏国，在华阳城下，大败芒卯，斩杀十万人，并夺取了魏国的卷城、蔡阳、长社和赵国的观津。为了拉拢赵国，秦昭王命穰侯将观津还给了赵国，并在军事上支援赵国，从而让赵国去攻打齐国。

在获悉赵国得到秦国的援助准备攻打齐国之时，齐襄王吓得心惊胆战，他惧怕被讨伐，这可怎么办呢？

齐襄王如热锅上的蚂蚁，急得乱窜，他立即派苏代替齐国暗中送给穰侯一封信，苏代在信中说："我听说秦国要支援赵国精兵四万，用以打击齐国。在我眼里，秦王明智并善于计谋，穰侯有智慧且熟悉政事。所以我告诉了齐王，秦国一定不会这么做的。为什么这么说呢？众所周知，韩、赵、魏三国友好结盟，他们可都是秦国的仇敌。尽管有上百次的互相背弃，上百次的互相欺骗，但都不算是背信弃义、没有品行。若此时赵国打败齐国，就会随之壮大，这显然对秦国不利。现在的齐国，已经衰微，调集诸侯的兵力来攻打齐国如同杀鸡用牛刀，齐国必败，若齐国败了，还怎么辅助秦国打垮三晋、楚国呢？秦国若出兵少，那么三晋和楚国就不会相信秦国，相反，若是出兵多，就会受制于三晋、楚国。这种做法就是让三晋和楚国借秦国之力谋取齐国,拿齐国之地对付秦国,实在不是明智之举呀!"

苏代洋洋洒洒的文字,的确成功地说服了穰侯,穰侯便不再出兵,率领军队回秦国了。齐国的危机轻松地化解了。

秦昭王三十六年(前271),这时的穰侯仍居高位,由于战功赫赫,得到的封赏不计其数,但是这些封赏已经赶不上他内心欲望膨胀的速度了。

穰侯与客卿竈商议,准备攻打齐国,夺取刚、寿两城,以此来扩大自己在陶邑的封地。

这时,一个自称是张禄先生的魏国人范雎,讥讽穰侯是越过三晋来攻打齐国,并趁着这个机会劝说秦昭王。秦昭王见范雎是有才能之人,便任用了他。

范雎为了表示对秦昭王的忠心,向秦昭王进言,说宣太后在朝廷内专制,穰侯在外事上专权,且穰侯现在的私人财富堪比王室。秦昭王听后,幡然醒悟,他本就对穰侯专权深深地不满,为了巩固自己的权力,让世人知道他才是秦国的王,于是便借此机会,将穰侯罢免了,并让穰侯去到自己的封地。

穰侯迁出关外的那天,光是装有行李的马车就有一千多辆,可见此时的他确实富可敌国。

太史公曰:"穰侯,昭王亲舅也。而秦所以东益地,弱诸侯,尝称帝于天下,天下皆西乡稽首者,穰侯之功也。及其贵极富溢,一夫开说,身折势夺而以忧死,况于羁旅之臣乎!"(《史记·穰侯列传》)

穰侯是秦昭王的舅舅,秦国之所以能够向东扩张领土,削弱各诸侯的力量,曾经称帝天下,天下都俯首称臣,这些都是穰侯的功劳。等到显贵至极,豪富无比之时,一人说破,便身受挫折,势力被削夺,以致忧愤而死。功臣尚且是这种待遇,那些寄居异国的臣子,情况会好到哪里去呢?

在穰侯离开的那天,白起并没有前去送行,这就像是二人之间早有的默契。不管此时的白起身处何地,此刻的心绝对是在给穰侯送行的路上。

穰侯从被罢免到贬斥出京，短短数日从人生的巅峰跌落谷底，即使现在家财万贯又如何？当初，他为秦国鞠躬尽瘁可不是只为了这些虚无缥缈的身外物。好在自己的事情并没有牵连到白起，白起的一身才能还有施展的地方，秦国也不能没有白起。

自此，二人就再也没能见上一面。到了陶邑的穰侯，郁郁寡欢，忧愤而死。秦国又把陶邑收回来，改设为郡。

范雎的出现，不仅将穰侯拉下了政治舞台，甚至将白起也拉下了神坛。说到底，都是为了自己可以站上政治舞台，拥有至高无上的权力。

范雎是魏国人，曾周游列国，希望寻找到欣赏自己的君主，从而实现自己的政治抱负。然而事与愿违，他便回到魏国，打算给魏王出谋划策，可是家境贫寒的他，根本见不着魏王的面，就先在魏国中大夫须贾的门下当差。

魏昭王派须贾出使齐国办事，范雎也跟着去了。他们在齐国停留了一段时间，事情始终没有办成。

当时，齐襄王听闻范雎的口才很好，就派人给范雎送去了十斤黄金和牛肉美酒之类的礼物，但是被范雎一再推辞，但送礼的人放下礼物就跑了。而这件事被他的上司须贾知道了，须贾大怒，以为范雎是把魏国的情报出卖给齐国了，所以才得到如此多的馈赠，便让范雎把礼物都给齐襄王还回去。

回到魏国后，须贾出于对范雎的嫉妒，就把这件事报告给了魏国宰相——魏国公子之一的魏齐。魏齐听后大发雷霆，绝不能放过此等卖国贼！当即命令下人用板子、荆条抽打范雎，打得范雎肋折齿断。

浑身疼痛的范雎知道他们的目的是要打死自己，于是假装死去。魏齐见范雎一动不动地躺在那里，以为范雎真的死了，便命人用席子把他卷起来，扔进厕所里。

接下来发生的事，对范雎来说是一生的耻辱。魏齐喝醉了的宾客轮番在范雎的身上撒尿，故意羞辱他，借以惩一儆百，让其他人不敢乱说话。

席子里的范雎，尚有一口气在，便乞求看守说："你若放了我，日后我定会重谢。"看守本就无心为难于他，便找机会将他放了。

谁知，魏齐后悔把范雎当死人给扔掉，又派人去搜寻范雎。范雎的朋友郑安平闻讯后，立刻带着范雎逃跑了，从此他们隐姓埋名，范雎更是改了姓名，叫张禄。

恰巧这个时候，秦昭王派使臣王稽到魏国。郑安平就找机会混入王稽门下侍奉王稽。王稽随口打听道："你可知道，魏国是否有能人？"

这简直就是天赐良机呀！郑安平赶紧答道："我认识一位叫张禄的先生，想求见您，但是他有仇人，不敢白天出来。"

王稽通情达理地说："你夜里带他来便是了。"郑安平连连道谢。

就这样，范雎终于得到了一个机会。二人见面后，范雎一顿高谈阔论，令王稽十分赞赏，他认准范雎是个贤臣，便对他说："请先生在三亭冈的南边等着我。"范雎与王稽定好了见面的时间，便回去了。

王稽辞别魏王上路后，经过三亭冈南边时接上了范雎，马车快速前进，很快便进入了秦国国境。

马车行驶至湖邑时，他们远远望见有一队车马从西边奔驰而来。范雎很好奇，便问道："那是谁呀？"

王稽答道："那是秦国国相穰侯去东边巡视县邑。"

范雎一听是穰侯，便说："我听说穰侯独揽秦国大权，他最讨厌的便是收纳各国的说客，这样见面恐怕要侮辱我的，我在车里躲一躲，别让他发现了。"

一会儿工夫，穰侯就出现在王稽面前，一番询问后便走了。这时，范雎说道："穰侯是智谋之士，处理事情多有疑惑，刚才怀疑车里有人，却没有搜查，定会反悔。"于是范雎跳下车躲了起来。

果不其然，穰侯派骑兵追了回来，什么都没搜到，才肯作罢。穰侯的确是不喜欢那些说客，只会靠油嘴滑舌到处忽悠，碰到正直善良的还好一点儿，碰到自私自利的，就只会为了自己的利益挑拨离间、惑乱人心。

王稽向秦昭王报告了出使魏国的情况,并趁机进言,将范雎举荐给了秦昭王。秦昭王并没有因为王稽的举荐就见范雎,他对范雎的能力存在质疑,于是就安排范雎住在了客舍。

就这样,范雎足足等了一年多,才有机会见到秦昭王。

当时,秦昭王已经在位三十六年了。秦国在南方大败楚国,夺取了鄢、郢重镇,此时的楚怀王已经在秦国被囚禁而死。而取得的这些胜利中,自然少不了穰侯的付出。

这时的穰侯,正和客卿竈商议,要越过韩国和魏国去攻打齐国,以此扩张他在陶邑的封地。

为此,范雎夜以继日,谨慎措辞,洋洋洒洒写了一封信给秦昭王。

范雎认为圣明的君主推行政事,有功劳的不可以不奖赏,有才能的不可以不授官职,劳苦大的俸禄多,功绩多的爵位高,能管众多事务的官职大。他听说善于中饱私囊的大夫,是从诸侯国中取利;善于使一国之富足的诸侯,是从其他诸侯国中取利。而天下有了圣明的君主,那么诸侯就不得独自豪富,这是为什么?是因为他们会损害国家而使自我显贵。

范雎的这些话,无疑是在讽刺穰侯。他最后以自轻自贱的话,强烈地要求见秦昭王一面,若是到时秦昭王还是认为他无能,他会自行服罪。

秦昭王读完范雎的信,很是高兴,派王稽用专车去接范雎。

到了离宫门口,范雎假装不知道是内官的通道,就往里走。这时好巧不巧的,秦昭王走了出来,宦官见到范雎出现在此处,便大声呵斥道:"大王来了!还不快让道。"

范雎故意乱嚷着:"秦国哪里有王?秦国只有太后和穰侯罢了。"他的这些话,似一把利剑直击秦昭王的内心。

秦昭王上前迎接范雎,并向他道歉说:"我本应早点儿向您请教,恰巧遇到政事才耽误,还请先生莫要见怪。"让人没有想到的是,秦昭王不仅向范雎道歉,还行了礼。

凡是看到范雎谒见秦昭王情况的大臣，没有一个不是肃然起敬的。

让人更为震惊的是，秦昭王屏退所有近臣后，竟然是跪着向范雎请教的。堂堂一国之君，竟然跪一个说客，真不知道是这位说客本事过人，还是秦昭王对自己掌权一事太过渴望。总之，这个说客不简单。

范雎怕被别人偷听到他与秦昭王说的话，心里惶恐不安，他不敢谈论宫廷内部太后专权的事，就先谈穰侯对诸侯国的外交谋略一事，以此来查探一下秦昭王现在对穰侯的态度，好方便计划他接下来该说什么样的话。

范雎凑到秦昭王面前，将穰侯欲越过韩、魏两国攻打齐国一事告诉了秦昭王，并分析了穰侯此举的目的，并非真的在于帮助秦国扩大领土，而是为了自己的私欲，借用秦军之力，谋其利益而已。随后，秦昭王就没有同意穰侯领兵攻齐。

范雎的分析说起来一套一套的，秦昭王听得畅快淋漓，发自肺腑地崇拜范雎的才能。在秦昭王眼里，范雎的话有理有据，分析局势精准到位，于是，任用范雎为客卿，今后同他一起谋划军事。并且，秦昭王还听从了范雎的谋略，派五大夫绾率兵攻打魏国，占领了怀邑。

从此以后，范雎成了秦昭王身边的红人，秦昭王越来越信任他。秦昭王的信任，无疑给了范雎扳倒穰侯的机会。

范雎找了一个四下无人的机会，对秦昭王说："我住在崤山东边的时候，只听说秦国有太后、穰侯，可是没听说秦国有秦王。如今，太后独断专政，毫无顾忌，穰侯更是出使国外都不打报告，长此以往国家就危险了。现在穰侯掌握的都是大王的重权，随意对诸侯各国发号施令，还向天下派持符使臣，与诸侯订立盟约，征讨敌方，攻伐别国，谁都不敢不从。如今秦国上下，再到大王的左右，没有一个不是相国穰侯的亲信，我看到大王在朝中孤单一人，都替您担惊受怕，在您之后，拥有秦国的怕不是您的子孙了。"

范雎的一席话，点醒了秦昭王这个梦中人。秦昭王幡然醒悟，大感惊恐，他认为范雎说得有道理呀，自己已经受穰侯束缚多年，再这么下去，怕是秦国就要改姓易主了。

于是，秦昭王下令收回了穰侯的相印，将他驱逐出国都，回到封地陶邑去。秦昭王任用范雎为秦国相国，并将应城封给范雎，封号为应侯。

范雎终于华丽转身，由一个名不见经传的说客，险些命丧于魏国的说客，一个为了机会苦苦等待的说客，摇身一变成为秦国的相国，权倾朝野，一人之下，万人之上。

如果说他一点儿才能都没有，那是不可能的，秦昭王还不至于无知到连一个人有没有才能都分不清楚。但是，范雎的上位史，显然不是那么光鲜亮丽的，他展现给大家的，大多都是如何利用自己的巧言善辩，而达到自己争权夺利的目的。

纵使他以旁观者的角度，看当时的时局更加客观，他的战略有清晰的思路，可是为了巩固自己的权力，不辨是非，挑拨离间，甚至为了营建自己的政治权力网而任用无能之辈，这种做法着实不妥当，有负于秦昭王对他的期望。

已经身在相国一职的范雎，享受到了拥有权力的快乐，他做的第一件事，就是对在魏国的敌人打击报复。

范雎当了秦国相国之后，秦国人仍称呼他为张禄，而魏国人对此毫无所知。

这时，秦昭王准备向东进发，攻打韩、魏两国。魏王收到消息后，十分惊恐，便派须贾出使秦国，希望可以打消秦国攻打魏国的念头。

范雎得知须贾到了秦国，便隐瞒了相国的身份，改装出行，步行到客栈，见到了须贾，须贾看到范雎大吃一惊，但是看到范雎一身褴褛，便又摆出他那副盛气凌人的架子。

范雎告诉须贾，自己可以为他安排见到相国，须贾以自己车架坏了为由，扬言要有四匹马拉的车，才能去见相国。若是须贾知道，此时坐在他对面的就是秦国相国，不知道下巴会不会掉下来。

范雎回去弄来了一辆四匹马拉的大车，并亲自给须贾驾车，直接进了相国府。相府里的人看到范雎驾着车子来了，纷纷回避。须贾看到这般场景，还挺纳闷。到了相国办公的门口，范雎对须贾说："你在这里等着，我进去通报一声。"

须贾就在门口等着，等了许久都没见人出来，便去问守卫门口的人："范雎进去很久了，怎么还不出来？"

门卒莫名其妙地看着须贾说道："那是我们相国张君哪。"

须贾听后大惊失色，呆若木鸡，他这是在太岁头上动土了，糟糕透了。这时，他才恍然大悟，范雎是故意引他过来的，他知道自己难逃此劫了，便脱掉上衣，光着膀子，跪地而行，以此来表达自己的诚信。

范雎高傲地说："你有多少罪？"

须贾急忙答道："数不清。"

范雎冷冷地说："魏国是我的故乡，可你却说我出卖国家，这是其一。当魏齐把我扔到厕所里，你没有制止，这是其二。更甚的是，让人往我身上撒尿，你怎么忍心呢？这是其三。我之所以不杀你，是因为你今天看到我衣服破旧还知道给我一件袍子，算还有点儿对朋友的良知。回去告诉魏王，我要魏齐的脑袋。"说完便把须贾放了。

不愧是站在权力顶端之人，说起话来霸气十足。范雎只用短短几句话，便解决掉了两个仇人，厉害！

也正是因为体会到了高高在上、颐指气使的感觉，范雎对权力的渴望愈加疯狂。但凡有威胁到他权力的人，他都要慢慢地一步一步地解决掉。

在之后的长平之战结束后，范雎因惧怕白起的功劳太大，威胁到自己的权益，于是，极力反对白起乘胜攻打赵国都城邯郸，也正为此，范雎、白起的矛盾公开化、激烈化，甚至公然当着秦昭王的面争吵。

秦昭王心里的天平是倒向范雎这边的，他之所以能够从穰侯手里拿回属于自己的政权，都是多亏了范雎的出谋划策，而白起是穰侯一手提拔之人，肯定跟他存在异心。毫无疑问，秦昭王选择支持范雎，否定了白起的意见。

事实证明，秦昭王选错了人。之后，秦昭王派兵围攻赵国首都邯郸，久攻不下，伤亡惨重，欲重新任用白起为将，白起不从，以生病为由拒绝出战。

对战事束手无策的秦昭王，只好三番两次去请白起，白起仍旧以生病为由拒绝出战。秦昭王盛怒之下贬斥白起，甚至将他逐出国都。但是，范雎怕白起有东山再起的一天，于是在中间挑拨离间，最终导致秦昭王下令赐死白起。

白起，一代战神，一生戎马，最后含泪自尽。

白起一死，秦国对赵国的征伐更加遥遥无望，秦昭王只能寄希望于范雎身上，情真意切地对范雎说：“如今武安君已死，而郑安平等人叛变了，国内没有能征善战的大将，国外又有很多敌对的国家，这可如何是好哇！"

秦昭王这番话的意思是鼓励范雎，而范雎听了却感到害怕，也想不出办法来。机缘巧合下，将蔡泽介绍给秦昭王，秦昭王觉得蔡泽是个有才能之人，很高兴。

范雎趁机以生病为由，向秦昭王请求送回相印，告老还乡，颐养天年。范雎从此正式退出秦国的政治舞台。

八、长平之战——秦昭襄王时期的著名战役

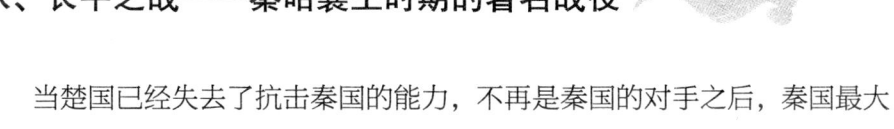

当楚国已经失去了抗击秦国的能力，不再是秦国的对手之后，秦国最大的敌人瞬间转换成赵国。在其他国家都遭受重大损失的时候，赵国仍然保持着兵强马壮。赵武灵王的改革虽未完全成功，但其成果仍然持久地影响着这个国家。

赵国所处的地理位置优势也十分明显，它位于韩国和魏国的北面，如果

赵国始终保持着军事力量强大，那么在秦国出击韩国和魏国的时候，就存在被赵国在背后突袭的可能。而且，只要赵国存在，秦国就很难越过三晋，去攻打北方的燕国和东方的齐国。

同时，赵国还是一个领土广阔的国家，包含北方的草原地带，也有险峻的太行山区，易守难攻，更有太行山东麓的首都邯郸，秦国与之距离较远，要想解决赵国这个对手，势必要远征，这对士兵和后勤保障都是一个巨大的考验。

要想拿下赵国，秦国还得是从韩国、魏国入手，层层推进。只有将韩国、魏国在黄河两岸的战略要地一一收入囊中，逐步推进到赵国的边界上，再实行打击，才有可能完成目标。

此时的秦国已经拥有了韩国的宜阳、南阳，魏国的河内、安城、陶等地。为了向东继续深入，秦军以新获得的楚地为依托，从南方向魏国的大梁（今河南省开封市）发起进攻，并夺取了魏国的华阳。随后，白起进攻韩国的陉城，一连夺取了五座城邑。这一场场鲸吞蚕食的掠夺，将韩国和魏国的军事力量打击得体无完肤，从此以后，韩国几乎没有能力再给秦国造成麻烦，而魏国在秦、赵的长平之战前，也没有能力再帮助邻国了。

随后，秦昭王认为时机已到，直接发动对赵国的攻击，令他没想到的是，在通往邯郸、位于太行山中的阏与要道时，秦军被赵奢率领的赵军击败。这就意味着，秦国之远征军离乡太远，进攻半径太大，攻赵的计划太草率，突破太难了。

然而就在这时，一个巨大的机会摆在了秦军面前。

这个机会便是韩国的上党。所谓上党，是现在山西境内以长治为中心的一片山间高地，夹在山西高原的太行山与太岳山之间，它的东侧和南侧是太行山，西北侧是太岳山，自古以来是连接山西与河南的要道，也是晋中山地去往黄河的重要通道，同时还处于从关中通往赵国首都邯郸的路途中间。

如果秦军要进攻赵国首都邯郸，最便捷的途径就是经过上党，再穿过东面的太行山，直达邯郸城下。

战国时期的上党地区分成了两块，北部属于赵国，南部属于韩国。

韩国除了上党地区，主要领土都位于黄河以南的新郑一带。上党与南方国土之间由一条狭窄的中间地带相连接，在这狭窄地带上有三个主要城市——平阳、野王、南阳，都位于黄河以北和太行山以南。

从战略要地方面看，如果秦军占领了这三个城市，就切断了韩国南方和北方的联系，从而可以逼迫韩国让出上党地区。一旦上党被秦国吞并，那就可以作为进攻赵国的前线基地。

从公元前264年至公元前262年，白起连续三年发动征韩战争。白起率军攻克韩国南阳，占领并断绝了太行山道。次年，白起发兵攻打韩国的野王郡，野王郡投降，从而使韩国的领土一分为二，韩国完全丧失了对上党的控制权。

上党郡守冯亭动员民众说：如今郑都的道路已经断绝，我们只能靠自己，不如归附赵国，赵国接纳了我们，秦国定会发怒，转而进攻赵国，遭遇攻击的赵国必定联合韩国。韩、赵两国联合起来，才可以抵挡秦国的攻势。

事实证明，冯亭的这个决定是相当聪明的，放眼天下，能与秦国一较高低的也只有赵国了。特别是阏与之战的胜利，赵奢打破秦军不败的神话，证明了赵国强大的军事力量。

冯亭亲手向赵国献上上党十七城，似乎是天上掉下一个大馅饼，但仔细琢磨一下，这十七座城是个烫手的山芋。秦国的战略目标十分明显，就是上党，如果赵国在这个时候横插一脚，秦昭王怎么会善罢甘休呢？

果然，天下没有免费的午餐。要不要接受上党，在赵国高层引发了激烈的争辩。

平阳君赵豹认为韩国之所以不归顺秦国，是想嫁祸于赵国。秦国劳心劳力，而赵国白白得利，这不就是与秦国争锋吗？所以上党不能要。

而平原君赵胜曾因魏齐之事被秦昭王绑架，因此十分厌恶秦国，力主接受上党。他认为秦国一直采取远交近攻的战略，秦赵之战是迟早的事，若上党落入秦国之手，将会威胁到赵国的安全。

如果接收上党，赵国就必须直视一个问题，赵国是否能够顶得住秦国的进攻。这是非常现实的问题。

对此，赵国还是蛮有信心的。赵国曾经在阏与之战中大败秦军，赵军在心理上有一定的优势。而且，赵国在一系列对外扩张的战争中都取得了胜利，军队整体素质是比较高的。最重要的是，有军事人才，尽管大将赵奢已经去世，但赵国还有廉颇。廉颇骁勇善战，对士兵爱护有加，遇到紧急的情况，冷静自持，非常有谋略，野战能力虽不如白起，但论持久战，足以抵挡。

经过深思熟虑，赵孝成王决定与秦国一战，派遣平原君前往接收上党十七城。同时，赵国军队进入上党，由名将廉颇为统帅，驻军于长平（在今山西省高平市西北）。

秦昭王的如意算盘就这么被上党郡守冯亭给搅和了，半路还杀出了赵国劫走原本属于秦国的上党事件。秦昭王怒不可遏，报复行动随即而来。秦昭王以王龁为将，率军进攻上党。双方在上党以南的长平形成对峙，由此拉开了长平之战的序幕。

面对秦军的进攻，廉颇采用坚守的战术。从秦、赵两国的实力对比上看，秦国还是占有优势的。在所有国家中，秦军的攻击力是最强大的，鲸吞巴蜀，蚕食韩、魏之后，秦国获得了大量的土地与人口资源，足以支撑国家庞大的军事运转。加之秦国士兵训练有素，作战勇猛，经验丰富，军事后勤能力不容小觑。

反观赵国，自胡服骑射变革后，军事上也有突飞猛进的发展，但整体上与秦军还是有差距的。长平之战的胜算，在于上党军民有抗战的决心，而且廉颇久经战场，恃险御敌，攻虽不足，守则有余。

廉颇的战略，就是孙子兵法说的"先为不可胜，以待敌之可胜"。秦军纵横天下，野战能力天下无双，赵军若与秦国拼野战，胜算不大。能否赢得胜利，关键在于能否顶住秦军的三板斧，以坚壁清野的战术守住长平防线，最终拖垮秦军。从战争一开始，廉颇就打算进行一场持久战。秦军在上党地区作战，补给线漫长，不利于持久战。

擅长机动作战的秦军在长平之战中难以发挥优势，虽然在局部的攻击战中取得了小胜利，但根本无法重创赵军主力。长平之战的难度，出乎了秦昭王的意料。渐渐地，这场战役变得十分有趣，没有狼烟四起、烽火连天。秦军如一头猛兽，张牙舞爪，赵军形同一只刺猬，不跟你斗，但是你上来我就扎你一下。

很快一年多的时间过去，双方相持不下，战争规模逐渐升级，两国不断地投入生力军，但是这场战争依然望不到尽头。而长平之战成为天下关注的焦点，各诸侯国都密切关注战争的进展。

赵孝成王渐渐地按捺不住，内心焦灼，做了一个让他后悔不已的决定。赵孝成王竟然派大臣郑朱出使秦国，商谈停战请和事宜。这无疑是在向秦国示弱呀。如果廉颇再坚守三五年，秦军根本吃不消，赵国便可不战而胜。事实证明，赵孝成王的想法太天真，他以为通过谈判，可以与秦国停战，真是异想天开。

秦昭王是可以谈判的人吗？他是，但他不是个守信的人。赵国本就是他的眼中钉、肉中刺。上党一事，赵国更是将秦国得罪得彻底，秦昭王不可能轻易放过赵国。

深谙外交手段的范雎利用赵国主动谈和一事大做文章，大肆宣扬秦军在战场上的胜利，以此营造出赵国即将战败的假象。

赵国的这一重大失误，切断了魏、楚两国援赵的可能性，导致自己失去建立统一战线的机会，从而陷入与秦国的单打独斗中。现在不是大家不想帮忙，而是赵国自己想与秦国讲和，魏、楚两国还有什么理由出手相助呢？

结果可想而知，秦、赵两国的谈判并没有成功，双方不断增加精锐部队，誓要与对方抗战到底。

公元前 260 年，长平之战已进入第三个年头。从该年六月，秦国发起一轮声势浩大的攻势，连续突破赵军的几道防线，夺下两个城堡，俘虏了四个校尉官。七月，秦军实施攻坚，俘虏了两个尉官，夺下了西边的营垒。而廉颇临危不乱，稳住阵脚，坚守营垒来阻止秦军的进攻。

王龁发动的这一轮轮强烈的攻势，虽然取得了一些战果，但是离歼灭赵国的主力军还是有一段距离的。而秦军在战场的小胜利，掩盖不住其窘境，连续几个月的进攻，已是强弩之末。

倘若这场战争一直持续下去，秦军很可能前功尽弃，会以失败而告终。此时，范雎收到一个有利的情报，便是赵孝成王对廉颇的坚守不攻已经越发不满了。

在古代，行军作战有一个不成文的原则，叫"将在外君命有所不受"，就是君主不能过分干涉前线将领的决策。而赵孝成王这个什么都不懂，根本不了解前线战况的军事外行，偏要充当内行，对廉颇指手画脚，一而再再而三地催促廉颇主动出击。好在廉颇没搭理他，仍然坚持自己的战略主张，但是，也正因为如此，反而给了秦国一个离间赵孝成王与廉颇的机会。

抓住这个机会的就是范雎。廉颇是赵国最出色的将领，他的位置无人可以替代，若能将廉颇换掉，那么秦军胜利的机会就会大大增加。如果廉颇被撤职，赵孝成王会换谁为新的统帅呢？

范雎认为，若把善于空谈理论的赵括捧上统帅的位置，那么秦军赢的概率将倍增。范雎也是个行动派，立即派人携千金入邯郸，贿赂赵国高层，并制造流言。

于是，秦国根本不怕廉颇，只怕赵奢的儿子赵括，而廉颇水平有限，就快输了，这样的流言出现在赵国的大街小巷。

很快，赵括的大名整个邯郸城都知道了，大家以讹传讹，更把他神化成一个军事天才。赵孝成王仿佛看到了胜利的曙光，立即召见了赵括，跟他谈论军事。赵括对兵法烂熟于心，倒背如流，讲起来头头是道，把赵孝成王这个外行听得一愣一愣的，加之赵括引经据典，赵孝成王对他佩服得不得了，他认定赵括定会青出于蓝而胜于蓝。

范雎之所以捧赵括，并不是没有理由。自阏与之战后，赵奢便成为赵国人心目中最伟大的英雄，而虎父无犬子，赵奢这么厉害，他的儿子也差不到哪里去吧。吹捧赵括容易被赵孝成王接受。而赵括的真实水平，范雎早就摸清楚了，正是看中了他纸上谈兵这个"优"点。

赵孝成王本就对廉颇的坚守不攻非常不满，如今听信谣言，再被赵括的夸夸其谈一忽悠，于是做出了一个致命的决定——任命赵括代替廉颇为前线统帅，全权指挥长平一战。因为这个决定，最终导致几十万赵军葬送于长平之役。

蔺相如得知赵括为长平之战的统帅时，毫不客气地指出，赵括只会读兵书，根本没有随机应变的作战能力。而众多反对者中，有一个人很特别，此人便是赵括的母亲，她认为赵括在思想境界上与他的父亲赵奢差距很大，不足以担此重任。但是刚愎自用的赵孝成王谁的话都听不进去，一意孤行。

赵括上任后，就把廉颇那一套防御战术全部废除了，取而代之的是主动进攻，十分激进。由于赵国的战略发生了根本性的转变，长平之战瞬间由相持阶段进入决战阶段。

而这时，范雎又下了一步妙棋。在赵国大张旗鼓更换主将的时候，秦国也悄悄地更换了主将。白起秘密抵达长平前线，取代王龁成为秦军统帅。秦国严密封锁此消息，泄露者，杀无赦。

白起擅长于大兵团作战，能够精准地在野战中把握战机，将对手一举歼灭。如今赵国改变战术，主动出击，与秦军在野战中决一胜负。这不是撞到枪口上了吗？武安君此时不出，更待何时？

决战尚未开始，赵国已经棋输一招了。在还未弄清敌方底细之前，赵括就迫不及待地发动进攻了。

赵括如此激进，无外乎两个原因。赵孝成王任用他，目的很明显，就是要打攻击战。再加上赵括急于表现自己，必须用一场胜利来证明自己不是只懂得纸上谈兵，实战中是可以赢得战争的，从而使自己的部下信服。

可惜的是，赵括的每一步动作都在白起的算计中，他已做好了应对的准备。为了诱使赵括上钩，白起故意示弱，命令前线部队假装打不过赵军，只要交锋，便往后撤。

赵括指挥下的第一次出击，便打得秦军落荒而逃，赵括的实力把自己都吓到了，自信心爆棚，以为自己就是为了了结秦军而存在的。他决定要以一场辉煌的胜利来嘲弄廉颇这个老古董，来向世人证明自己是真的行。他完全放弃防御，把长平一线军队集中起来，四十五万大军倾巢而出。

白起采取诱敌深入的战术，故意节节败退。"赵军逐胜，追造秦壁，壁坚拒不得入，而秦奇兵二万五千人绝赵军后，又一军五千骑绝赵壁间，赵军分而为二，粮道绝。"（《史记·白起王翦列传》）

赵括大军乘胜追击，直到发现前面就是秦军营垒，坚固无比，如铜墙铁壁，根本没有办法攻克。而这时，白起要做的就是截断赵军的退路。他早就安排了两支奇兵，一支两万五千人的骑兵部队出其不意地断绝了赵军后路；另一支五千人的骑兵则插入赵军营垒之间，断绝了他们的联系，把赵军分割成两个孤立的部分，截断运粮通道。

面对如此险境，如果是一位有经验的将军，发现军队被围，就应该马上撤退。但是赵括没有，他想从正面击破秦军，反败为胜，想法如此天真。这时白起派出轻骑兵实施攻击，很快赵军战败，随后筑起营垒，坚守不出，等待救援。

到了这个时候，还不打算撤军，换哪位将军也干不出来这事。但若以赵军四十几万大军全力突围，还是极有可能做到的。不过赵括的失误，让赵军陷入万劫不复之中。

白起完成对赵军的分割包围后，秦国又一次体现出军事行动的高效性。

"秦王闻赵食道绝,王自之河内,赐民爵各一级,发年十五以上悉诣长平,遮绝赵救及粮食。"(《史记·白起王翦列传》)

秦昭王得知赵军运粮通道已被截断,亲自前往河内郡,以重赏的方式征召郡内所有十五岁以上的人,全部去往长平战场,拦截赵国的救兵与粮草供应。

这场围歼战持续了四十六天。在粮道被切断后,赵军的粮食越来越少,直至断绝。一支没饭吃的军队毫无战斗力可言。饥荒铺天盖地而来,士兵们为争夺食物互相残杀,甚至开始吃人肉,这无疑又蔓延了恐慌的气氛。

绝望中的赵括做了最后的反击,他把军队分成四队,试图突围,反复冲杀四五次,皆以失败告终。统帅赵括亲自率军搏杀战斗,在最后一次突击时被秦军射杀。

统帅一死,赵军群龙无首,加之士兵饥饿难忍,最后四十万赵军只能放下武器,乖乖地向秦军投降。

由于战俘太多,白起下令将赵军降兵集体坑杀。如此大规模地屠杀战俘,在中国历史上是罕见的。白起为什么要屠杀赵军战俘呢?白起给出的答案是:从前秦军已经攻下上党,上党百姓不乐意投靠秦国而归附了赵国。赵军士兵反复无常,不全部杀掉他们,恐怕要出乱子。

据《史记·白起王翦列传》中记载:"乃挟诈而尽坑杀之,遗其小者二百四十人归赵。前后斩首虏四十五万人。"白起用欺骗伎俩把赵国降兵全部活埋了,只留下年纪小的二百四十人放还。此役前前后后,被斩首擒杀的赵军大概有四十五万人,赵国上下一片震惊。

而杀降一事给白起留下了千古骂名,这成为他一生洗不去的污点。

一场旷日持久的大战终于尘埃落定,有太多的亡魂葬于这场战役中。长平之战作为战国时代规模最大的一场战役,对历史产生了深远的影响。

赵国在长平之战失败,直接跌落神坛,从超级强国,到再也没有资本与秦国叫嚣,可谓大起大落。

而这场战役给秦国带来的意义更加深远，可以说，长平之战后，秦国统一中国的趋势锐不可当，命运已无法改变。对于六国而言，中原地区的战略要地丧失殆尽。韩、赵、魏的主力部队已被尽数消灭。齐国、燕国虽然由于偏安而暂时没有受到影响，却无力与占据了半壁天下的秦军抗衡。楚国的实力大打折扣，只有防守之力，无力组织进攻。秦国的前途一片光明，畅通无阻，秦国的统一大业指日可待。

九、战神陨落——晚年秦昭襄王的昏招

秦国在长平之战中取得决定性的胜利，同时也埋下一个隐患。这个隐患就是秦相范雎与武安君白起的矛盾日益激化，二人失和。

范雎是靠帮助秦昭王摆脱傀儡的命运，得到秦昭王的信赖，一跃成为秦国第一权臣，权势在秦国无人可及。而白起凭借着一系列令人眼花缭乱的战功，地位直逼范雎，这让范雎感到很不舒服，认为自己的地位受到了威胁。

长平之战结束后，赵国残存兵力所剩无几，国家的存亡已在生死边缘徘徊。白起欲一鼓作气，乘胜进攻赵国首都邯郸，一举拿下赵国。

小心眼的范雎立刻阻止白起对赵国的进攻，他担心白起一旦灭掉赵国，那自己一人之下、万人之上的地位肯定保不住了，遂以秦军疲惫为由，劝白起带兵休养生息。

白起对范雎的拆台十分恼火，心有不甘，两个人的矛盾开始公开化。

秦昭王见秦军经过休整，元气恢复得差不多了，他那颗蠢蠢欲动的心想再度出兵攻赵。作为长平之战的英雄，白起理所当然成为伐赵战争的统帅人选。不巧的是，白起生病了，不能出征。

为了说动白起，秦昭王以探病为由，亲自登门拜访。白起旗帜鲜明地反对伐赵，认为秦军已丧失灭赵的最佳时机，显然其矛头直指范雎。他分析

说：" 自长平之战后，赵国君臣同舟共济，勤于政事。同时，他们的外交很积极，大批使臣携厚礼出使各国，与燕国结亲，与齐、楚交好，把防患秦国进攻作为国家头等大事。现在绝对不是个好时机。"

作为一名出色的军事家，白起的分析不无道理。但他拒绝出战，还有另一方面原因，就是对范雎的不满。范雎因一己私欲，害得秦国白白失去了攻陷赵国的良机，确实让人气愤。由此也可以看出，范雎做事以自己的利益为先，而白起是以国家的利益为先。奈何，一代雄君秦昭王没看明白，抑或是不想明白。

秦昭王见请不动白起，于是任命王陵为统帅，率领秦军攻赵。王陵率军浩浩荡荡，直抵邯郸。但是毫无进展，获利不大，秦昭王便派部队增援，结果王陵部队损失了五个营。这个战果对秦军来说，属实有点儿丢人。秦昭王知道王陵水平不行，还得请白起上场。

秦昭王只好放下面子，派范雎前往游说白起，请他出山。白起对范雎早有怨言，乘机批评他长平之战后匆匆撤军的决定，认为秦军没有趁赵国恐慌之机，一鼓作气将其灭国，这是犯了极大的错误，给了赵国喘息之机。

同时，白起指出："如今赵国君臣齐心协力，励精图治，秦国出兵攻打赵国，他们不会出战，而会用坚壁清野的战术对付秦军，就算掠其郊野，也一无所获。如果赵军在城内抵御，各诸侯国在外夹击，秦军必败。因此，攻赵只有坏处，没有好处。"

最后，白起以生病为理由拒绝出征。由于白起又一次拒绝出战，秦昭王以长平之战的副帅王龁取代王陵，继续围攻邯郸。但是遭遇到极其顽强的抵抗，王龁围城九个月，仍然被阻挡在城墙之外，在攻城战中损兵折将。速战速决的幻想破灭了，秦国又一次陷入持久战的僵局。

战报传来，白起听后说道："秦不听臣计，今如何矣！"（《史记·白起王翦列传》）意思是，秦王不听我的意见，现在怎么样？这话直接传到了秦昭王的耳朵里，秦昭王勃然大怒，顾不上面子，亲自跑到白起家中，强迫他领兵出征。

　　这是秦昭王给白起下的最后通牒，白起已经触碰到他的底线了。白起这倔脾气也上来了，就是不去，谁的面子也不给。

　　秦昭王雷霆震怒，把白起一撸到底，从大将军直接降级到普通小兵。

　　此时的范雎，还在为如何扩大自己在军队中的影响力而绞尽脑汁呢。作为秦相，范雎虽然权倾朝野，但在军队中却无权无力。于是他抓住邯郸之战的机会，利用自己职务的便利，推荐亲信王稽出任河南郡守，郑安平为将军，以此将自己的势力渗透到军队当中。

　　赵国这边暂时顶住了秦军的进攻，但邯郸形势危急，随时都有沦陷的危险。为此，赵国必须得到诸侯的援助，否则注定要惨淡收场。

　　目前能援助赵国的，也只有楚国和魏国了。"战国四公子"之一的平原君出使楚国，由于门客毛遂的出色表现，成功地与楚考烈王结盟，在外交上取得了重大突破。然而，在是否出兵援赵一事上，魏安釐王却非常纠结。

　　由于赵国形势严峻，平原君多次向魏安釐王和信陵君送信，请求魏国援赵。平原君的妻子是信陵君的姐姐，平原君希望他们能念及亲情，伸出援手。

　　魏国不及楚国兵多地广，害怕援赵会引火烧身，引起秦国的报复。秦昭王这边派使者告诫魏安釐王：秦国拿下赵国是早晚的事，若诸侯中有敢救援赵国的，一定会成为秦国下一个攻打的目标。

　　魏安釐王听了很害怕，立刻派人阻止魏将晋鄙出兵，令他在邺城扎营驻守，打着救援赵国的旗号，实际上是以两面倒的策略来观望形势的发展。

　　平原君看出魏王的软弱，只能把希望寄托在信陵君身上。

　　当时信陵君名满天下，他是一个十分有气节的人，常常解人之困、救人之危，堪称一偶像级的人物。对于邯郸的危局，信陵君万分焦急，屡屡劝说兄长魏安釐王出兵，却得不到任何回应。

　　信陵君深知唇亡齿寒的道理，为了解邯郸城里的百姓之困，为了救姐姐一家于水火之中，打算豁出去了，他决定单独行动，于是便有了"窃符救赵"的经典传奇。

信陵君手上没有军队，怎么行动呢？如何救赵呢？他制订了一个计划，先是想办法从魏王手中盗走虎符，然后拿着虎符来到军队，假称得到魏王命令，代替晋鄙为将，晋鄙验证了兵符，但是心中狐疑，于是信陵君身边的大力士用铁锤将晋鄙砸死，控制了军队。经过整顿，选拔出八万精兵。

公元前257年，信陵君率八万精兵，开赴邯郸前线。此时的赵国已经到了生死关头，据《史记·平原君虞卿列传》所载："邯郸之民，炊骨易子而食，可谓急矣。"如果救兵不至，邯郸城内的百姓就无法再坚持了。幸运的是，信陵君的援军终于到了。与此同时，楚国援兵也出动了，春申君黄歇率楚国军队也赶到前线。

魏、楚援军的加入，使得邯郸战场形势发生逆转。这场旷日持久的战争历时三年，无论赵国还是秦国，都已筋疲力尽。有了魏、楚援军的助阵，赵军士气大涨。而秦军败势已露，郑安平率领的部队被联军包围，这位范雎的亲信很快就放下武器，连同部下两万多人乖乖地投降赵国。在秦国军事史上，一场战役投降两万人，这是绝无仅有的。

郑安平投降后，还在坚持奋战的秦军如泄了气的皮球，再无斗志。王龁明白大势已去，不敢恋战，带着残兵败将迅速撤出了战场，逃回秦国去了。至此，邯郸之战终于以秦军的失败而告终。

秦昭王征服赵国的梦想破灭，一腔怒火都倾泻在白起身上。

白起被连降十八级后，秦昭王仍不解气，一纸令下，将白起发配阴密，赶出了咸阳城。白起不得不卷铺盖走人，他出了咸阳城，往西赶了十里路，到了一个名为杜邮的小地方。

范雎相信白起凭借一身的军事才能，定有东山再起的日子，东方六国尚在，白起的价值就是不可低估的。而白起归来之日，没准就是他失去权力的日子，这不是他想要的结果。

于是，范雎派人悄悄跟踪白起，收到手下密报："白起被赶出咸阳，心怀不满，一脸怨气。"范雎趁秦昭王余怒未消之际，向秦昭王打小报告："白起被贬，心有怨言。"范雎就是想置白起于死地。

单凭有怨气这一点，秦昭王不至于赐死白起，但白起是铁血宰相魏冉一手提拔起来的将领，他与魏冉的关系极为密切，这最终导致了秦昭王对他痛下杀手。

在魏冉掌权的四十年里，秦昭王如同傀儡，没有实际权力。

伊阙之战，魏冉以白起代替向寿，根本没有向秦昭王请示，抑或是根本不需要秦昭王的同意。华阳之战亦是如此，魏冉甚至公然对韩国使臣说，不必去见秦王，他就可以做决定。魏冉的这些行为，在秦昭王的心里深深地埋下了钉子，扎心哪！

之后，魏冉垮台，白起因过人的军事才能才没有受牵连。

终于拿回了属于自己的王权，秦昭王自然想得到应有的尊重，而非过去那样"只知有太后、魏冉，而不知有秦王"。恰恰在这一点上，白起犯下大忌，他一而再再而三地抗命不从，折损了秦昭王的面子，刺伤了秦昭王的自尊心。

如今范雎心存嫉妒、添油加醋的举报，很容易让秦昭王把他与魏冉余党联系在一起。加上白起想金盆洗手，告老还乡，安度晚年，这让只有在战场上才能体现出价值的人，一时间成了没有价值的人。没了价值，留之何用呢？

秦昭王派人给白起送去一把剑，赐他自杀。当初白起称宁愿伏诛也不愿出战，不想一语成谶。

白起拿起剑，仰天长叹："我本来就该死，长平一战，赵国降兵数十万人，我却用欺骗之术把他们都活埋了，这足以是死罪了。"一代战神白起，就这样陨落了。

白起的死非他自身的罪过，秦国百姓都很同情他，还祭祀他。

白起与范雎的斗争以范雎赢为结局。但是，范雎接下来的日子也并不是那么好过的。郑安平率两万秦军投降于赵后，范雎就深陷舆论的风口浪尖。

一波未平一波又起，他的另一个亲信——河东太守王稽因私通外国，出卖情报，被判处死刑。

知恩图报的范雎，因感激郑安平和王稽曾经的救命之恩，大力提携二人，谁知道这两个人这么不给力，都成了叛国者。在舆论的压力下，范雎为保住自己的性命，不得不引咎辞职，结束其宰相生涯。范雎辞相后四年，一代雄君秦昭王去世。

公元前251年，秦昭王去世，葬于秦东陵。随着魏冉、白起、范雎、秦昭王先后退出历史舞台，一个时代结束了。

秦昭王在位时间是秦历代君王中最长的，他统治的时长超过了前任的秦孝公、秦惠文王、秦武王的总和，也超过了后面的秦孝文王、秦庄襄王的总和。

在秦昭王长达五十六年的统治时间里，他在政治、军事等方面都建立了卓越的功勋，特别是军事方面的成就，即使与后来的秦始皇相比也毫不逊色。他重用白起、范雎等人，将齐、赵这两个最强劲的对手打残了，楚、魏、韩的大片土地被收入秦国囊中，为秦国的大扩张做出了极为杰出的历史贡献。

秦昭王时代是秦国发展史上最重要的决胜时代，现在已经没有任何力量可以阻止秦国一统天下了，一个崭新的时代即将到来。

第五章

绝处逢生

一、是劫也是福——子楚与"贵人"吕不韦相遇

异人出生于公元前281年，即秦昭王二十六年，他是秦国第三十二代君王，秦孝文王嬴柱的儿子，被华阳夫人收为养子后改名为子楚。

秦昭王时期，子楚的父亲嬴柱是王太子，被称为安国君。安国君妻妾众多，孩子也多，光儿子就有二十多个，子楚排行夹在当中。

子楚的排位是很尴尬的。俗话说，皇帝重长子，百姓爱幺儿。长子是将来要继承父业的，所以得到皇帝的重视，成为重点的培养对象；而在寻常百姓家，小儿子最是天真可爱，往往得到特别的呵护。子楚是两头不占，在二十几个儿子里，想要出头，难。

而子楚在众多儿子中又是较为普通的那个，在人群中连影子都找不到的那种普通。他唯一特别的一点，就是在安国君的二十多个儿子中，他是备受冷落的那一个。本以为会子以母贵，可是他的母亲夏姬也不被安国君喜爱，郁郁寡欢于深宫后院。夏姬被冷遇，子楚也跟着母亲受白眼。

随着安国君的大手一挥，一声令下，子楚被送往赵国邯郸作为质子。夏姬纵有万般不舍，在安国君面前却没有任何说话的权利，安国君甚至连一个眼神都懒得给她。这就是帝王之家，母子被迫分离的事情常有。如果你得宠，方能得意，若是不得宠，连自己的儿子身处险境也是无能为力。

众所周知，这些质子，既是外交使节，也是外交抵押。作为一种外交筹码，他们的命运伴随国家之间关系的变化而变化。若两国之间关系友好，质子就被奉为上宾，礼遇有加；若两国之间关系恶化，那这个质子就倒霉了，不仅会遭冷遇羞辱，甚至生命受到威胁。那么，在赵国邯郸做质子的子楚属于哪一种呢？

子楚大概是在公元前265年，即秦昭王四十二年，到赵国做质子的。

这一年，子楚的父亲安国君做了秦国的王太子。也是在这一年，赵国的孝成王即位，由于赵国的新君刚即位，秦、赵两国的关系有了改善的契机。身为王太子之子的子楚作为人质来到邯郸时，还不到二十岁。当时，秦国专心致志地向东扩张领土，集中精力攻击韩国。赵国与韩国是唇齿相依的邻国，此时，赵国表面上与秦国和解，暗地里却偷偷支援韩国抗秦。

秦、赵两国之间的关系貌合神离，平静的表面下关系日趋紧张。长平之战的发生，导致两国关系彻底决裂，水火不容，兵戎相见。

战争的压迫感正在秦国首都咸阳和赵国首都邯郸蔓延开来。这时，身在邯郸的子楚日子越发难过：一方面要承受着来自赵国的敌视冷遇，另一方面也感受到源于祖国的抛弃无依，内心备受煎熬。

《史记·吕不韦列传》里这样写道："车乘进用不饶，居处困，不得意。"说子楚虽身为王孙，却手头拮据，车马破旧，居处寒酸，穷困潦倒于异国他乡，很不得意。这便是子楚当时的情况。

不过，王孙毕竟是王孙，身体里流淌着的是王室的血脉。在王权世袭的时代，王室的血统就是王位的价值体现，里面潜藏着继承王位的可能。

在落魄的王孙子楚身上，就具备着继承秦国王位的可能，而这一价值被一流商人吕不韦发现了。他以商人精明的眼光，敏锐地捕捉到了这个潜在的价值，子楚身上纯正的秦王血统正是他投资的买点。

大约是在公元前262年，也就是秦昭王四十五年，卫国大商人吕不韦为了生意上的事情，从阳翟来到邯郸。吕不韦在偶然的机会下，第一次见到子楚，可谓一眼万年。当吕不韦得知了子楚的身世处境后，双眼放光，立刻引起了他的兴趣。

吕不韦初次见到子楚时发出了这样的感慨："此奇货可居。"（《史记·吕不韦列传》）奇货，稀少珍奇的货物；可居，可以进货囤积。奇货可居，就是现在投资购进稀缺的商品，留待将来高价出售。吕不韦不愧是一流的大商人，他将子楚视为投资对象。

然而，子楚身上的投资价值，毕竟是潜在的价值，最后能否成功，存在概率和机遇的问题。

吕不韦所察觉到的这个特别的机遇，是关系到他全部投资成败的关键，是绝不能向外人透露的最高商业机密。这个机密，他只能讲给一个人听，也必须向一个人挑明，这个人是谁呢？就是当事人子楚。

不久之后，吕不韦再一次来到邯郸，这次他直接登门拜访子楚。为了这次见面，吕不韦做了充分的准备。这将成为吕不韦商人生涯中最大的一桩买卖。

吕不韦进门后，并没有开门见山地说出自己的意图，寒暄过后，他试探性地对子楚说道："公子住的地方，门户不够高大，如果公子不嫌弃的话，在下能够光大公子的门庭。"

子楚笑着回道："你姑且先光大自己的门庭，然后再来光大我的门庭吧！"不愧是王子王孙，矜持的应对中不乏诙谐。

吕不韦接着说："公子未必想到过，我的门庭光大要有待于公子的门庭光大。"子楚是聪明人，心知吕不韦所言之意，他马上请吕不韦入内就座，做深入的交谈。

在密室的深谈中，吕不韦首先为子楚分析了秦国王室现在面临的继承的问题。吕不韦对子楚说："令祖父秦王已经年老，令父安国君不久前被立为王太子，已经确立了继承人的地位。令兄子傒，得到贤者士仓的帮助，又有他母亲在当中说话，似乎已经形成了接班的态势。不过，在下听说令父宠爱华阳夫人，而华阳夫人没有儿子。令父的嫡嗣至今未定，大概将取决于华阳夫人的意向。"吕不韦这段话的言外之意是说，只要公子同意，我就开始想办法游说华阳夫人，争取说动她立公子为安国君的继承人。

吕不韦的这番话，对子楚触动很深，原来吕不韦已经做足了准备，只等他点头。他离席起身，口头拜谢说："如果真能如你所言，说动华阳夫人立我为继承人，将来即位后，我愿意分秦国的土地和你共享。"

在子楚与吕不韦达成共识时，秦昭王已经在位四十五年，垂垂老矣，不久将辞别于人世了。安国君继承王位的事情就在眼前。

安国君即将继位，而继位以后，他的继承人就是王太子。安国君尽管有二十多个儿子，但未来的王太子是谁，却还没有确定。继承人悬而未决，跟安国君宠爱的华阳夫人有很大关系，华阳夫人是他的正妻，但是他与华阳夫人却没有子女，所以他们还在等待观望。

安国君和华阳夫人究竟在等什么？而吕不韦又为什么会认定安国君的后嗣问题将取决于华阳夫人的意向呢？

吕不韦是谁，那是一流的商人、出色的投资家。以他老谋深算的性格，即使认准目标，那也是要谨慎行动的。在邯郸初见子楚时，他声色不露，只在心中审度盘算。回到阳翟，他立刻派人去秦国调查访问，搜集各种信息。他是经过了仔细研究才做出的这个计划。所以他才认定，华阳夫人就是子楚成为继承人的敲门砖。

兹事体大，他觉得必须同父亲商量一下才算安心。吕不韦专门从阳翟回到濮阳老家，就拟订的计划征求父亲的意见。《战国策》里记载了吕不韦与父亲谈话的内容，大概意思是，吕不韦问父亲："投资农业，耕种收获，可以获得几倍的利润？"父亲答道："十倍。"吕不韦又问道："投资商业，买卖珠宝，可以获得几倍的利润？"父亲答道："一百倍。"吕不韦再问道："经营政治，拥立国君，可以获得几倍的利润？"

很显然，吕不韦把子楚看成了商品，而王位的继承权就是子楚的商品价值所在。在吕不韦眼里，子楚的商品价值，并不是普通的商品价值，而是政治权力这种特殊的价值。吕不韦要由经营商业转入经营政治，他要投资子楚，拥立子楚成为秦国的国王。

这对于一位商人来说，可谓破天荒的投资计划。当然，吕不韦的这个投资计划并没有脱离商人的计算，最终目的仍是牟利。秦国一半的土地，一半的权力，是他最终的目标。

吕不韦的父亲只回答了他两个字："无数。"得到了父亲的理解，吕不韦心中最后一丝不安消去。他辞别父亲，回到阳翟，开始行动。

二、投资政治——吕不韦成功出圈

为什么安国君立嗣的问题会取决于华阳夫人呢？仅仅是因为宠爱吗？当然不是，这要从华阳夫人的来历说起。

华阳夫人是楚国人，属于以宣太后为首的楚系外戚一族，熊姓芈氏。安国君是宣太后的孙子，加之华阳夫人的称号源于华阳君，结合辈分来推算的话，华阳夫人应该是华阳君芈戎的直系后人。华阳夫人还有一个姐姐和一个弟弟，姐姐被称为华阳大姐，弟弟受封为阳泉君。

从华阳夫人的身份看，她与安国君的婚姻是亲上加亲的政治联姻。正是由于这桩亲上加亲的政治婚姻，华阳夫人在安国君的继承人问题上有相当大的发言权。

华阳夫人出身高贵，而且年轻貌美、冰雪聪明、善解人意。她自小受家庭氛围的影响，对于政治问题颇有留心。她对事物有自己独到的见解，做事有主见，有活动能力，被宣太后认为是继自己之后芈氏外戚的领军人物。而宣太后和芈戎将她嫁与安国君的目的，就是希望她与安国君生下的儿子继承秦国的王位，这样芈氏外戚的权力就不会外移。

安国君的王太子位置，绝对是意外得来的。他并没有什么政治抱负，更没有什么政治活动，但是他有一个好妻子，他妻子背后是整个芈氏家族。秦昭王四十二年（前265），前王太子去世，这给了他一个捡漏的机会，凭借着芈氏家族的力量，在秦昭王的多位儿子中脱颖而出，做了王太子。正因为如此，他对芈氏家族也是很重要的，对华阳夫人可以说是言听计从。

遗憾的是，华阳夫人与安国君结婚以后始终没有子女，这就是他们等待多年的原因。世上的事物就是如此不完美。如今安国君的身体日益衰弱，再想生儿育女基本是不可能了。因此，安国君的继承人不得不在他已有的二十多个儿子当中选择。

在安国君二十多个儿子当中选继承人，直接牵连到这二十多个儿子的母亲，也就是安国君众多妻妾的利益。在这种情形之下，当红受宠的正夫人——华阳夫人和她身后的芈氏家族的意向，将是一语定乾坤。吕不韦所看中的实现子楚潜在价值的机遇就在这里。

这场空前绝后的投资计划的第一步，说服子楚已经完成。接下来就是吕不韦的表演时间了。

吕不韦开始了第二步的行动。"吕不韦乃以五百金与子楚，为进用，结宾客。"（《史记·吕不韦列传》）

吕不韦拿出五百金送给子楚，让子楚扩大宅邸，购置车马，广结宾客，以金钱开路，在邯郸展开声势浩大的社交活动。经过吕不韦的精心包装，充裕的财力为后盾，子楚俨然已经换了一个人，变得更加自信，王孙贵族的风貌展现无遗。子楚的变化自然也传到了秦国首都咸阳。

接下来就是第三步行动了。吕不韦又拿出五百金买珍奇玩物，自己带着这些珍贵物品前往咸阳城，准备说服华阳夫人。

吕不韦是作为秦国派驻赵国的质子公子子楚的使者而来的，他将代表子楚看望王太子安国君夫妇，向父母请安。他并没有空手而来，而是满载珍宝，财大气粗，大有一举买断王位继承权的气势。而这次前来的目的明确，就是通过游说华阳夫人，使子楚成为安国君的继承人，可谓有名有实有所求。

毫无疑问，吕不韦的目标是华阳夫人。但是，在抵达咸阳之后，吕不韦并没有直接去见华阳夫人，而是先去见了华阳夫人的弟弟阳泉君。

吕不韦之所以先见阳泉君，是有自己的考虑的。阳泉君是华阳夫人的弟弟，从近亲入手，是攻取妇人之心最快的办法。他深谙人情世故，只要说服阳泉君,再以阳泉君去劝说华阳夫人,这事就成了一半。

吕不韦见到阳泉君以后,开门见山,直入主题,以居安思危的警告方式提醒阳泉君,他和整个芈氏家族正面临前所未有的危险。

吕不韦详细地分析了现在朝堂上的局势,如今的芈氏家族,人人身居高位,荣华富贵,实则都是表面现象。芈氏是外戚,宠辱全在于婚姻和女宠,如今王太子与华阳夫人没有子女,恩宠岌岌可危。

再者,安国君年事已高,一旦有所不测,继承人如果不是近亲的话,华阳夫人和芈氏家族还有什么前途可言?而眼下,公子子傒得到了士仓的协助,最有可能成为继承人。一旦子傒做了继承人,他母亲的权势将无法预估,那时候,尊姐华阳太后的地位就真的保不住了。

阳泉君专心致志地听吕不韦把话说完,唯恐漏掉了半句。吕不韦善于察言观色,看阳泉君的神情,就知道自己的话奏效了,立刻乘势单刀直入,将自己来此的目的和盘托出:实不相瞒,在下今天前来,有两个目的。一是请求阳泉君的协助,二是解阳泉君的困扰。若阳泉君肯听从在下的谋划,定可以保住芈氏家族的荣华富贵与尊位,而芈氏家族面临的危机自可迎刃而解。

吕不韦神情镇定自若,语气坚定自信,字字珠玑,如同响雷,直击阳泉君的心。

宣太后去世以后,芈氏家族的势力逐渐衰落。新的恩宠,新的希望,都寄托在姐姐华阳夫人身上。可惜的是,华阳夫人有宠无子,留下了芈氏家族可能一朝倾覆的隐患。阳泉君毕竟是混迹政治圈的人,对于芈氏家族所面临的这种形势他怎会不知,还用得着吕不韦说他才明白吗?

世间事,哪有十全十美的呢?子楚虽为王室血脉,身份高贵,但是在众多兄弟中,他是最不得宠的那一个。华阳夫人虽是当红受宠的王太子正夫人,在继承人的选择问题上有很大的发言权,但是她与安国君没有儿子。而二者之间却有着一种很奇妙的互补关系。子楚所有的正是华阳夫人所缺的,华阳夫人所有的又正是子楚所缺的,二者的互补关系浑然天成。

吕不韦的眼光是毒辣的，他可以一眼看穿子楚和华阳夫人之间这种互补互利的关系。他游说阳泉君，并直接挑明了这种关系。他就是在明明白白地告诉阳泉君，如果他们放任现状不有所行动的话，子楚将穷困于邯郸，而一旦子傒成为继承人，华阳夫人和芈氏家族也将面临衰败，可谓两败俱伤。

相反，如果他们可以促成子楚和华阳夫人结盟，子楚将得到母亲而继承王位，华阳夫人将得到儿子而执掌政事。秦国政权将掌握在子楚和芈氏家族的政治联盟手中，这是双赢的结果。

吕不韦的橄榄枝已经抛给了阳泉君，接下来就看阳泉君接不接了。

阳泉君很欣赏吕不韦的直率，他心悦诚服。当然，也是出于对现状的考虑，他当即低头拱手请教，愿听吕不韦的方针大计。

吕不韦心中大喜，随即说道："子楚是贤能之才，如今远在赵国做质子，母亲无宠，盼望归国而没有机会，希望依附于华阳夫人。如果华阳夫人不弃，请收子楚为养子，拥立子楚成为安国君的继承人。如此一来，子楚无国而有国，夫人无子而有子，岂不两全其美。"

阳泉君听后，当即拍板。于是，阳泉君成了吕不韦的助手，成为姐姐华阳夫人身边的第一位说客。

吕不韦的下一步行动，是要通过华阳大姐直接说服华阳夫人。在华阳夫人姐弟三人中，当数华阳大姐最受华阳夫人的信赖和倚重。所以她的话，华阳夫人是会听会想会考量的。

通过阳泉君的引荐，吕不韦见到了华阳大姐。吕不韦不愧是生意人，左右逢源，面对不同的人面孔都不一样。他对华阳大姐轻声细语，动之以情，晓之以理，遣词用句，深得华阳大姐的好感。这还哪有他与阳泉君见面时那种单刀直入、咄咄逼人的气势。

吕不韦暗中观察着华阳大姐的表情，见华阳大姐对自己颇为赞赏，安心不少。他见谈得也差不多了，便将重金购置的珍奇玩物悉数亮出，请华阳大姐代为呈送给华阳夫人。华阳大姐欣然同意了。

华阳大姐也是行动派，早早地进宫面见华阳夫人去了。见面之后，极力夸赞子楚贤明智慧，广结天下英才，是秦公子中一位不可多得的人才。华阳大姐还将子楚的心意婉转表达出来："子楚没日没夜地思念太子和妹妹。在子楚的心中，妹妹就如他的天一般，他一心一意期待着妹妹的眷顾。子楚还特地准备了一份薄礼给妹妹，算是尽一点孝心。"

听了华阳大姐的赞美，华阳夫人很高兴，当看到那些珍奇异宝时更是大喜。华阳大姐见华阳夫人的心情甚是美丽，于是趁热打铁，在姐妹间的闺中秘语中将吕不韦的计划委婉挑明。

华阳大姐说："我听说过这样的话，以色事人者，色衰而爱弛。"以青春貌美博得宠爱和欢心的人，一旦青春逝去容颜衰老，宠爱和欢心也就随之减退。"如今妹妹伺候太子，甚有宠爱却没有儿子，如果不在恩宠正浓的时候早做打算，妹妹的未来将没有保障。不如趁这时早一点儿在太子的儿子中结交一个有才能且孝顺的人，立他为继承人，像亲生儿子一样对待他。如此一来，太子在世时妹妹会一直受到尊重，太子去世后自己立的儿子继位为王，最终也不会失势。这就是人们常说的一句话，'一言而万世之利也'。"

华阳大姐继续劝说："不在容貌美丽的时候树立根本，假使容貌衰竭、宠爱失去之后，即使想和太子说上一句话，恐怕到时就没人听了。现在子楚自己也知道排行居中，按长幼尊卑是不能被立为继承人的，而他的生母又不受宠，自然就会依附于妹妹，妹妹若真能在此时提拔他为继承人，那么妹妹在秦国终身都可享受荣华富贵了。"

华阳夫人是何等聪明的人，她心里想得明白，看得透彻，听了姐姐的话，当即"以为然"，颔首称是。

见华阳夫人点头应允，华阳大姐功成身退，回家等着好消息。而华阳夫人心中已有盘算，经常在太子面前为子楚美言，称赞子楚贤明，受到各国各界的赞誉。

渐渐的，华阳夫人感到太子对子楚已经颇有好感时，伤感涕泣地对太子说：妾身能够充盈后宫，实乃三生有幸，遗憾的是未能有嗣，只求太子可以应允妾身收子楚为养子，立子楚为继承人，妾身日后便有了依托。华阳夫人这是明晃晃地要拥立子楚上位了。

安国君之所以能够成为太子，依靠的正是华阳夫人的关系，而且安国君的未来，也需要芈氏家族的助力。于公于私，于情于理，安国君都没有拒绝华阳夫人的理由，他当即点头同意了。

经过各方的努力，子楚终于成为安国君的法定继承人。

三、逃归秦国——拨开云雾见日出

本以为可以顺利回国的子楚又遇到了难题。此时，秦、赵两国的关系恶化，这给子楚的未来蒙上一层阴影。

长平之战的爆发，对子楚的生活也产生了巨大的影响。他再不能如往常那般随意走动，行动上受到了极大限制。更重要的是，作为质子，他的头顶永远悬着一把剑，随时有掉下来的可能。此时的赵国百姓看见他，更是露出异样的神色，他每每走在街上，都有种好像随时会被百姓撕扯的感觉，十分没有安全感。

承受着巨大的压力下，生活在水深火热时，子楚遇到了他的此生挚爱。一位身姿妙曼、国色天香的绝色女子出现在了子楚的眼前，她就是赵姬。

赵姬是吕不韦家里的歌姬，因长相美丽、妩媚多姿，又善于跳舞，深得吕不韦的喜爱。而赵姬眼中的吕不韦，就是一枚霸道总裁，把赵姬迷得颠三倒四，爱得死去活来。二人郎情妾意，度过一段很温馨、很美好的时光。

一次偶然的机会，子楚与吕不韦正把酒言欢，这时，赵姬出现于厅堂之上，子楚当场就被赵姬的美貌所吸引。俗话说"酒壮尻人胆"。酒过三巡，对赵姬无法忘怀的子楚，举起酒杯向吕不韦提出了一个不太礼貌的请求："请把赵姬送给我。"

据《史记·吕不韦列传》记载："吕不韦取邯郸诸姬绝好舞者与居，知有身。"此时的赵姬已经怀上吕不韦的孩子，吕不韦是知情的，但子楚不知情。这种情况下，赵姬与子楚的见面，被人揣测为吕不韦故意安排的也无可厚非。

面对子楚的无理要求，吕不韦是不高兴的，但转念一想，已经为子楚付出了大量家产，还没收到回报，不好撕破脸，于是将赵姬送给了子楚。而赵姬却隐瞒了有孕一事，之后生了儿子名政。秦始皇嬴政是吕不韦的儿子的传言始于此处。

秦始皇究竟是不是吕不韦的儿子，到现在还有争议。有人认为《史记》里的一句记载："至大期时，生子政。"大期，据古人的注释，是"十二月"的意思，就是说赵姬怀胎十二个月才生下婴儿，这显然不合乎常理。因此，赵姬可能并未提前怀孕，秦始皇很可能就是子楚的儿子。但是"大期"还有一个意思，是指妇女足月分娩的日期。这是个历史遗留问题，有待考究。

不管怎么样，子楚得到了赵姬，对于这段日子不好过的子楚来说，此时此刻是幸福的，足矣。

可惜，好景不长。

公元前260年，赵国在长平之战中遭到惨败，损失了四十五万士兵。战争结束后，子楚没能回到秦国，仍被赵国扣为人质，他现在就是赵国的一张护身符，关键时刻赵国可以用他与秦国谈判。

一年后，秦赵战争再次爆发，秦始皇正是出生于邯郸之战这一年。

公元前257年，邯郸城被秦军所围，危在旦夕，随时都可能沦陷。到了生死关头，赵国决定用子楚这张牌，遂以处死人质作为逼迫秦国退兵的筹码。

然而，神通广大的吕不韦再次展现了金钱的魔力，他收买了守城的官吏，把子楚秘密送出了邯郸。子楚终于逃出赵国，可是却没能带着赵姬母子一起离开。人质的逃跑令赵王怒不可遏，下令逮捕滞留在赵国的赵姬母子。好在有吕不韦的保护，赵姬母子得以保命，随即躲了起来，这一躲便是六年。

没过多久，信陵君窃符救赵，邯郸城得以保全。而秦军兵败，被迫撤退，子楚也随同大军回到了秦国。

公元前251年，执政五十六年之久的秦昭王去世了，安国君继位，史称秦孝文王，子楚名正言顺地成为秦太子。此时，赵国由于受到燕国的进攻，迫切地想与秦国缓和关系，便借着秦王新立的机会，把赵姬母子护送回秦国，以此向秦国示好。

公元前250年，即秦孝文王元年，孝文王突然暴毙，子楚继位，是为秦庄襄王。秦庄襄王尊养母华阳夫人为华阳太后，生母夏姬为夏太后。

对吕不韦一直心存感激的秦庄襄王在登上国君的宝座时，以"定国立君"之功，任命吕不韦为秦国宰相，并封为文信侯，食河南洛阳十万户。

吕不韦的投资计划成功了，带给他无限的收益。从此，他从一名商人华丽转身，一跃成为天下第一强国的权臣，权倾朝野，一人之下，万人之上。

这一时期的秦王，在位时间都不长，秦庄襄王仅仅在位三年时间。公元前247年，秦庄襄王去世，享年三十五岁。其子政继位，是为秦王政。

秦庄襄王在位时间虽然短暂，也是积极为秦国的政治做出了贡献，为秦国版图的扩张尽绵薄之力。

公元前249年，即秦庄襄王元年，秦庄襄王宣布大赦天下，施德布惠于人民。此时，东周君与诸侯秘密合谋攻打秦国，秦庄襄王得知此消息，派吕不韦率军攻灭东周国。至此，周王朝最后残余的势力被铲除，秦国全部兼并了东周的土地。接着，秦国继续鲸吞蚕食，攻占大片土地。

同年，秦庄襄公派蒙骜率军攻打韩国，韩国被迫割让成皋、巩两地。秦国的边界延伸至大梁，初置三川郡。

之后的两年，秦庄襄王连续命令蒙骜攻打赵国，夺取了太原、榆次、新城、狼孟等三十七座城池。随后，蒙骜乘势又攻取了魏国的高都、汲两地。而王龁则攻打上党地区，设立太原郡。

面对秦国的不断蚕食，信陵君决定反击，合纵燕、赵、韩、魏、楚五国联军在黄河以南击败秦军，蒙骜败退。联军乘胜追击至函谷关，秦军闭关不出，此战过后，信陵君名震天下。而秦庄襄公怒于此战的失利，想要囚禁在秦国为质子的魏太子增，经人劝说后秦庄襄公才打消此念头。

随着秦庄襄王的去世，秦国进入下一篇章。

第六章

气势磅礴

一、战乱中的童年——秦王政性格的养成

在经历了长平之战的失败后,赵国国内政治动荡,首都邯郸城内的官员及百姓悲愤交加,每日生活在水深火热之中,全城百姓陷入一片恐慌。而秦昭王于公元前259年下令秦军乘胜追击,浩浩荡荡的秦军攻入赵国境内。这一举动无疑更加激化了秦、赵两国的矛盾。

就是在这百姓苦不堪言、兵荒马乱的一年,嬴政出生在当时的赵国首都邯郸。他是秦庄襄王的儿子,那时的秦庄襄王还在以秦昭王孙子的身份作为质子困在赵国。

那时的秦、赵两国的关系严重恶化,不时发生战争。秦昭王四十九年(前258),秦军兵临城下,开始长期围困邯郸,秦昭王欲攻克赵国,邯郸就是他打响的信号。而身在邯郸的子楚一家,陷入赵国人民仇恨的汪洋大海中,随时都会有不测。

秦昭王的这一举动,让子楚的处境更加堪忧,他在赵国本来就是备受冷遇,现在直接威胁到生命安全。子楚整日里愁眉不展、郁郁寡欢。也许是得到了上天的眷顾,也许是自身的闪光点照人,机缘巧合下,子楚结识了他生命中的第一个"贵人"吕不韦。

自从与吕不韦成为朋友以后,不管是事业还是爱情,可以说是双丰收,子楚的日子过得日渐红火。

一次偶然的机缘,子楚见到了吕不韦的姬妾赵姬。子楚看着眼前身材妙曼、面容姣好的女子,可谓一见倾心,喜欢得不得了。从此,子楚便陷入了爱情的旋涡不能自拔,于是堂而皇之地向吕不韦提出了一个过分的请求:"请把赵姬送给我。"

而在吕不韦的身边,赵姬不过是他众多舞姬中的一个,子楚的喜欢,可

能是她价值的最大化了吧。吕不韦是何等精明之人，顺水推舟便将赵姬送给了子楚。子楚视赵姬为至宝，很快将她迎娶，赵姬名正言顺地成了子楚的正妻。很快，赵姬便为子楚生下了一名男婴，他就是秦嬴政。

而在《史记·秦始皇本纪》中，记载着秦始皇姓赵，这又是怎么一回事呢？

我们已经习惯把秦始皇的名字称为"嬴政"，但实际上在先秦不是这么叫的。秦属于"嬴"姓，这一点是没错，但是先秦姓与名并不合在一起使用。与名合在一起用的是"氏"而不是"姓"。今天"姓氏"已经是一个词，但先秦"姓"与"氏"是不同的。姓是大宗，而氏是小宗，是姓的分支。"嬴"姓并不只是秦国有，赵与秦是同源，赵国王族也是"嬴"姓。在先秦所有的历史文献中，没有哪个人的名字与姓同用，因此"嬴政"这样的叫法在当时是不存在的。只是后世这么称呼，慢慢地转化成我们通俗的叫法，沿用至今。

嬴政出生以后，一直生活在赵国的首都邯郸。随着时间的流逝，嬴政慢慢长大，在这座陌生又熟悉的城里，在这座处处充满危险的城里，嬴政交到了属于自己的好朋友，就是同样为质子生活在邯郸的燕国王子姬丹。可能是同样的经历，可能是年纪相仿，可能是同样尴尬的处境，让两个人迅速走近，一起游玩打闹，欢声笑语，好不痛快。

但是由于地位的转变，嬴政当政以后，姬丹又来到秦国做人质。虽然曾是亲密无间的好友，随着天翻地覆的地位变化，二人的友情也随之烟消云散。

这个时候，已经大权在握、一心要吞并六国的秦始皇甚为傲慢，大不礼遇姬丹，姬丹心怀怨恨、拼命逃亡，招来刺客荆轲暗杀嬴政，演出了一场惊天地、泣鬼神的历史大戏。这件事情流传至今，永远地映照着秦始皇人性中不厚道的阴冷面。

公元前257年，秦军猛攻邯郸，战事日益惨烈。邯郸城内，兵员减少，粮食短缺,妇女老弱都到军中出力,烧人骨吃人肉的情况也时有所闻。为了表示誓死抗秦的决心,赵国决定处死秦国质子子楚及其全家。在情况万分紧急之下,吕不韦用重金收买赵国的看守官吏,与子楚二人逃出邯郸城,进入秦军军营,子楚被护送回到咸阳。

赵姬和年仅三岁的嬴政则留在了邯郸城内,九死一生,多次面临被杀的危险。万幸的是,赵姬是邯郸人,家中是邯郸有名的豪门大户,在赵国颇有势力,在赵姬家人的拼死保护下,赵姬和嬴政被转移隐藏,免于一死。

而嬴政的童年,几乎生活在暗无天日的躲藏之中。

难以想象,尚且年幼的嬴政在四处躲藏的日子里是怎么过的。出门都要时时刻刻警惕,随时都有生命危险,为了短暂的欢乐时光,要时常忍受着赵国百姓的冷言冷语,感受着如刀子般的眼神射向自己,就算是走在热闹的街上,他也是形单影只的那一个。

即便是这样,他起码还可以偶尔呼吸一下外面的新鲜空气,可以感受到百姓生活的烟火气,还可以享受和朋友欢声笑语的时光。

只是这一切随着秦赵关系的恶化、父亲的离开而烟消云散。现在的他只剩下母亲陪在身边,躲在这小小的四方之地。他不可以也不能够再随意露面,出现在邯郸城的街头,只能以书相伴,与母亲相依为命。

这时的嬴政,心里承受着巨大的压力,而这些压力本不该由一个孩童承受。童年的颠沛流离,巨大的生存压力,渐渐地使嬴政的心里产生了微妙的变化,性格也随之变得更加阴郁。在嬴政阴郁的性格养成之时,他的父亲子楚正在如火如荼地忙着人生大事。

回到咸阳城的时候,子楚才二十五岁。他与吕不韦一道逃出邯郸时,情况紧急,夫人赵姬和长子嬴政都被留在邯郸城内,他与他们失去了联系,不知道他们的生死。在这样的情况下,他的母亲夏姬以稳定秦国内政为由,开始张罗给他物色一位新的夫人。

在儿子的政治前途上,夏姬没有说话的份儿,一切都得听华阳夫人的。

但在儿子的第二次婚姻上,她必须当仁不让。其实她心里一直憋着劲儿,好歹她是子楚的亲生母亲,怎么可以成为透明人?她必须在子楚的婚姻上刷足存在感,争取在秦国的权力网中分一杯羹。

夏姬暗下决心,定要为儿子选个合适的,在政治上对儿子有所帮助的,最重要的一点,必须跟她是一队的。

根据当时的秦国历史背景,不难发现,母后为儿子娶妻,大部分会在自己的近亲中选取,熟悉的娘家自然成为首选。比如说,秦武王的母亲惠文后出身于魏国,她为秦武王挑选的夫人是魏夫人。秦昭王的母后宣太后出身于楚国,她为秦昭王选定的夫人是楚夫人。所以,夏姬为子楚选的新夫人,当然就是韩夫人了。

此时的子楚,为了秦国的内政稳定,为了让母亲安心,为了后继有人,已经顾不上自己的真爱了,于是热热闹闹地娶了新夫人,称为韩夫人。韩夫人不负夏姬厚望,于第二年生下了成蟜,成蟜比嬴政小四岁左右,是子楚的次子。

韩夫人是夏姬从自己的娘家选定的儿媳妇,如今又生下成蟜,母凭子贵,自然得到夏姬的喜爱和关照。

这么一来,赵姬和嬴政的地位堪忧了,若他们不能平安地从赵国回到秦国,那么成蟜就将取代嬴政成为子楚的第一继承人,韩夫人就将取代赵姬成为第一夫人。如果真的是这样,秦国的政局将会发生翻天覆地的变动,内以夏姬、韩夫人和成蟜为中心,外以韩国为后援的韩系外戚政治势力,将在秦国的王室里面翻手为云、覆手为雨。而嬴政的一生,将会有完全不同的命运。

幸运的是,赵姬和嬴政得到了上天的眷顾,劫后余生。公元前251年,即秦昭王五十六年,嬴政的曾祖父秦昭王去世,祖父安国君继位,是为孝文王,父亲子楚正式成为王太子。

敌对的秦国和赵国,以新王继位为契机关系和解,作为表示和解的行为，赵国将赵姬和嬴政送回了秦国。这个时候，距离子楚逃出邯郸整整六年，嬴政已经九岁，而成蟜大概是五岁左右。

秦孝文王继位时，已经五十多岁，身体衰弱，正式继位三天就去世了。这时，子楚顺理成章继位，是为秦庄襄王。秦庄襄王继位以后，养母华阳夫人被尊为华阳太后，生母夏姬被尊为夏太后，两宫太后互相掣肘的局面正式形成。

如今的秦国宫廷中，以秦庄襄王嬴异人为中心，以两位太后为双翼，形成一种微妙的政治关系网。

华阳太后虽然是养母，但也算是秦庄襄王政治上的母亲，正是有了她势力强大的楚系外戚势力的支持，秦庄襄王才得以成为王太子，才能顺利继承王位。而生母夏太后身后的韩系外戚势力也不容小觑。两位太后，在支持秦庄襄王的态度上是一致的。但是，在对待赵姬和韩夫人的态度上就各自筹划、各自为营了。

由于吕不韦在中间的沟通疏导，华阳太后不仅接受了身在邯郸的子楚和他的家庭，而且赵姬的正夫人地位，嬴政的嫡长子地位，都是得到她认可的，她自然对赵姬和嬴政有亲近感，并寄予厚望。

反观夏太后就不同了，她与吕不韦、赵姬本来就没什么关系，嬴政也是九岁以后才回到咸阳的，所以对他们相对冷淡些。而韩夫人和成蟜才是夏太后的自家人，她自然是站在韩夫人和成蟜这一队的。

很显然，赵姬、嬴政和韩夫人、成蟜，这两对母子，已然形成了对立的局面。或许以前的赵姬，也并不抱有任何幻想，可如今秦庄襄王登上皇位，她就不得不想了。在强大的权力面前，她不仅要为自己考虑，更要为嬴政考虑，他们母子二人已经承受了太多，本应属于他们的一切怎能让他人觊觎？自古成王败寇，就算是为了保住性命，在这场无声的硝烟中，她也不能置身事外。

赵姬出身于赵国的豪门，名副其实的白富美，与她有关的人物大多是赵国人,比如她后来的面首兼权臣嫪毐,比如吕不韦,而她自己和嬴政也是由赵国送回到秦国的。所以,以赵姬为中心的政治势力,与赵国有着密切的关系。可以说,现在的赵姬,背后不仅仅有赵国的支持,还得到楚国的庇护,政治势力不容小觑。

而韩夫人出身于韩国的王族,是夏太后的亲属,她的后援团则是来自韩国。

毫无疑问,从夏太后和韩夫人的角度出发,以韩国势力为后盾,取代赵姬和嬴政母子二人,才符合夏太后和韩系外戚的利益。

但是,华阳夫人可不答应,她背后的楚系外戚势力也不会答应。虽然赵姬和嬴政没有半点儿的楚国血统,但也是楚国的养亲,楚系必须坚决地支持他们,防止夏太后和韩国势力过度扩张。

现在,这已经不是简单的一场继承权争夺战了,而是关系着三个国家的利益,牵连甚大。

从目前的形势来看,赵姬和嬴政的赢面非常大。在以华阳太后为首的楚系外戚势力的坚决支持下,加上财力雄厚的吕不韦的辅助,还有赵国不遗余力地加油,最重要的一点,秦庄襄王一直没有册立韩夫人为第一夫人,一直在等待赵姬母子回到秦国,足足等了六年,而他等待的态度足以说明一切。

可以说,赵姬和嬴政不战而胜,毫无悬念。

而这场无声的政治斗争,在嬴政的心里又添上浓墨的一笔。刚刚回到咸阳的他,内心也是缺乏安全感的,这里的一切,对于他来说都太陌生了,甚至快要记不住父亲的模样了。

还没有来得及感受这里的一切时,就受到了祖母的冷遇、韩夫人的敌意,这对一个孩子来说着实过于残忍。他自己可能也不明白为什么要受到这样的待遇,可能也明白这就是他的生活。

好在有母亲的陪伴、父亲的疼爱,在咸阳城里,他也感受到了久违的温暖。在宫廷内,与父亲和弟弟也曾度过了一段美好的时光。只是这样的美好转瞬即逝，他仍然逃不出权力争夺的旋涡，因为他是这场硝烟的主角。

此时的嬴政，已经有了不属于这个年纪该有的成熟，开始明白了权力的意义，即使是懵懂的，但在他的认知里，似乎已经形成了权力在手、诸事大吉的思想。而他对权力的渴望，对专权的欲望，在心里慢慢生根发芽，直至根深蒂固。

秦庄襄王继位后，册封赵姬为王后，嬴政被立为王太子。在秦庄襄王居中平衡之下，各自的名分一一确定，老臣们受到尊重，亲族们亦受到厚遇，百姓也得到恩惠，内政稳定，外政安定，百姓也过上了较为安稳的日子。

宫廷内，两位太后在上，各执一方势力相互制衡，一时也是相安无事。当时的历史背景，王后一般是参与不到政治当中的。在没有直接的利益冲突之下，王后赵姬与侧室韩夫人，大体上风平浪静。而此时的嬴政与成蟜，在秦庄襄王的呵护下，长兄幼弟一同成长。可以说，这是一段幸福的少年时光，也是嬴政为数不多的真正快乐的时光。

而这一切的平静，随着秦庄襄王的离世，转瞬即逝。

二、年幼即位——面对激烈的政治斗争

公元前247年，秦庄襄王去世，年仅十三岁的嬴政被立为秦王。

嬴政即位的时候，尚未成年，所以不能亲政，只能委政于太后和大臣们，从十三岁到二十二岁，整整十年。那么，在这十年之间，被委以大政、真正掌管秦国政权的是谁呢？

很多人认为，嬴政年幼期间，被委政的太后是母亲帝太后，被委政的大臣是相国吕不韦，他们二人是这十年间真正掌管秦国政权的主要人物。

而《史记·秦始皇本纪》中提到："王年少，初即位，委国事大臣。"秦王年纪小，又刚刚即位，所以把国家大事都交给大臣们处理。

当时的秦国，已经兼并了巴、蜀、汉中，越过宛占领了郢，设立了南郡；向北攻占了上郡以东，设有河东、太原、上党郡；东到荥阳，灭了东、西周，设置三川郡。可以说，在对外战争中取得了很大的胜利，收获了不小的成果，领土得以扩张，国力得以增加，相对安定。

内政方面，吕不韦为相国，分封十万户，号为文信侯。除了相国吕不韦外，秦昭王以来的一大批老臣都健在，比如将军蒙骜、王龁等人，他们一直受到尊宠重用，统领军队。而与吕不韦共同执掌国政的，还有两位非常重要的大臣，一位是昌平君，一位是昌文君，他们都是活跃在秦国政坛的楚国公子，同属以华阳太后为首的楚系外戚集团。

所以，嬴政年幼，委政于大臣，不单单是吕不韦一人，还有一批老臣将领在其中。秦国政权得以安定，少不了他们的努力，但是表面的平静下，却暗流涌动。

根据《战国策·秦策》《新序·善谋》《史记·春申君列传》等文献记载，秦王政五年，成蟜出使韩国，不费一兵一卒，使秦国得到韩国献出的百里之地。这件事情作为战国故事流传下来，仅仅在别国使者与秦王的谈话中偶然提到，对于事情始末经过，史书上并没有详细记载。

成蟜在对韩国的扩张活动中立功的事情，少不了夏太后和韩夫人在背后推波助澜。为了封赏成蟜，特意安排此活动，这无疑是秦国内斗的导火索。

众所周知，夏太后与韩夫人都出身于韩国，与韩国王室有着密切的关系。于是她们动用自己的关系网，派遣成蟜出使韩国，通过军事压力和外交活动，迫使韩国献出百里的土地。而成蟜归来后因功受封，被封为长安君。

夏太后以自己的实际行动在告诉大家，她是成蟜的保护者，亦是成蟜的拥护者，她为成蟜做了一切尽可能的安排，这便是她的立场。遗憾的是，秦王政七年（前240），夏太后去世了，成蟜从此失去了保护伞，他的命运也因此发生了变化。这种变化的不幸结果，就是成蟜之乱。

《史记·秦始皇本纪》记载说："彗星复见西方十六日。夏太后死。八年，王弟长安君成蟜将军击赵，反，死屯留，军吏皆斩死，迁其民于临洮。"夏太后刚死不久，长安君成蟜率领军队攻打赵国，在屯留造反，将他手下的军官都斩杀了，那里的百姓被迁往临洮。短短数语，却透露出大量的信息。

夏太后是秦孝文王的侧室，临死之前，她为自己选定了安葬地杜东（西安南部）。在《史记·吕不韦列传》中，她有一句谈及为什么选中杜东作为自己葬地的话："东望吾子，西望吾夫。后百年，旁当有万家邑。"她之所以选杜东作为安葬地，由此往东，可以望见她的儿子的墓地，由此往西，可以望见她的夫君的墓地。而百年以后，这个地方会发达兴旺，成为有万家住户的城市，这便是老太后在历史上唯一的一句留言。

关于夏太后的历史，史书上只是只言片语，她给人们留下的形象，似乎只是一位被冷落的后宫夫人，而她在历史上的存在，似乎只是用作华阳夫人的陪衬，以及成蟜的保护伞。随着夏太后的离世，韩系外戚失去了中心人物，韩夫人和成蟜失去了依靠，不可避免地走向衰落。

分据两宫的两位祖母级的太后，现在只剩下华阳太后，而以赵姬为中心的赵系外戚，力量日益强大起来，秦国宫廷的政治势力将重新洗牌组合。

夏太后在世时，韩夫人尚且可以依靠她，与赵姬分庭抗礼，保持一定的平衡。如今韩夫人失去后盾，自然是孤立无援。相反，没有了夏太后的掣肘，赵姬自恃是秦王的生母，又有相国吕不韦和面首嫪毐的支持，实力大涨，气焰嚣张，甚至一步步走向肆无忌惮，有恃无恐。

此时，若是赵姬利用夏太后之死的机会，趁势排挤韩夫人和成蟜，可以说是顺理成章的事情。恰巧在夏太后去世的次年，统治了韩国三十四年之久的桓惠王也去世了，韩国政局随之发生了根本性的变化，同时，也给赵姬彻底打击韩夫人和成蟜提供了良机。

在秦王政八年（前239）的时候，成蟜领兵进攻赵国，突然在前线投敌叛国。从此以后他从历史中消失，宛若流星划过夜空。这件事情史称"成蟜之乱"。

从这一连串的事情来推断，以帝太后赵姬为首的政治势力，打击韩夫人和成蟜的结果便是成蟜之乱。

根据《史记·赵世家》记载："封长安君以饶。"成蟜之乱后，他逃亡到赵国，在赵悼襄王六年（前240）被授予封地饶（今河北省饶阳县）。这就是史书上对有关成蟜之乱的全部记载。至于他为什么突然在前线反叛，他的逃亡经过，以后的命运如何等，就完全不得而知了。

成蟜之乱带给秦王嬴政的冲击很大。成蟜是嬴政的异母弟弟，而这次叛乱，表面上是发生在兄弟之间的争权夺利，实则亦有两位母亲的暗自较量。

这件事情的发生，牵连着嬴政家族内部的亲情，兄弟之间的关系，到了水火不容的地步，可谓家族危机的爆发。同时，成蟜之乱也牵连着秦国的政情，不同政治势力之间的矛盾发展到了兵戎相见的地步，也可视为政治危机的爆发。

成蟜之乱的细枝末节我们无从得知，然而，秦王嬴政自此更加独揽大权、霸道专制，甚至疑神疑鬼，性格变得更加暴戾。

三、乱世佳人梦——赵姬的不伦之恋

成蟜之乱的风波刚刚过去，赵姬和嬴政的母子关系又陷入岌岌可危的局面。因为一个人的出现，打破了母慈子孝的美好。这个人就是面首嫪毐。

嫪毐是何许人也？他是赵国邯郸人，与帝太后赵姬是同乡。他之所以会出名，完全是靠着与帝太后赵姬的风流韵事，而非他的自身实力。嫪毐是个很有头脑的人，但是，在赵姬眼里，他的腰比他的脑子更加吸引人。

嫪毐与帝太后赵姬的第一次见面，一个对视两个人便惺惺相惜、电光火石。民间有传言，说嫪毐本来就与赵姬相识有染，后来扮成赵姬的奴仆，随同赵姬一道来到秦国，一直默默地伺候赵姬，等赵姬做了太后以后，他才张扬红火了起来。不过，这都是老百姓私下谣传的八卦，并不是事实。

嫪毐本是吕不韦的家臣，后来被吕不韦介绍给帝太后，得到帝太后的宠爱，方才发达起来，被授予秦国的最高爵位，封为长信侯，权倾一时。

嫪毐这个人，他的上位史并不光彩。说起来是富有色彩的。他有一个特点，就是腰好。但是仅凭这一点，为什么会被吕不韦看中，并且将他介绍给帝太后呢？这就必须要从吕不韦与帝太后赵姬的关系说起了。

赵姬是邯郸人，出身于赵国的豪门世家，妥妥的一枚白富美。加上赵姬本身天姿绝色，身形曼妙，能歌善舞，娉婷袅娜，在当时的邯郸城里，绝对是佳丽名媛当中的翘楚，引领时尚的先锋。

我们都知道一个成语，叫作"邯郸学步"，讲的是一位燕国人来到赵国的首都邯郸，邯郸的一切是那样新潮繁华，连邯郸人走路的姿势都是那样好看，于是这位燕国人就学邯郸人走路，结果不但没有学会，反而连自己原来的走法都忘记了，没有办法，只好爬着回去。

邯郸学步这个成语，出自《庄子》，是一种比喻，指的是盲目模仿人，不但没有学会新东西，反而把自己原来的东西给丢掉了。庄子是战国时代的人，邯郸学步的历史背景，与赵姬时代的赵国首都邯郸相当接近。

在当时，邯郸是天下闻名的大都市，以引领天下时尚著称。邯郸的时尚，一是公子养士行侠，一是美女多情善舞。从赵姬以后的行事作风来看，她确是一位迷人多情的美人，她的人生价值取向，少在政治而多在生活。

赵姬在嫁给秦庄襄王之前，曾经是吕不韦的舞姬，两个人早就暗生情愫，你侬我侬。只是，在吕不韦的眼里，只有"女人"，没有"爱人"，赵姬不过是他的宠妾而已，所以当秦庄襄王表示对赵姬的喜爱之时，吕不韦没有争风吃醋，毫不顾及赵姬的感情，非常讲义气地、潇洒地将赵姬送给了秦庄襄王。

吕不韦将男人薄情的一面展现得淋漓尽致，但是，赵姬在心里却没有真正将吕不韦放下。不是赵姬很痴情，而是太多情，耐不住寂寞。从小众星捧月，身边从不缺男人的关怀，这样的女子注定是多情的人。

赵姬怀上嬴政的这一年，正好遇上长平之战。生下嬴政的第二年，秦军又将邯郸团团围住，欲攻下邯郸。第三年，秦庄襄王与吕不韦仓皇逃出邯郸，而她带着三岁的嬴政九死一生，历尽千辛万苦。整整六年以后，秦国和赵国的关系有所缓和，她才得以带着九岁的嬴政，被赵国送还给秦国，回到咸阳。

可以想象，在这一段艰辛动荡的日子中，作为母亲的赵姬，为了保护和抚育嬴政，经受了多少艰难困苦，内心承受了多少压力和不安。母子二人可谓患难与共、情深似海。

由邯郸回到咸阳，可谓由地狱到了天堂。久别重逢之后，秦庄襄王对发妻赵姬和长子嬴政做了不忘旧情的补偿，赵姬正式成了太子夫人，嬴政也被立为太子继承人。秦庄襄王即位以后，赵姬成了王后，十一岁的嬴政成了太子。对于赵姬来说，来到秦国之后的生活可谓顺风顺水，她在咸阳度过了人生中美满的时光。

然而好景不长。没过多久，她的人生又出现了新的转折。公元前247年，仅仅做了三年秦王的秦庄襄王子楚去世，十三岁的嬴政即位，赵姬成了王太后。

秦庄襄王去世的时候，赵姬才三十多岁，不甘于寂寞，她那多情的心思，再次投向了旧情人吕不韦。据《史记·吕不韦列传》记载："秦王年少，太后时时窃私通吕不韦。"这就是说，赵姬和吕不韦之间旧情复发，成了隐秘的情人，有了一段激情燃烧的岁月，仿佛回到了当年，你侬我侬，情不自禁。

古今中外，充当幼王母后情人的政治人物，最终的下场都很惨，不仅面临身败名裂的巨大风险，甚至还可能性命难保。事情一旦败露，首先面临的是政敌的攻击，同时也将遭到长大成人亲政后的新王的追究，甚至是追杀。

而赵姬与吕不韦的情人关系还有第三重危险，就是赵姬的两位婆婆——华阳太后和夏太后，可以想见，一旦她们知情后发难的话，后果是不堪设想的。

而赵姬又是感情丰富的性情中人，她一个人孤独地生活在宫中，承受着巨大的政治压力和精神压力，不管是在政治上还是情感上都离不开吕不韦，对他甚是依赖。吕不韦是商人兼政治家，他精明睿智，身为相国，身边既不缺女人，手上也不缺权力，他深知与赵姬的情人关系对他来说有百害而无一利，所以自己必须尽早脱身出来。

吕不韦经过深思熟虑，想出了一个完美的计划。吕不韦决定，在政治上一如既往地支持帝太后赵姬和幼王嬴政，继续做他们坚强的后盾。但是在生活上，坚决斩断与帝太后的情丝，结束与帝太后的情人关系。吕不韦不愧是在商业圈混迹多年的商人，他深通人情世故，处世圆滑，担心突然断绝与帝太后的情人关系，会引起帝太后的不满，引火上身，于是，他想到找一个可以取代自己做帝太后情人的替身。他选中的这个人就是嫪毐。

嫪毐身上的两个闪光点，是吕不韦选中他的理由。首先，嫪毐是赵国人，跟赵姬是老乡，同在异国他乡，老乡之间更易于亲近，可解帝太后的思乡情愁。最重要的一点，嫪毐是个具有超强性功能的男子，这对成熟妇人来说是极大的诱惑，特别是帝太后这样久居深宫、多情寂寞的女子，完全没有抵抗力。

吕不韦只要一有机会，便在帝太后面前提起嫪毐，提的次数多了，自然引起了帝太后的兴趣，于是，帝太后让吕不韦将嫪毐送到自己的身边来。

自古以来，皇家对后宫的守备十分森严，不相干的男人岂能进入。又到了吕不韦展示聪明才智的时候了，他想方设法地将嫪毐定罪，罚受宫刑，然后找了个机会，将嫪毐送进太后宫中做太监。他又教唆帝太后买通主持刑罚的吏官，仅仅拔去嫪毐的胡须，就把他当作太监送进了宫中。

帝太后终于如愿得到嫪毐，受用后大为兴奋喜爱。帝太后对嫪毐可谓"绝爱之"，爱得几乎忘掉了自己的身份，忘掉了自己的儿子，忘掉了旧情人吕不韦,忘掉了一切。吕不韦对帝太后专宠嫪毒乐见其成,大大地松了一口气,庆幸自己终于斩断了情感上的纠缠,避免了政治上的危险,重获自由。

此时的帝太后已然完全沉浸在与嫪毒的情爱之中,没过多久就怀孕了。如果换作常人,早就被怀孕一事吓得心惊胆战了,但是帝太后已经沉沦于嫪毒的情爱中无法自拔,有了与嫪毒的爱情结晶,她觉得很幸福,为了保住孩子,为了可以和嫪毒长相厮守,为了避开世人的耳目,帝太后以身体不适为由,找来卜筮占卜,得到应当回避现在居所的结果,于是毫无眷恋地离开了咸阳,迁居到雍城的离宫中去居住。

帝太后带着爱人,潇洒地转身离开,这期间,她没有一次想起过自己还有一个儿子,一个需要母亲关心、呵护、陪伴的儿子。不知道此时的秦王嬴政心里作何感想。

雍城远离咸阳数百里,是秦国的旧都,不但是秦国先君先王的祖墓、祖庙所在地,这里还修筑了不少的离宫别馆。带着嫪毒一道迁居到雍城的帝太后,在这里构筑起世外桃源般的爱巢,一个她称之为家的地方。从此,她的私生活自由放任、肆无忌惮,她与嫪毒之间一连生下了两个儿子。

而这位深受帝太后宠爱的红人,更是与帝太后形影不离,加倍讨好,疼爱更甚。

据《史记·吕不韦列传》记载:"嫪毒常从,赏赐甚厚,事皆决于嫪毒。嫪毒家僮数千人,诸客求宦为嫪毒舍人千余人。"他得到了很多的赏赐,家财万贯,家奴数千,一跃成为秦国数一数二的巨富。帝太后更是将各种事情都交由嫪毒处理,各国游士投靠到嫪毒府上做舍人的有一千多人。不仅如此,嫪毒深谙什途之道,有着自己的政治理想,他积极参与政治,一度成为权倾一时的宠臣。

由此可以看出,嫪毒并不是偷偷摸摸地隐藏在帝太后的别宫中,他是堂堂正正地住在自己的豪宅中,使唤着成千的下人。他也并非自卑见不得人,而是广开府邸大门,公开招揽各国游士。他的这些举动,如战国的四大公子一般名扬天下，与当时的吕不韦一样宾客满门、锋芒毕露、盛气凌人。

《史记·秦始皇本纪》里提到："嫪毐封为长信侯。予之山阳地，令毐居之。宫室车马衣服苑囿驰猎恣毐。事无大小皆决于毐。又以河西太原郡更为毐国。"

这就是说，在帝太后的纵容下，嫪毐可以随意使用秦国王室的宫室、车马、衣服、苑囿和猎场。帝太后也将自己的家事政事，通通交由嫪毐处理决定。在帝太后的私人恩宠之下，这些都是不难办到的。然而，嫪毐被封为长信侯，在山阳这个地方（河南获嘉、沁阳一带）建立封国，可就不是一般的事情了，而是被载入典籍史册、关系国法的大事了。那么，嫪毐为什么会被封侯呢？

众所周知，秦国是一个绝对重视爵位的国家。商鞅变法就明文规定，爵位的授予必须根据军功，或者是与军功相应的功劳。不管任何人，包括王室成员，没有军功就不得授予爵位。

秦国的爵位一共二十级，最高一级是侯。而嫪毐受封长信侯，就是这最高的一级。被授予侯爵的人，除了享受种种巨大的特权外，还要授予领地，建立自己的封国，相当于一个小国的国王。在秦国的历史上，被授予侯爵的人屈指可数，并且对于封侯都有详细的记载。

然而，嫪毐为什么被封侯，史书中并没有记载，而从历史呈现给我们的可以看出，他封侯也是出于帝太后的私恩。

关于嫪毐这个人，千百年来都是以男宠的形象出现在大家的视野里。从他的上位史可以看出，他的确不是一个光鲜亮丽的人，但不能否认的是，他虽然靠着桃色绯闻出道，但是他是有智谋的，在政治、时局上是有自己的看法的，甚至是有一定的政治能力的。

从当时的历史背景来看，其实在那个时代，寡居的太后、公主养面首的事情多得是，并不以为丑而隐瞒，甚至受到支持和鼓励。嬴政的高祖母宣太后与西北的义渠王私通，生有两个儿子，几乎是公开的秘密。而宣太后去世时，要另一位面首魏丑夫陪葬，经过谋士的巧妙劝说，才打消了这个念头。

这些古风古俗，其中的人情人性，反倒是真实自然的。所以说，嫪毐的真正问题是在政治上。

当一个人轻而易举地登上人生巅峰，便会变得自大，目中无人，并不会就此满足。在外人眼里，长信侯就是嫪毐的人生巅峰了，但是，对于一个充满野心、骄傲自满的人来说，这才只是个开始。

四、平定叛乱——秦王政终亲政

俗话说，人怕出名猪怕壮。人出了名，就会受到众目睽睽的关注，一举一动都会被放大。

嫪毐立了功、受了赏、封了侯、当了权，虽然不知道他立了什么功，反正他现在已然成为秦国政坛上的一颗新星，同时也成了各派政治势力矛盾的焦点。

他在帝太后宫中默默无闻当面首的时候，没有人会去关注他这样一个卑贱的人。然而，此时的他封侯建国红极一时，开始备受关注，各路人马对他展开了地毯式的调查。嫪毐并没有因为位高权重而低调行事，反而因为自己的权势肆意张扬，恨不得让全世界的人都知道他的存在、他的厉害。往往红极一时又高调行事的人，最后的结局都不是太好。由于嫪毐过度消耗自己的名望，终于引来了杀身之祸。

据《说苑·正谏》记载，嫪毐与宫中的侍臣们一起饮酒作乐、博弈游戏，发生了争吵。喝醉了的嫪毐睁圆了眼睛，大声呵斥对方说："老子是秦王的干爸爸，你这穷鬼王八蛋也敢和我争！"此话一出，场面瞬间安静了，大家都惊呆了。而被嫪毐呵斥的那个人，趁着没人关注他的时候偷偷溜走，并将此事告发。

嫪毐后悔已经来不及了，最终也为口无遮拦付出了惨重的代价。

其实，有关嫪毐与帝太后的私情，早已经传得沸沸扬扬了，是秦国朝野上下、宫内宫外早就人尽皆知的事情。之前是因为秦王年幼，帝太后权大，大家就算是知道，也只能睁只眼闭只眼，并不会把这层窗户纸捅破了。如今秦王长大成人，嫪毐和帝太后还不收敛点儿，嫪毐更是肆意张扬，竟然在大庭广众之下口出狂言，以秦王的干爸爸自居，简直是有辱王族颜面，不把秦王放在眼里，着实不像话。

所谓树大招风，嫪毐的招摇没给自己带来好果子吃。有人将嫪毐不是宦官一事告发，揭发他常常与太后私通，生下两个儿子，并藏匿了起来。于是，秦王嬴政下令严查此事。

嫪毐开始受到一系列的追查，他自己也实实在在地感到危险临近，感到追查的方面多、来头大，这次祸事不是自己能躲过去的。于是，他找到自己的靠山帝太后，与太后谋曰："王即薨，以子为后。"若是秦王死了，我们的儿子就可以继位了，真是狼子野心哪！

当嬴政亲政的日期一天天逼近的时候，嫪毐的危机感也一天天加深。

秦王政九年（前238）四月，嬴政从首都咸阳来到雍城举行冠礼，雍城距离秦都咸阳大概有三百多里，是秦国的旧都，秦国先公先王的坟墓和宗庙很多都在这里，历代修建的离宫别馆也不少。嬴政来到这里，是为了要在宗庙举行冠礼。年轻英武的嬴政正式举行了冠礼，佩剑戴上了王冠。按照秦国的制度，从此以后他将收回委托出去的大权，正式开始亲政。

而这场盛大的雍城冠礼，在热热闹闹地举行时，嫪毐却在咸阳发动了武装政变。

由于王族大臣们都去雍城参加冠礼了，留在咸阳的人少，咸阳也成为政治空城，对于被逼急了的嫪毐来说，这是千载难逢的机会。他不能坐以待毙，等着秦王政来找他算账，必须先下手为强，只要拿下秦王政，他便可以高枕无忧、尽情享乐了。

此时的嫪毐已接近疯狂，决定做最后的抗争。他私自使用秦王的印玺和太后的印玺，调动咸阳的军队、负责宫廷警卫的军队、朝廷的骑兵部队、咸阳附近的少数民族部队以及长信侯府的家臣门客，人数如此之多，他率领这些人直击雍城的蕲年宫。

秦王政得知嫪毐叛乱的消息，当即下令命相国吕不韦、昌平君和昌文君出兵攻击嫪毐。

两军大战于咸阳，最终嫪毐兵败。

令人感到意外的是，在嫪毐叛乱中，站在嫪毐一方参与叛乱的，有一大批政府高官，包括秦国的宫廷警卫大臣——卫尉，首都地区的最高军政长官——内史，内廷顾问的长官——中大夫令，宫内负责弓射兵的武官——左戈等二十多人。

如此大规模的政变，若是成功了，可想而知，秦国政权的格局将发生根本的变化，而秦王嬴政的命运也将被改写。幸运的是，在秦王政的镇压下，叛乱得以平定。

嫪毐之乱，以嫪毐兵败逃脱告终。逃脱的嫪毐，被悬赏捉拿以后，处以车裂，他的宗族也被诛灭。参与叛乱的二十多位高官，都被枭首示众。依附于嫪毐的家臣，很多被判刑，而被流放到四川的，数量就多达四千多家。

而帝太后身为嫪毐背后之人，被驱逐出咸阳，让徙到雍城棫阳宫（陕西凤翔南）软禁，她与嫪毐所生的两个儿子都被处死。

从此以后，帝太后与秦王政之间的隔阂难以修复，若不是得到她的首肯，嫪毐不可能有能力发动规模这么大的政变，也正是因为这一点，秦王政很难从心底原谅她。

以帝太后为首的赵系外戚势力，随着帝太后的被软禁而土崩瓦解，帝太后也基本上丧失了对于秦国政权和秦王政的影响力。

嫪毐之乱，可以说是秦王政五十年人生中很大的危机，既是一场政治危机，也是一场家庭危机。这件事情，不仅仅深刻地影响了秦王政个人，也深刻地改变了秦国的政局。

在事后的一连串追责中，相国吕不韦与帝太后的旧情、他推荐嫪毐入宫的种种秘事都被牵连出来，他也成了被审查的对象。秦王政十年（前237）十月，吕不韦被免去相国职务，驱逐出京，回到自己的封地河南（河南洛阳）。

也是在这一年，秦王政与母亲的关系，因为一个人的出现，又出现了戏剧性的变化。

秦王政驱逐母亲以后，下令说，有敢以帝太后的事情劝谏者，一律处死。据说，拼死来劝谏的有二十七人，都被一一处死了。就在这个时候，来了第二十八个人，自称齐客茅焦，有事请求秦王接见。

秦王政命令侍卫问道："是不是为太后的事情？"

茅焦答道："正是。"

秦王政又命令侍卫问道："有没有看见宫门外的尸体？"

茅焦从容地答道："看见了二十七个。臣下听说天上有二十八星宿，二十七人，二十七星，现在差一个，特来补足满数。"

秦王政闻讯大怒，手持剑而威坐，传令让茅焦进来。

茅焦进到殿上，不慌不忙，对秦王施礼说道："有关人之生死、国之存亡的事情，都是历代贤王急于想知道的，不知道大王想不想听一听？"

秦王政的怒气稍稍缓解，说道："此话怎讲？"

茅焦回答说："忠臣不讲阿谀奉承的话，明君不做违背世俗的事，现在大王有极其荒唐的作为，难道不自知吗？"

秦王冷冷答道："倒是想听你说一说。"

茅焦义正词严地说道："天下之所以敬重秦国，不仅仅是因为秦国的力量强大，还因大王是英明的君主，深得人心。现在，大王车裂你的假父，是为不仁；杀死你的两个弟弟，是为不友；将母亲软禁在外，是为不孝。如此行为，何以让天下信服呢？"

说完之后，茅焦解开衣服，准备受刑。秦王政听了茅焦这番话后，认为十分有道理，随即走下大殿，扶起茅焦，说道："赦你无罪，先生请起，穿好衣服，我愿意听从先生的教诲。"

随后，秦王政亲自率领车队，前往雍城将帝太后接回咸阳。

被迎回咸阳的帝太后极为高兴，设宴款待茅焦。宴席上，帝太后感慨万千地对茅焦说："先生是天下最正直的大臣。在危急时刻，先生转败为胜，安定秦国的江山社稷，使我们母子得以再次相会，都是您的功劳哇！"

后来，茅焦受到秦王政的尊重，被封为太傅，尊为上卿。

秦王政接回帝太后的第二年，得知了吕不韦在河南封地收到来自各个诸侯国的宾客使者的问候，恐其发动兵变，于是给吕不韦写了一封书信。

秦王政在信中写道："君何功于秦，秦封君河南，食十万户？君何亲于秦？号称仲父？其与家属徙处蜀！"（《史记·吕不韦列传》）

看来，吕不韦被免职以后，因诸侯国的访客络绎不绝，再次触怒了秦王政。吕不韦受到更为严厉的追究和处罚。秦王政质问他说："你对秦有什么功劳，秦国赐予你封地河南，享受十万户的待遇？你和秦有什么亲属关系，竟然被称为仲父？现在，命令你全家迁徙到蜀地去居住。"

吕不韦看完书信后，一想到自己已经逐渐被逼迫，害怕日后被杀，于是饮鸩自尽，终年五十七岁。这位传奇的大商人，也曾恣意洒脱，也曾意气风发，也曾权倾一时，怎奈结局如此落魄。

嫪毐之乱结束后，卧薪尝胆整整十年的秦王政终于走上亲政之路。而此时秦国的政局又发生了变化。

五、壮士一去不复还——乱世中的侠客

据《史记·刺客列传》所记:"燕太子丹者,故尝质于赵,而秦王政生于赵,其少时与丹欢。及政立为秦王,而丹质于秦。秦王之遇燕太子丹不善,故丹怨而亡归。"

我们之前也提到过,秦王政曾与燕国太子丹是儿时的玩伴,两个人在赵国为质子的时候,成为好朋友。等到秦王政被立为秦王后,太子丹又到秦国做人质。但此时的秦王政已经不再是从前那个天真无忧的小朋友了,而是一国之君,是一位有理想有抱负的君主,同时又是一位冷酷高傲的君主。

秦王政对太子丹态度冷淡,特别不友善,太子丹心生怨恨,找了个机会从秦国逃回了燕国。回到燕国后,太子丹总能想起在秦国被秦王政冷遇的场景,越想心里越不舒服,于是下决心要报复秦王政。

此时的秦王政根本没有工夫理会太子丹,逃了也就逃了,他的重点在于出兵崤山以东,攻打齐、楚和三晋。而秦军之攻势,如猛虎般让人招架不住,一路过关斩将,鲸吞蚕食。

燕国,很快就成为秦国的下一个目标,燕国君臣都为之惶恐不安。太子丹也是为此忧虑,特意去请教他的老师鞠武。

鞠武对太子丹语重心长地说道:"秦国的土地遍天下,威胁到韩国、魏国、赵国。秦国占有天时地利的优势,且军事力量十分强大。秦国有意图向外扩张,那么长城以南、易水以北就没有安稳的地方了。为什么你还要去触动秦王的逆鳞呢?"

太子丹听了老师的一番话后,更加担心燕国的处境了。

恰逢这个时候,秦将樊於期得罪了秦王,逃到了燕国,太子丹二话没说就接纳了他。鞠武得知此事,前来劝说太子丹,不能留下樊於期,更不能因

樊於期与秦国结仇。

太子丹不听鞠武的劝说，他心中有对秦王政的怨恨，也有对樊於期的怜悯之心，亦有对燕国存亡的担忧之心，他认为不能一味地避让秦国，这终究不是解决问题的办法。

鞠武见太子丹心意已决，便向他推荐了田光先生，此人智谋深邃而勇敢沉着，或许有解决问题的办法。于是太子丹欣然前往，找到田光先生，向他请教说："燕国与秦国势不两立，希望先生可以出谋划策。"

田光暗自摇头说道："太子听说我盛壮之年的情景，却不知道我精力已经衰竭了，不能冒昧地谋划国事。我有一个好朋友叫荆轲，他可以承担这个使命。"

太子丹走到门口时，告诫田光："我所讲的是国家大事，先生千万不要泄露哇！"

田光步履蹒跚地找到荆轲，与他说明了来意，并交代了和太子丹谈话的过程，为了替太子丹保守国家之秘事，田光自刎而死。

其实太子丹找田光的目的很明显，就是想让他去刺杀秦王政，奈何田光已经年老，如今这个重任落在了荆轲的身上。

荆轲是卫国人，他的祖先是齐国人，后来迁往卫国，卫国人称他为庆卿，到燕国后，燕国人称他为荆卿。

荆轲喜爱读书、击剑，曾凭借着剑术游说卫元君，但是卫元君没有任用他。随后，荆轲就开始了四处游走的生活，先后去过榆次、邯郸，在榆次与剑客盖聂谈论剑术，在邯郸与鲁句践争执博局的路数。他去过许多城池，却从不肯停留安家，他早已习惯居无定所的日子。

当荆轲踏上燕国这片土地时，也没想停留多时，可谁知他结交了一个以宰狗为业、擅长击筑的好朋友，就是高渐离。

荆轲手持宝剑，悠闲地走在燕国的街道上，忽然耳边传来一阵清冷又沉重的击筑声。曲中流露出的情感只有懂音律的人才能听懂。他停下脚步，循声望去，只见一位素衣男子出现在眼前，二人虽是初见，却一见如故。

荆轲游历诸侯各国多年，却没有一处能让他停下前行的脚步，然而眼前这个人，让他有了留下来的理由。能在这样的乱世中得一知己，足矣。

从此，荆轲时常在燕市上与高渐离对饮，喝得似醉非醉、比较朦胧的时候，高渐离开始击筑，而荆轲在一旁打着节拍，放声高歌，时而欢喜，时而痛苦，好像全世界只剩下他们两个人似的，一旁看热闹的百姓侧目而视，那眼神仿佛在说：这两个人是疯子吧。

在那个战乱纷飞的时代，这样的友情着实令人羡慕。

荆轲虽说混迹于酒徒之中，但是他为人深沉稳重，饱读诗书，颇有侠士的味道。在燕国，他不仅遇到了知己，同时也得到了隐士田光先生的优待。若是他知道自己的结局，会不会依旧与田光结识呢？

田光已死，而遵照他临死前的嘱托，荆轲去见了太子丹。

太子丹得知田光已死的消息，跪了再跪，拜了再拜，痛哭流涕，他将心中的愧疚、对秦王政的怨恨、对燕国的担忧，一股脑儿地全部说给了荆轲，并把他深思熟虑制订的计划也告诉了荆轲。

太子丹建议说，用重利去迷惑秦王政，如果能像曹沫劫持齐桓公那样最好，可以趁机让秦王归还侵占各国的领地。这招要是行不通，就趁机直接将他刺死，这样更好，以后各国都可高枕无忧了。

一出历史大戏——荆轲刺秦，即将上演。

这时，秦将王翦已经攻破赵国的都城，俘虏了赵王，把赵国的领土全部纳入秦国的版图之中。秦王政更是亲赴邯郸，将自己幼年居住在邯郸时的仇家尽数坑杀。随即，秦之大军向北挺进，一路鲸吞蚕食，直至燕国南部边界。

在这紧张危急的时刻，荆轲并没有要出发的意思。太子丹急了，来到荆轲面前，大声说道："秦国军队已在眼前，转眼间就要横渡易水，到时我们还能活命吗？"

荆轲说:"冷静,就算你不说,我也要出发了。但是,我还差点儿东西。"

太子丹焦急地问道:"差什么?"

荆轲说:"如果能得到樊将军的项上人头和燕国督亢的地图,以此来献给秦王,或许我还有接近他的机会。"

太子丹不忍心杀害樊於期将军,便没有同意荆轲的要求。荆轲十分理解太子丹,他也于心不忍,但是为了完成大业,总是要有人牺牲的。就如同他前去秦国刺杀秦王政一样,是一条没有归期的路。

于是荆轲自己去找了樊於期,将事情的始末、计划的安排全部告诉樊於期,动之以情,晓之以理。对于太子丹的收留,荆轲的侠义之心,樊於期内心也甚为感动,同时也为了自己可以报仇雪恨,便亲自动手献上了自己的首级。

闻讯赶来的太子丹,伏在樊於期的尸身上痛哭不已。

万事俱备,只欠匕首了。太子丹找到了天下最锋利的匕首,就是赵国人徐夫人的匕首,花了百金买下它,命人用毒水将它浸泡,并做了实验,只要见血,立刻封喉。

荆轲临行前,找到了高渐离,将刺秦这件绝密的事情告诉了高渐离,只为这世上有一个真心人为他送行。

一切准备就绪,太子丹还为荆轲找来个助手,叫秦舞阳,也是一名勇士。

出发这天,太子丹和宾客中知道这件事的,都穿着白衣戴着白帽为荆轲送行。到了易水岸边,响起了高渐离击筑之声,荆轲和着节拍,发出苍凉凄婉的声调高声唱道:"风萧萧兮易水寒,壮士一去不复还!"这一句成了千古绝唱。明知前方是死路,荆轲却毅然决然地向前,无畏无惧,着实令人钦佩。

到了秦都咸阳后,荆轲捧着樊於期的首级,秦舞阳捧着地图匣子,按照正、副使的次序前进,走到殿前台阶下秦舞阳脸色突变,害怕得手发抖,大臣们都感到奇怪，而这一切都被秦王政看在眼里，从这一刻起，荆轲就注定失败。

荆轲回头朝秦舞阳笑笑，上前向秦王政谢罪说："北方荒蛮之地的粗野人，没有见过世面，所以心惊胆战。希望王上可以宽容他，让他能够在王上面前完成使命。"

秦王政对荆轲说："递上他拿的地图。"

荆轲取过地图献上，秦王政将地图展开，直至图卷展到尽头，突然寒光一闪，匕首露了出来。

荆轲见匕首已经暴露，抓住时机，以迅雷不及掩耳之势，左手抓住秦王政的衣袖，右手拿起匕首，径直向秦王政刺去。说时迟那时快，秦王政纵身往后一跳，衣袖挣断，于是慌忙拔剑，但是剑太长，只抓住了剑鞘，慌乱之际，剑太紧，拔不出。此时荆轲紧随身后，秦王政只好绕着柱子跑。

在场的大臣们被眼前的景象吓傻了，事发突然，大家都失去常态，呆若木鸡。而秦国的法律规定，殿上侍从、大臣不允许携带任何武器。各位侍卫武官也只能拿着武器，依序在殿外守卫，没有秦王政的命令，任何人不准进殿。如此危急的时刻，根本来不及召唤下边的守卫。

荆轲在身后穷追不舍，秦王政又没有用来还击的武器，仓促之间，惊慌急迫，秦王政只能赤手空拳地和荆轲搏斗，这时，医官夏无且用自己手里的药袋子投向荆轲，就在荆轲晃神之际，秦王政把剑推到背后，得以拔出宝剑，以迅雷的速度砍向荆轲的左腿，荆轲费力举起他的匕首，直接投刺秦王政，却刺偏了，击中了铜柱。秦王政顺势发动连续的攻击，荆轲慌乱抵挡，结果短匕首不及长宝剑，最终身中数剑，秦王政则毫发无损。

荆轲知道自己已是强弩之末，两条腿像簸箕一样坐在地上，倚靠在柱子上放声狂笑："事所以不成者，以欲生劫之，必得约契以报太子也。"（《史记·刺客列传》）

荆轲一心想活捉秦王政，逼迫他将诸侯国的土地归还，没想到，大事未成。他闭上双眼，感受着冰冷的武器刺入自己的血肉之中，这一刻，他的耳边仿佛响起了高渐离的击筑声，可惜，今生无缘再听见了。荆轲，就这样走到了生命的尽头。他可以说是一位真正的侠士，一位勇敢的侠士。

荆轲已死，但是秦王政内心的怒火在燃烧。当即下令，命王翦率军攻打燕国。

太子丹认为天衣无缝、完美的计划，不仅为自己带来了杀身之祸，更是加速了燕国的灭亡，将燕国的百姓推向了无底的深渊。

六、十年征战终圆梦——秦始皇一统大业

秦王政继位时，秦国的版图已经得到大面积的扩张，秦王政亲政后，继续积极推行统一战略，誓要实现一统天下的抱负。秦国如猛虎般发动猛烈的进攻，以秋风扫落叶之势横扫六国。

长平之战、邯郸之战后，赵国的国力以及在各诸侯国中的地位一落千丈。此时，赵孝成工深知廉颇的重要性，并重新任用廉颇为相国，封为信平君。经过一段时间的休养生息，赵国的军事实力逐渐恢复，虽不如以前那样雄厚，但攻打燕国这种实力较弱的国家还是没有问题的。于是，赵国发动了一连串的攻燕国之举。为什么只打燕国呢？并不单单是因为燕国好打，而是燕国之前的不齿之举着实惹怒了赵王。

在长平之战刚结束不久，赵国正处于苟延残喘的状态。这时燕国丞相栗腹出使赵国，来给赵王贺寿，赵王十分高兴，并热情款待栗腹。哪承想，贺寿是假，刺探赵国实力虚实是真。

栗腹回到燕国后，向燕王喜建议，应该趁赵国国内只剩下孤儿寡妇，没有能力战斗之机，出兵攻打赵国，定能大胜。燕国名将乐毅之子乐间提出反对意见，他认为，赵国连年与秦军对战，百姓亦对军事熟悉，而百姓之力是

燕国攻打赵国最大的阻碍，若燕国真要出兵必败。

燕王喜不听乐间的劝阻，执意攻赵。随即派栗腹为将，领兵六十万，兵分两路，一路军队攻赵，一路军队攻代（河北蔚县西北）。

此时的赵国的确如栗腹看到的那样，国内就剩下些老弱病残。但是燕王忽略了一点——廉颇还在。

赵王得知燕国已经出兵向赵国挺进，便下令国内男子年满十五岁者皆参军，并调集了驻守在北方的部分军队，即使这样兵力也不足燕国兵力的二分之一。赵军由廉颇为主帅迎战燕军。

经过廉颇的分析，他认为燕军虽然人多势众，但是有个致命的弱点，就是轻敌。经过长途跋涉，燕军浩浩荡荡地抵达战场，他们的确没把赵军放在眼里，认为现在的赵军弱得不堪一击。

廉颇抓住他们的弱点，加上长途跋涉已经让他们人困马乏，采取了逐个击破的作战计划。他命令部将乐乘率兵坚守代，以此牵绊住燕军不能南下援助，而他则率领主力部队迎战燕军主力，双方于鄗展开激烈交战。

年轻的赵军将士在廉颇的带领之下奋勇杀敌，大败燕军，燕军将领栗腹战死。而另一路攻打代的燕军听说主将战死，军心大动，乐乘趁机迅速反击，击败燕军。燕军见大势已去，纷纷撤退，廉颇却乘胜追击，直至包围燕都，燕王被迫献上五城求和。

而这场战役，使其他诸侯国见识到了赵国的军事实力，不敢再轻易挑衅，这也避免了赵国被分割的危险，同时也使赵国军队从长平之战的阴影中走了出来，在日后的抗秦战争中起到了很大的鼓舞作用。

赵国算是雄起了，反观燕国的境遇就没那么好了。

因为燕王这个草率的决定彻底得罪了赵国，从此以后赵国便连续打击燕国。

各诸侯国对赵国实力的恢复都看在眼里，同样，秦国也在时时刻刻关注着赵国。秦王政更把削弱赵国的军事实力作为统一的重要一步，决定要将赵国再次萌发的势头就此掐断，以绝后患，并于公元前 236 年开始发动对赵国的进攻，直至赵国灭亡。

秦王政灭掉赵国分为两个阶段。第一个阶段是在公元前 236 年，即秦王政十一年。赵王再次派大军向燕国进发，这给秦国制造了一次进攻赵国的机会，秦王政派兵以救援燕国为名，对赵国发动了进攻。

正当赵、燕两国开战之际，赵国国内空虚，秦军兵分两路进攻赵国。秦军主将王翦率领一路部队攻占了阏与（今山西省和顺县）、橑阳（今山西省左权县），次将桓齮和末将杨端和则率领另一支部队占领了邺（今河北省临漳县西南）、安阳（河南省安阳市西南）等九座城邑，漳水流域已为秦国所有。

赵国在与燕国的这场战争中损失惨重，并不是因为燕国很强，而是秦国的介入，将赵国刚刚恢复的实力又打回原形。

随后，秦王政乘势，继续攻打赵国。

公元前 234 年，即秦王政十三年，秦王政派桓齮率军进攻平阳（今河北省磁县东南）、武城（今河北省磁县西南），斩杀赵将扈辄，赵军大败，秦国以所取的赵地建立雁门郡和云中郡。

公元前 233 年，即秦王政十四年，秦将桓齮挥军越太行山，占领赤丽、宜安两邑（今河北省石家庄市东南），并向赵国腹地进发。赵王见秦军攻势太猛，形势危急，随即调回在北方戍边抵御匈奴的名将李牧，任命其为大将军，率所部南下，指挥全部赵军反击秦军。

李牧率领边防军主力与邯郸派出的赵军会合后，在宜安附近与秦军形成对峙局面。他认为秦军连续获胜，士气甚高，若仓促迎战，恐难取胜。于是采取筑垒固守，避免正面交锋，待敌疲惫，伺机反攻的作战方针，拒不出战。

桓齮认为，廉颇曾以坚垒拒王龁，如今李牧也用此计策，而秦军远出，不利于持久战。于是，他率领主力军进攻肥下，企图诱使赵军前往救援，待赵军离开营垒后，将其一举歼灭。

桓齮的计划已经在李牧的掌控之中，不为所动，坚决不出。当部将赵葱建议前往救援肥下时，李牧说道："敌攻而我救，是致于人，此乃兵家所忌。"秦军主力抵达肥下后，营中留守兵力薄弱，加上连日来赵军采取守势，拒不迎战，秦军习以为常，疏于防范。李牧趁机发动突袭，一举占领秦军大营，俘获全部留守的秦军和装备。

李牧判断桓齮必将赶回来救援被俘秦军，便部署一支部队正面阻击敌人，将主力军配置于两翼。当正面赵军与回营秦军交锋之时，立即下令两翼军队实施攻击。经过激烈的对战，秦军不敌赵军，桓齮慌忙撤退。

公元前232年，即秦王政十五年，秦王政再次派兵攻打赵国。秦军兵分两路，一路部队由邺北上，准备渡过漳水向邯郸进发，袭扰赵都邯郸。另一路主力部队，由上党出井陉，企图从邯郸之背将赵国拦腰斩断，进到番吾，遇到李牧率军抵抗，邯郸之南有漳水及赵长城为依托，秦军难以迅速突破。

李牧决定采取南守北攻，集中兵力逐个击破的方针。他派司马尚在邯郸南据守长城一线，自己则率主力部队挺进，反击秦军。双方军队在番吾附近相遇，李牧督军猛攻，秦军受阻大败。

李牧没有恋战，立即撤回邯郸，与司马尚会合，二人合力抗击南路秦军。秦军见难以获胜，权宜之计立刻撤兵。赵军在这场战役中损失也十分惨重，只能退守邯郸。

秦军攻赵受阻，便按原定的中央突破、由近及远、逐个歼灭的方针，将主攻方向指向韩国。

公元前231年，即秦王政十六年，韩国南阳守腾主动投降，并献出南阳。在接收了南阳后，秦王政以此地作为前进基地，为攻取韩国做准备。

公元前230年，即秦王政十七年，秦王政派内史腾率军南下，渡过黄河，向韩国发动进攻，一举攻克韩都新郑，俘虏了韩王安，继而占领韩国全境，于韩地设置颍川郡，建郡治于阳翟。至此，韩国灭亡。

秦灭六国，韩国是第一个被灭亡的国家。当时，韩国国小力弱，早已成为秦国的属国。当强大的秦军压境时，韩国无力抵抗，秦军不费吹灰之力灭掉了韩国。

在攻灭韩国以后，秦王政对韩王及韩国贵族做出了宽大处理的决定，韩国贵族并没有因为亡国而受到诛杀或是迁徙，他们的生命得到了保护，财产予以保留，生活得以保障。这一点，从张良的家境就可以看出来。张良出身韩国贵族，他的祖父和父亲一共辅佐过五位韩王，长期出任丞相一职。韩国灭亡以后，他们一家继续居住在故乡，且家中有奴仆百余人以及大量的财产，这些都是他祖上留传下来的，并没有被秦军没收。

对于被俘的韩王安，秦王政更是留其性命，并且没有将他流放，而是让他继续居留在韩都新郑附近，给予宽厚的待遇，算是境遇很好的俘虏了。秦王政的这个举动，无疑是抱有两个目的：一方面以此怀柔韩国遗民；一方面也是对其他国家的君王以示姿态，减少抵抗的阻力，加速统一的脚步。他的这种做法相当于统战政策。

几年后，秦王政下令，派人将韩王安从新郑迁徙到郢陈。这次的迁徙给韩王安创造了叛乱的机会。

灭掉韩国后，秦国立刻把矛头指向赵国。恰逢此时，赵国由于连年战乱，加上北部代地地震，大面积饥荒，国力已经相当衰弱，国内缺粮，人心浮动。秦王政抓住这个机会，于公元前229年，即秦王政十八年，大举进攻赵国。

秦将王翦亲率主力军队直下井陉，杨端和率领河内兵卒，分由南北进围赵都邯郸。此时赵国的君主已是赵王迁，他任命李牧为大将军，司马尚为副将，倾全军之力抵抗入侵的秦军。

王翦深知李牧不除，秦军在战场上不能迅速获胜，所以向秦王政建议，采用反间计，派奸细入赵国都城邯郸，用重金收买了那个诬陷过廉颇的赵国大臣郭开，让郭开在邯郸城内散布谣言，说李牧和司马尚与秦军勾结，准备背叛赵国。

昏庸的赵王迁轻易地相信了这些流言蜚语，没有加以调查，便派宗室赵葱和齐人投奔过来的颜聚取代了李牧和司马尚。一直信守"将在外君命有所不受"的李牧，为了赵国的江山社稷，为了军中奋勇抗敌的将士，为了忍受战乱的百姓，他没有理会这道命令。让人没想到的是，赵王迁竟暗中设下圈套，将李牧抓获并斩杀了，司马尚则被废弃不用。

赵国临战而亲奸佞，杀害无辜的忠臣良将，就注定了在亡国之路上越走越远。

仅仅过了三个月，王翦于公元前228年，即秦王政十九年，乘势急攻，大败赵军，平定东阳地区，赵将赵葱战死，颜聚逃亡。秦军一鼓作气攻下邯郸，俘获赵王迁。

邯郸沦陷，意味着赵国的时代已经结束。秦王政闻讯，亲赴邯郸，坑杀了自己幼年居住在邯郸时的仇家，并在赵都邯郸一带建立邯郸郡，然后从太原、上郡返回。

而赵国公子嘉率领其宗族数百人逃到赵的代郡，自立为代王。

此时，秦国的版图不断扩张，实力不断强大，继续对东方六国鲸吞蚕食。秦王政的下一个目标便是燕国，荆轲行刺他的场景还历历在目，他不可能轻易放过燕国。

公元前227年，即始皇帝二十年，秦王政派大将王翦、辛胜攻打燕国。由于国仇家恨，代国火速支援燕国。燕、代两国联军抵抗秦军的进攻，被秦军败于易水以西。第二年，秦军顺势攻下燕都蓟城，燕王喜被迫迁都到辽东。秦将李信带兵追击，燕王喜听从代王嘉的计策，杀太子丹，把太子丹的首级献给秦求和。

这就是太子姬丹派荆轲刺杀秦王政的后果，不仅被自己的父亲亲手解决了，还加速了燕国的灭亡。同时，荆轲行刺秦王政这件事情，给秦王政的心理造成了一定的影响，他在此次事件中受到了重大刺激，从此戒备之心变得十分强烈，如今他对谁都抱有防备之心，特别是诸侯各国的人，从而对诸侯各国的王室贵族也加深了仇恨，加重了报复。就在荆轲行刺失败的当年，秦王政便命令秦军对燕国实行报复性打击。次年，秦军又一举歼灭燕国。从以后的历史来看，秦军对燕国的贵族进行了相当严酷的诛杀。

在这种历史背景之下，秦王政改变了消灭韩国时实行的宽大政策，做出了将韩王安迁徙的决定。他命令将韩王安迁离韩国本土，以此来隔断他和韩国人之间的联系，防备可能出现的意外。由于韩国与燕国大不相同，在秦军进攻之时，并没有对秦国做出殊死的抵抗，秦王政念及这一点，就没有将韩王安迁徙到远离中原的偏远地区，而是将他就近迁徙到郢陈，在日渐严厉的处置中留下了温和的余地。

但是韩国的人民不给力呀，并没有安于秦国的宽政。在秦国攻克韩国以后，韩国人民从心底抵触秦国，心中怨恨，国仇家恨深深地烙在心底。反抗秦国、复兴祖国的愿望根深蒂固，他们一直没有停止地下的抵抗。

韩王安被迁徙的事情，反而成了韩国人民反秦活动由地下转而到地上、由隐蔽到公开的导火索。就在韩王安被迁徙的第二年，新郑爆发了大规模的反秦叛乱。事态的发展完全与秦王政的预料相反，这无疑是在他的心中点了一把火。

韩国人民在旧都新郑起义，目的就是复活韩国。若要是复活韩国，必然要拥立韩王。韩王安此时正被秦国软禁在不远的郢陈，处在秦军的看管下。新郑叛乱爆发后，起义的韩国军民一定会拥立韩王安作为复国的象征和旗帜，他们一定会想方设法救出韩王安。但是这其中的计划和行动，起义的经过等细节我们无从得知，历史呈现给我们的就是，秦王政于公元前226年，即秦王政二十一年，派兵平定韩国之叛乱，起义被秦军镇压，韩王安受牵连被处死。由此看来，新郑之乱已经波及到郢陈地区了。

恰恰就在这个时候，身为秦国重臣的昌平君来到了郢陈。

郢陈这个地方很有意思，它曾经是楚国的首都，沦陷后，这里成为反秦的热土，不仅楚国遗民蠢蠢欲动，时常爆发反秦叛乱，各国的反秦人士也都纷纷会聚到这里。

比如张良，他在韩国灭亡后，曾经来这里活动。又如后来反秦称王的游侠张耳和他的朋友陈馀，他们在魏国灭亡后，逃到这里潜藏。秦末之乱，陈胜吴广起义以后，他们所建立的张楚政权的首都就建在这里。这些虽然都是后面发生的事情，却明确地反映了郢陈地区楚国旧民的反秦传统，不但根深蒂固，而且首尾一贯。

所以，当韩王安被处死、郢陈地区动荡不安的时候，如何安抚该地区蠢蠢欲动的楚国人，就成了秦王政要认真解决的一大难题，并且要派出一个合适的人选，这个人非昌平君莫属。

此时的昌平君，居于秦国丞相一职，同时他还有另一重身份，便是楚国的公子。他具有秦、楚两国王室贵戚的双重背景，不但在秦国政坛有相当大的权势，对楚国的政局和楚国的军民也有很大的影响力。

秦王政决定派昌平君前往郢陈镇守，一方面主持处理新郑之乱和韩王安之死的后事，一方面安抚郢陈地区不安驿动的楚国人。秦王政的这一安排，可以说有意为之，无意中成全了昌平君。

秦王政之所以这么安排，是有着自己的考量的。从表面上看，秦王政借助昌平君的特殊身份，前往郢陈处理叛乱一事及安抚当地的楚人。但实际上，也正是因为昌平君特殊的身份，趁此机会可以将他从秦国政权中枢排除出去，既为将来讨伐楚国扫清了障碍，也摆脱了老臣们的掣肘，有利于建立起听命于自己的年轻化的政府班子，可谓一箭双雕。

据《史记·秦始皇本纪》中的一条记载："荆将项燕立昌平君为荆王，反秦于淮南。"楚将项燕立昌平君为楚王，在淮河以南反抗秦国。可见，昌平君此去郢陈，不复返。

郢陈发生的动荡，没有影响秦王政吞并六国的脚步。早在公元前234年，秦国大举向魏国进攻，一直打到渤海湾，魏国军队溃败，不能再战，经此一战，秦国直接将六国斩为南北两段。

此前，秦军在攻占燕国首都蓟，取得北方决定性胜利的同时，将主攻方向转向南方。秦王政派王翦之子王贲率军进攻楚国北部地区（今河南省南部），攻占二十余城，在秦军猛烈的打击下，楚国不敢轻举妄动，这无疑保障了秦军攻打魏国的侧背安全，于是秦军挥师北上，扬言要从河北邯郸进攻魏国，魏王得知后，将魏军主力全部置于河北，以防御秦军进攻。

而魏王并不知道已经中了秦国的调虎离山之计，趁魏国四十余万主力军集中在北方时，于公元前225年，秦王政派王贲率领军队突然南下奇袭魏国，绕过楚国三十八座城池，包围了魏国首都大梁（今河南省开封市）和安阳邑。

魏国都城安阳邑首先被破，接着秦军攻下陈城（今河南省陈县）、北定邑（今安徽省北部），此时的大梁几乎被围困，成了孤城，魏国援军被阻挡在黄河以北，无法南下实施救援。大梁不愧是有着悠久而光荣的抗敌史，秦军多次攻到城下，却无法攻克。

魏国得感谢魏惠王当年营建大梁时的苦心哪，大梁城面积很大，且城墙高深，不易攻破，周围还有纵横交错的水网，不单是补给大动脉，还可以有效地抵御敌人的攻势，是这数百年来动静平衡、刚柔并济的防御体系，让侵略者望而却步。

但是，时至今日，形势已然发生了根本性的变化，秦军汲取屡攻不下的失败教训，将目标转向夺取大梁周边的地区，如此一来，大梁成为孤城，正所谓孤掌难鸣，加上那些护卫大梁的水网已经全部掌控在秦军手中，破城指日可待。

秦军利用大梁周围的水网，并对其进行改造，一时间，黄河、大沟里的水径直扑向大梁，滚滚河水，将大梁团团围住。大梁城整整泡在水中三月有余，难以想象当时的场景，城内百姓是何其不幸。

大梁城墙倒塌，秦军一拥而上，魏王率兵拼死抵抗，犹如以卵击石，最后被王贲斩杀，而其余官兵，投降的投降，战死的战死，结局惨烈，魏国从此灭亡。

秦军继续向东，王翦向反攻的魏国残余部队发动了平阴之战，消灭魏国在黄河以北赶来攻下安阳邑的四十万援军，占领了魏国全部土地，秦王政在魏国东部地区建立了砀郡。

秦国在攻灭魏国的同时，已经开始谋划伐楚之事。

秦国将领李信，年轻气盛，强壮勇猛，曾带领几千士兵追击太子丹至衍水之上，最后大败燕军活捉太子丹，秦王政因此认为李信贤能勇敢。

于是秦王政把李信召唤来，问他："我想要攻取楚国，将军认为要调用多少人才够？"

李信自信满满地回答："最多不过二十万人。"

秦王政一听，眉毛一挑，心中暗暗赞赏，这小伙子不错呀，年轻有为。为谨慎起见，秦王政又找来了大将王翦，问道："我想要灭楚，需要多少人？"

王翦毫不犹豫地答道："至少得六十万人才行。"

秦王政一脸震惊："王将军年纪大了，怯战了？还是李信果断勇敢哪。"

秦王政没有听取王翦的意见，随即派李信、蒙武率领二十万秦军向南讨伐楚国。

而王翦因不被采用，故以年老体衰、身体有恙为由，请求回频阳家乡养老。

公元前225年，李信率领秦军进攻郢陈南部的平舆县（今河北省平舆县北），蒙武率军进攻郢陈东南部的寝县（今安徽省临泉县）。在秦军猛烈的攻势下，楚军不敌，大败。

然而，就在这个时候，李信率领的军队出现了让人跌破眼镜的行为。他没有乘胜东进，按战前计划去攻取楚国的首都寿春（今安徽省寿县），而是率军西退，掉过头去攻击已经在秦国领土内的郢陈；而蒙武率领的军队这时也撤退回来，与李信率领的军队会合。这真的是谜之操作，李信就这么莫名其妙地放弃了攻下楚国的绝佳机会。

也就是在这个时候,一支楚军悄然而至,神不知鬼不觉地出现在李信军队的后面,整整三日三夜尾随跟踪,李信军队就愣是没有发现敌情。这支楚国军队趁秦军不备发动突然袭击,一举大破李信率领的军队。此时的秦军,军营壁垒被逐一攻破,部下七名主要将领被杀死,李信大败而归。

在这次攻楚的战争中,秦国遭受了罕见的惨败。身在咸阳的秦王政得到秦军惨败的消息,大为震惊,怒火中烧,心想这年轻人还是不靠谱,于是他亲自前往频阳,登门拜访还乡养老的王翦。

见到王翦时,秦王政多多少少还是有些不好意思的,毕竟是他当初没有听信王翦的意见,执意派李信为将,才造成这样的结果。

秦王政屈尊说道:"寡人没有采用将军的意见,李信果然使秦军遭受了耻辱。现在听说楚军正一天天向西逼近,眼看就要到秦国了,将军虽有病在身,也不至于袖手旁观,置寡人于孤立无助的苦境吧。"

王翦推辞说:"老臣疲弱有病,昏聩糊涂,如此重任,望大王另择良将。"

秦王政再次表示歉意说:"好了,将军不要再推辞了!"

秦王政这个人,可以说是高傲冷酷、独断专制的。如今对王翦俯身低首、卑辞相求,已经是给了王翦最大的面子,就看王翦识不识抬举了。

王翦也看得通透,他深知秦王政的为人行事,要用你的时候,不惜弯下腰低下头,用好话请求你,而在如此屈尊的背后,则是无上的倨傲,要你必须服从、绝对服从,只能服从于他,一旦没有顺着他给的台阶而下,抗拒他的意愿,他会瞬间翻脸,拂袖而去,毫不留情地处置你。

而秦王政不听王翦的意见,执意任用李信,李信却灰头土脸地大败而归,加之秦王政以平定安抚郢陈之乱为由,调离昌平君出京,可谁承想,昌平君还真的加入反秦的队伍,毫不顾忌他之前身为秦国丞相的身份,这无疑是在打秦王政的脸。这两件事情的发生,让秦王政的自尊受到了极大的伤害,心中十分憋闷。

如今能屈尊亲自前来请王翦出山，表面上是屈尊求人，实际上是捐身逼人。秦王政就是在用实际行动告诉王翦，我身为王上，已经登门表达请求，而你，身为臣下，敢驳我的面子，拒绝我的请求，不从我的意愿吗？王翦也确实不敢。

此时的王翦，仿如当年的战神白起。王翦也真真切切地感觉到，此时的秦王政，宛若当年的秦昭王，而自己仿佛置身于当时秦昭王屈尊去请求白起出征时的场景。

战功赫赫、军功累累的白起，在对攻打赵国的问题上与秦昭王意见相左，秦昭王也是固执己见，听信他人意见，甚至将白起贬斥回家。结果可想而知，秦军惨败，秦昭王随之请白起再次出任秦军大将，接连请了两次，白起都因病拒绝。秦昭王恼羞成怒，一气之下剥夺了白起的一切官职爵位，驱逐出京，甚至到了最后，迫使白起自杀。

这些事情王翦虽然没有经历，但是场景却在脑海中徘徊，想到这里，王翦不敢再推辞，他退一步请求说："如果大王非要用臣下的话，臣下还是原来的意见，非用六十万军队不可。"

秦王政对王翦的识时务非常满意，应允道："听王将军您的。"

于是秦王政任命王翦为秦军统帅，率领六十万大军，大张旗鼓向楚国进发。

公元前224年，王翦被任命为主帅后，秦军上下纷纷响应，六十万秦军从各地征发，陆续开赴前线。楚王得知王翦增兵而来，就调用全国的军队来抗击秦军。

王翦率军出征这一天，秦王政带领百官亲自送行，一直将王翦送到咸阳东郊的灞上，期待殷切之心无以言表，这时的王翦，恩宠荣耀之极。就在要与秦王政告别的时候，王翦出人意料地开口，向秦王政提出了一个不着边际、令人不解的请求。

王翦态度诚恳地向秦王政请求可以恩赏些田宅给自己。话音刚落，他就拿出了事先预备好的一张地图，上面圈圈点点的，东一处西一处的，都是咸阳一带的良田美宅，还有带池塘的庭园，王翦一再恳求秦王政，务必答应他。

身为一国之君的秦王政，此时满脑子里都是如何挽回面子，扳回战局，灭掉楚国，完成统一天下的大事，他对王翦的要求也有些摸不着头脑，甚至有些鄙视王翦的唯利是图，心里还泛起嘀咕：这大将军何时这么世俗了？

秦王政不屑地对王翦说："王将军，你就安心出征吧，钱财田宅之事，不必多虑，我自有安排。"秦王政的意思很明显，只要胜利了，一切应有尽有，哪里还需要你开口来求。

而王翦此时的执拗劲儿上来了，甚至可以说是不识相，他啰啰唆唆地一再请求说："微臣为大王领军作战，多有功劳，却至今得不到列侯的封赏。如今借大王一心使用微臣的机会，为子孙儿女们请求些田宅，作为家业，也不算过分哪，还请大王恩准。"

秦王政禁不住大笑出声，摇摇头，实在拿王翦的固执没有办法，便点头，当即恩准了王翦的所有请求。王翦这下安心了，对秦王政千恩万谢之后，美滋滋地带领将士们出发了。

抵达函谷关后，王翦出乎意料地派遣使者，回到咸阳面见秦王政，表示对秦王政的恩赏感谢，同时又追加了新的田宅请求。据说，抵达前线以前，王翦又派使者回到咸阳去请求田宅，来来回回，乐此不疲，去请求田宅的使者足足有五批之多。

常年跟在王翦身边的亲信，对将军的这个举动实在不解。在亲信的心里，将军可不是这么贪财的人哪，但是王翦请求田宅的次数，着实有些过了，亲信实在有点看不下去了，上前劝谏王翦说："将军请田求宅的事情，怕也有点过分了吧。"

王翦摇摇头，摆摆手，语重心长地说道："不是你们想的那样。你们看到的只是一种表象罢了，大王表面不在意这些，实则是内心多疑，不易轻信于人。如今征调秦国全部军队交给我，如果这时我不多为儿孙请求田宅以表明心迹的话，岂不是会让大王心生疑虑，从而怀疑我吗？"

王翦毕竟是在秦王政身边多年的老臣，对于秦王政的心思和个性揣摩得透彻，了解得深入，而对于秦王政疑心多虑、善于猜忌，他也可以应对自如。

从秦王政与王翦的这次行事中不难发现，在集权专制的国家，不管什么人，一旦具备了颠覆现状的可能条件，就必然要面临被怀疑的境地。这种事情自古以来皆是。

了解了王翦的心意，自然而然也就了解了秦王政的疑虑。的确如此，将全国的军队都交给了一个人，由这个人完全掌控，拥有绝对的指挥权，可以说是任何君王都会担惊受怕的事情。军队临阵倒戈，导致王位更替的事情，历史上屡见不鲜。

而且，昌平君的例子还在眼前。对秦王政来说，由于自己的失策，导致昌平君在郢陈反秦叛乱，由于自己用人不当，二十万秦军惨败。如今，昌平君背叛秦国，李信盲目自信，作战水平不行，所以他不得不请王翦重新出山。若是此时出现意外，稍有不慎，便会造成不堪设想的后果，不仅自己的王位保不住，秦国的江山社稷恐怕也面临巨大的危险。

此时秦王政的处境是很艰难的，内心承受的压力是巨大的，他重新起用王翦，是冒着巨大的政治风险的，他的这个决定，也确实是果敢霸气的。好在王翦明白秦王政的心意，知道对症下药，如此周全地应对，让秦王政对他的戒备之心有所缓和。

王翦与楚国的对战情况，在《史记·秦始皇本纪》中只有寥寥数字，一句概括："王翦、蒙武攻荆，破荆军，昌平君死，项燕遂自杀。"从而得知，王翦、蒙武大败楚国，昌平君战死，楚将项燕也自杀了。

而从另一条记载"取陈以南至平舆"（《史记·秦始皇本纪》，陈就是郢陈，平舆是郢陈南部的平舆县）可以推断出，王翦率军攻楚，走的是与李信军完全相同的路线，都是由郢陈出发攻取平舆，再东进攻取楚国的首都寿春。只是李信在攻取平舆后没有继续前进，突然退了回来，导致兵败。

而在《史记·白起王翦列传》中，对此战役有着略微详细的记载："王翦至，坚壁而守之，不肯战。荆兵数出挑战，终不出。王翦日休士洗沐而善饮食抚循之，亲与士卒同食。"

王翦率军抵达前线后，加固营垒防守，不肯出战。楚国大将项燕一再挑战，他也不理睬，坚守不出。一晃过去了几个月的时间，双方仍然没有正面交锋，而双方的将士因为没有仗可打，慢慢地，意志消沉，心烦意乱。

王翦知道将士们出战的激情在慢慢消耗，于是让手下的将士们每天吃饱睡好，为了增加互动，提高娱乐性，在营中还搞起了体育竞技赛，将士们比赛跳远、蹦高和投掷石块，玩得不亦乐乎。这样一来，将士们不像原来那样无所事事、士气消沉，反而身心轻松、生机勃勃、士气高涨，王翦这是在无形中实操了全军大练兵。

反观楚军，在屡次挑战不成的情形下，整日无所事事，在营中的生活异常枯燥，懒散的风气日益增长，同时，对待秦军谨慎的态度也慢慢松懈。

就在项燕以为王翦是来驻守的，而不是进攻的，完全不把秦军放在心上的时候，王翦见时机已到，趁项燕毫无防备，突然向楚军发起攻击。六十万秦军势如破竹，一拥而上，如猛虎般杀向楚国军营。

楚国的将士们如梦初醒，目瞪口呆，在完全愣神中，晕头转向地进行抵抗，没过多时，楚军便败下阵来，各自逃命去了，昌平君战死，项燕自杀。此时的秦军气势如虹，一鼓作气直接打到楚国首都寿春（今安徽省寿县西），俘虏了楚王负刍。楚国就此灭亡了，这一年是公元前223年，秦王政二十四年。

公元前222年，即秦王政二十五年，王翦继而平定了楚国的江南之地，降服了越国之君，设置会稽郡，至此，秦国占领楚国所有领土，楚国正式灭亡。

在攻灭楚国后，王翦急流勇退，退出秦国政坛。

太史公说："俗话说，尺有所短，寸有所长。白起预料敌情能随机应变，妙计层出不穷，名震天下，然而却不能解除应侯给他制造的祸患。王翦作为秦将，平定了六国，功绩卓著，在当时已是元老将军，秦王政都尊他为师，然而他却不能辅佐秦王政建立德政，以巩固秦国的根本，苟且迎合，以求容身，直至死去。一代名将，从此销声匿迹，不过，好在得以善终。"

秦王政在灭楚的同时，不断向东扩展，陆续设郡，并攻取鲁地，设置薛郡（今山东省曲阜市）。同年，王翦回到咸阳，由他的儿子王贲接替他做大将。公元前222年，王贲灭掉燕国，进而攻占了赵国最后留下的代城。

此时，秦王政离统一六国只有一步之遥了。

东方五国逐一被秦国消灭，这时候只剩下一个齐国了。齐王建向来不敢得罪秦国，因此每当诸侯遭遇秦军向他求救，他都视而不见，果断拒绝，以此来向秦国表示求好之心。他以为这样做就会让秦王政满意，便不会遭到秦国的进攻，加上齐国离秦国甚远，他更加可以高枕无忧了。

而在秦军大肆兼并之时，齐国成为唯一一个尚未被灭亡的国家，直到这时，齐王建才感觉到了危机，开始慌里慌张、手忙脚乱，现在才想起要部署防御秦军来袭，已然来不及了。

公元前221年，秦国以齐国拒绝秦国使者访齐为由，避开了齐国的西部主力，由王贲率领的秦军从原燕国南部（今河北省北部）南下，进攻齐都临淄（今山东省淄博市临淄区北）。齐军战斗力本就不强，士气消沉，对秦军突然从北进攻更是措手不及。秦军所向披靡，齐军很快便土崩瓦解。秦军一举攻占临淄，俘虏齐王建，至此，齐国灭亡。秦王政在齐地设置了齐郡（今山东省淄博市东北）和琅琊郡（郡治在琅琊县，即今青岛市黄岛区琅琊镇）。

秦王政在亲政后，用了大约九年时间，确立自己的绝对权威。对六国的斗争也由先前的蚕食变为吞并。他根据李斯的建议，确立了"先取韩，以恐他国"的策略。从公元前230年起，秦王政全面发动了兼并六国的统一战争。

直至公元前 221 年，齐国灭亡，耗时十年，陆续兼并了六国，从此，秦王政完成统一大业，中国进入了帝国时代。

纵观秦国统一六国的艰辛历程，不难发现，此事始于偶然，终于必然。

在战国时代，一个国家能够组织的兵力最多只有百万之众，在所有国家中，秦国和楚国是最强大的两国，兵力能够达到百万，其余国家的兵力都只有几十万人而已。长平一役，消灭了赵国的大部分军队，使其在秦统一之前再也没有恢复到之前那么强大。

由于韩、赵、魏三国所处的地理位置，三国是在抗击秦国战争中损失最为惨重的国家，其次是楚国。

据《史记·白起王翦列传》中记载："白起为左更，攻韩、魏于伊阙，斩首二十四万。""白起攻魏，拔华阳，走芒卯，而虏三晋将，斩首十三万人。与赵将贾偃战，沉其卒二万人于河中。""白起攻韩陉城，拔五城，斩首五万。"

仅以大将白起发动的战争来计算，除了长平之战坑杀了赵国四十余万人之外，在伊阙之战中，白起还将韩、魏联军足足二十四万人斩杀。公元前 273 年，即秦昭襄王三十四年的战役中，斩首加沉河魏、赵联军十五万人。公元前 264 年，即秦昭襄王四十三年的战争中，斩首韩军五万人。

另外，在公元前 331 年，即惠文君七年，秦军斩首魏军八万人。公元前 318 年，即惠王七年（惠文君，称王后改元纪年），斩首韩、魏、赵、燕、齐和匈奴联军八万两千人。公元前 312 年，即惠王十三年，斩首楚军八万人。公元前 307 年，即武王四年，攻克宜阳，斩首韩军六万人。公元前 312 年，即秦昭襄王六年，斩杀楚军两万人。公元前 297 年，即秦昭襄王十年，再斩杀五万人。公元前 275 年，即秦昭襄王三十二年，攻魏斩首四万人。公元前 256 年，即秦昭襄王五十一年，攻韩斩首四万人。

从这些记载中大致可以看出，秦国的统一实际上是将东方六国的人口资源一战一战地消耗干净，使得他们无力反抗才得以获胜的。秦国是踏着这数以万计的尸骨，登上统一六国的巅峰的。

在中国历代战争中，以血腥消耗人口为代价，以此来获得胜利的例子并不多，除了秦国之外，就只有蒙古帝国的对外扩张，以及清朝对准噶尔人的镇压。正常情况下，战争是为了让对方臣服，而不是消灭。

秦国的统一之所以如此残暴，和中国第一次进入统一帝国时代有关。在进入帝国时代之前，每一个国家的人民都有地域归属感，哪怕暂时被打败，也牢记自己是楚国人、赵国人……而不是秦国人。一旦进入了帝国的统治模式，人们便会认为大家同属于一个国家，就会随时做好归顺胜利者的准备，在天下一家的心理作用下，征服者不用做动员，人民已经做出了所谓的正确的选择，这时，对统治者来说最重要的反而是人心。

秦国的统一并不是一次偶然的事件，它是很长一段时间内各种事件积累的结果。秦王政之所以能够吞并六国，其中少不了历代君王打下的基础，尤其是秦孝公统治时期，并且还包含了历代秦王通过蚕食逐渐积累的成果。

公元前246年，经过了两个短暂的秦王之后，年幼的秦王政继承了王位。在吕不韦、李斯等大臣的辅佐下，秦国开始了最后的统一阶段。

统一中最大的障碍仍然是赵国。长平之战后，赵国又涌现出一位优秀的将军李牧，在赵武灵王开创的军事传统下继续与秦军抗争。为了对付赵国，秦军花了九年时间才最终攻克了邯郸。

赵国灭亡后，秦国统一的步伐迅速加快。此刻，韩国已不战而降。公元前227年，即秦王政二十年，消灭赵国后的大军在王翦的率领下，直接向北进攻燕国，燕国灭亡。两年后，在进攻楚国前，王翦的儿子王贲在伐楚前顺便灭亡了魏国。楚国的抵抗更久一些，经过李信的一次失败远征后，王翦重新披挂上阵，灭亡了楚国。从第一次出兵到最终结束，花了两年半时间。当秦军进攻齐国时，这个曾经的东方大国连反抗的勇气都没有，就投降了。

秦国从最初的落地关中，到一步步蚕食山东地区，到获得四川地区作为战略基地，最后摧枯拉朽般横扫六国，这其中的优势，以及支持胜利的各个要素，不言而喻。

首先，秦国所处的地理位置占有优势，关中地区的封闭环境，有利于秦国对关中的统一，更加有利于秦国守卫边境，防止六国侵犯。同时，秦国在获得关中和四川后，有了足够的后方生产粮食，在后勤上保证了秦国所需的军事供应。虽然秦国起步晚，国内的行政管理方面较为简单，文化水平有限，但这恰恰给商鞅提供了变法之便，商鞅通过变法，将秦国打造成了一台战争机器，从民间压榨出最大的能量用于战争。再者，关中、汉中、四川地区的上游位置，便于秦国包抄进攻楚国，击溃这个最强劲的对手。加之中原地区碎片化，虽然各国诸侯总是联军反秦，但内里却是各自为战，这让秦国可以从容不迫地进行连横，逐个击破。

在秦国统一的过程中，关中地区的地理优势显示无疑，也为战国时代的秦国提供了胜利的法门，只要同时占领关中和四川，就有了足以对抗中原的资源优势。对于中原地区的人来说，如果不想被关中打败，就要避免关中和四川掌握在同一个敌人手中。汉高祖刘邦就是采取第一点统一了天下，而汉光武帝刘秀则是利用第二点，挫败了关中的敌人。

秦朝统一之初十分艰难，因为处于摸索阶段，许多战略都是出秦国的尝试而定型。比如，对楚地的打击必须从上游着手，并利用分路包抄，才可能取得成果，这一点被后来的王朝无数次利用。

另外，从四川进攻湖南、长江三峡、赵武灵王的北方通道，都是首次进入人们的视野。

当这些战略要地被秦国逐一摸索出来，之后历代的将军们都可以循着秦国的足迹去排兵布阵。加上人心逐渐适应了一统的局面，统一全国的难度在逐渐降低。这就是为什么秦国要花几百年完成的统一，到了汉高祖时期只需要五年就可以复制一遍。

秦孝公之后，继承了秦孝公扩张思想的是秦惠文王（在位二十七年）和秦昭襄王（在位五十六年）。

惠文王时期主要的政策制定者是张仪，张仪的主要任务是破坏诸侯的合纵政策。在当时的历史背景下，秦国的军事优势已经越来越明显，国力十分强大。这时，六国意识到必须联合起来才能对抗秦国，恰巧苏秦推出了合纵政策，游说六国国君联合起来共同抗秦。而张仪的任务就是帮助秦国破掉六国的合纵，他用的方式是连横。

在秦国以连横为潮流之时，韩、魏这两个国家地域狭小、实力有限，而赵国、燕国、齐国与秦国没有接壤，赵武灵王试图打通北方通道进攻秦国，却还没有引起秦国的重视。

在惠文王和张仪的眼中，对秦国构成最大威胁的是南方地大物博的楚国。以领土而论，楚国的国土面积要比秦国的国土面积大，是齐国领土的二点五倍，几乎与燕、赵、韩、魏四国领土之和相当。以军事而论，只有秦、楚可以组织起百万军队。秦国与楚国接壤，在武关形成对峙局面，这样的形势下，楚国成了秦国对外扩张最大的障碍。张仪十年间的工作重心，就在于如何削弱楚国，并得以击碎六国的合纵梦想。

秦昭襄王在位五十六年，他是秦国历史上对统一大业贡献最大的一位君王。他在穰侯魏冉和将军白起的帮助下南征北战，将楚国、魏国、韩国、赵国的国力一一削弱。在他打下的雄厚基础之上，他的继承人完成统一大业已然是只差临门一脚了。

秦昭襄王的战略，可以视为中国战略思想的高峰之一。他熟练地挑选对手，每一次都先认准最强的那个对手进行打击，而与其他的弱者联合。当把强者削弱后，他再从其他对手中选出下一个最强的，如此反复，直到所有的国家都疲弱不堪。在他的威逼利诱之下，其他国家只能被动地接受秦式和平，或者被动应战。

中国自从公元前 475 年进入战国时期起，各诸侯国经过二百五十多年的征战，终于被秦国各个击破，结束了长期的诸侯割据的局面，建立了一个统一的多民族的封建专制国家秦王朝。

七、初并天下——秦始皇式的统一

秦王政终于完成梦寐以求的一统大业，可以专心地搞国家政治改革事业。秦王政立志于创造一个辉煌的秦王朝，打造一个千秋万世的皇室基业。

秦王政统一六国之前，各国诸侯的君主都被称为"君"或"王"。商、周时代的君主都称为王，后来周王室衰微，群雄并起，各诸侯国国君也相继称王。战国后期，秦国与齐国曾一度称"帝"，不过短短数日后便取消了这一称号。如今，经过十年的蚕食兼并，秦王政终完成统一天下的大业，面对自己取得的成就，秦王政认为这些称号都不足以显示自己的尊贵、功业，于是召集群臣商议称号。

秦王政下令说："寡人以眇眇之身，兴兵诛暴乱，赖宗庙之灵，六王咸伏其辜，天下大定。今名号不更，无以称成功，传后世。其议帝号。"（《史记·秦始皇本纪》）

经过一番讨论，丞相王绾、御史大夫冯劫、廷尉李斯等人对秦王嬴政说："从前五帝的土地纵横各千里，外面还划分有侯服、夷服等地区。诸侯有的朝见，有的不朝见，天子不能控制。现在，陛下兴正义之师，平定天下，在全国设置郡县，法令归于一统，这是自古以来没有的功业，三皇五帝也没法与陛下相比。所以请陛下尊称'泰皇'，发政令成为'制书'，下命令称为'诏书'，自称为'朕'。"

然而，秦王政对此并不满意。他去掉了"泰"字，只取一个"皇"字，采用上古"帝"的位号，创造出"皇帝"称号。从此以后，秦王政便被称为"始皇帝"，希望以此传之二世、三世，乃至千秋万世。而"皇帝"就成为中国封建社会最高统治者的专称。为了使皇帝的地位神圣化，秦始皇在议定帝号后，又采取了一系列"尊君"的措施：

首先，取消谥法。谥法起于周初，是在君王死后，依其生平事迹，给予带有评价性质的称号。但秦始皇认为，像这样"子议父，臣议君"，太不像话，更没意义。他宣布废除谥法，不准后代臣子评价自己。

其次，天子自称为"朕"。"朕"字的意义与"我"相同，以前一般人也可以使用，但秦始皇限定只有皇帝才能自称为"朕"。皇帝的命令叫作"制"或"诏"（命曰制，令曰诏，盖二者效令不同也）。

第三，文字中不准提及皇帝的名字，要避讳。文件上逢"皇帝""始皇帝"等字句时，都要另起一行顶格书写。

最后，只限皇帝使用的、以玉质雕刻的大印才能称为"玺"。

在秦始皇统一六国后，商鞅变法时极力反对的各方面的学派、人才都纷纷来到秦国以谋求仕途之路。由于秦始皇采用了"秦国特色的商鞅变法"，造成秦国各种迷信行为盛行。其中黄老道家、阴阳家们综合儒、法、道诸家的学说，提出所谓"五德终始说"，尤其得到秦始皇的推崇。

秦始皇按照水、火、木、金、土五行相克、终始循环的原理，认为秦国是水德，周朝占火德，水能克火，因此秦国得天下。当今是水德的开始，要更改岁首，朝贺都以十月初一为元旦。衣服、符节和旗帜的装饰都以黑色为贵。

在确定皇帝的称号后，秦始皇为了加强中央集权，对原来的中央和地方管理体制进行了变革，在中央设立三公九卿，在地方实行郡县制，官吏都由皇帝任命。

秦国的三公指的是丞相、御史大夫、太尉。丞相是百官之长，它的职责是协助皇帝处理全国的政事。秦丞相多设左、右二人。秦朝建立之初，分别以隗状、王绾为左、右丞相，后来则有右丞相冯去疾和左丞相李斯。在秦始皇统治时期，不但丞相的任免完全由皇帝决定，而且各项政事的处理也完全取决于皇帝，丞相并无决断之权。

御史大夫负责监察工作，同时还要帮助丞相处理政事。在秦朝以前就有御史一职,但只是很低微的一种官职。秦始皇为了牵制相权、加强监察,于是改设御史大夫,位列三公。

太尉的职责是协助皇帝处理军事事务,是中央政府中的最高军事长官。太尉在战时有领兵作战的权力,但是没有权力调兵,军队的调动权只属于皇帝一人。

在三公之下,秦朝还设有九卿(但是官职数目不止九种),分掌朝廷和国家的不同行政事务,分别受丞相、御史大夫和太尉的领导,并直接听命于皇帝。

秦国的九卿主要是掌宗庙礼仪的奉常、分掌具体政务的诸卿,其中有掌宫殿掖门户的郎中令、掌宫门卫屯兵的卫尉、掌京畿警卫的中尉、掌刑辟的廷尉、掌谷货的治粟内史、掌山海池泽之税和官府手工业制造以供应皇室的少府、掌治宫室的将作少府、掌国内民族事务和外事的典客、掌宗庙礼仪的奉常、掌皇室属籍的宗正、掌舆马的太仆等。

以三公九卿为主的中央行政机构,是秦朝封建专制主义政治体制的核心,是绝对听命于皇帝的最高权力机关。

除此之外,秦国政府还有一些比较重要的官职,比如博士——"掌通古今",即通晓古今史以备皇帝咨询,同时负责图书收藏;典属国——与典客一样主管少数民族事务,不同的是典客掌管与秦友好的少数民族的交往,而典属国则负责针对投降秦朝的少数民族;詹事——管理皇后和太子的事务。秦国建立的这套中央集权机构的政权机构,在此后一直被历代王朝所仿效。

秦始皇灭六国后,采纳李斯的建议,废除分封制,改行郡县制。地方行政机构分郡、县两级。郡县主要官吏由中央任免。郡设守、尉、监(监御史)。郡守掌治其郡。郡尉辅佐郡守,并典兵事。郡监掌监察事宜。秦始皇把全国分成三十六郡,以后又陆续增设至四十一郡。

县,万户以上者设令(县令),万户以下者设长(县长)。县令、县长领有县丞、县尉及其他属员。县令、县长主管政务,县尉掌握军事,县丞掌管司法。县以下设乡，其主要职能有四：摊派徭役；征收田赋；查证本乡被告案情；参与对国家仓库粮食的保管工作。

乡设三老掌教化，啬夫掌诉讼和赋税，游徼掌治安。乡下设里，是最基层的行政单位。里有里典，后代称里正、里魁，以"豪帅"即强有力者为之。里中设置严密的什伍户籍组织，以便支派差役，收纳赋税，并规定互相监督告奸，一人犯罪，邻里连坐。此外，还有掌管治安、盗贼的专门机构，叫作亭，亭设亭长。亭除了主要管理治安，还负责接待往来的官吏，掌管为政府输送、采购、传递（文书）等事。

秦国是消灭其他六国而统一起来的，但是由于七雄并立时间长久，各国在文字、货币、度量衡等方面有很大差异。秦统一六国后，为加强统治、巩固政权、维护统一，实行了一系列统一政策。

其一，统一度量衡。战国时期，各国的度量衡制度很不一致。

单以长度而论就有数种传世铜尺可以为证，如长沙楚国铜尺两边长度分别为22.7厘米和22.3厘米；安徽寿县楚铜尺长为22.5厘米；洛阳金村铜尺长22.1厘米。1尺的长度相差多达0.6厘米。在量制方面，各国的差异更大。齐国自田氏以来，实行以升、豆、釜、钟为单位，即"五升为豆，各自其五以登于釜，十釜为钟"，而魏国则以益、斗、斛为单位。至于衡制方面更加混乱，单位名称差别更大。楚国的衡器是天平砝码，以铢、两、斤为单位；赵国则以镒、钚为单位；东周、西周以孚为单位。

度量衡是商品交换中必不可少的，而且是国家收取赋税的重要标准。秦国统一后，秦始皇下令，以原有秦国的度、量、衡为单位标准，淘汰与此不合的制度。

具体的措施是，秦国在原商鞅颁布的标准器上再加刻诏书铭文，或另行制作相同的标准器刻上铭文，发到全国。与标准器不同的度、量、衡一律禁止使用。这样既可以提供更多的标准器，又可以宣传秦始皇的功绩。

按照秦始皇的新规定，秦国的度制以寸、尺、丈、引为单位，以十为进位制度；量制方面以龠、合、升、斗、桶为单位，也是十进制；衡制方面以铢、两、斤、钧、石为单位，进位是24铢为1两，16两为1斤，30斤为1钧，4钧为1石。在田制上，秦始皇规定6步（约合今23.1厘米）为尺，240步为一亩。这一亩制一直沿用千年而不变。

其二，统一币制。币制的不统一，严重阻碍着各地商品的流通及统一国家的财政收支。所以，秦始皇一统后，下令统一全国货币。

秦始皇采取了两种统一货币的主要途径：一是由国家统一铸币，严惩私人铸币，将货币的制造权掌握在国家手中。二是统一通行两种货币，即上币黄金和下币铜钱。改黄金以"镒"为单位，一镒为二十两。铜钱以"半两"为单位，并明铸"半两"二字。铜钱造型为圆形方孔，俗称"秦半两"。原来六国通行的珠玉、龟贝、银锡等不得再充当货币；黄金以镒名，为上币；铜钱识曰半两，重如其文，为下币。金币主要供皇帝赏赐，铜币才是主要的流通媒介，而珠玉、龟贝、银锡之属为器饰宝藏，不为币。

货币的统一，消除了各地区间的币制上的不统一状态。秦国制定的圆形方孔钱，成为中国封建社会货币的基本形制，沿用了两千多年。

其三，统一文字。文字产生后，经过了长期的发展演变。殷商以降，文字逐渐普及，作为官方文字的金文，形制比较一致。但是春秋战国时期的兵器、陶文、帛书、简书等民间文字，则存在着地域上的差异。随着社会的动荡和急剧变化，各地文字的形体和读音都有所不同，出现了"语言异声，文字异形"的现象。

当时，同样的字，不同的国家往往写法不同。典型的例子是"马"的诸多字形：在齐国有三种写法，在楚、燕有另外两种写法，在韩、赵、魏还有两种不同的写法。这不但不利于文化的发展和各地人民的交流，而且给秦国的各种文书、档案的书写、阅览和传播造成巨大困难。

面对这种情况，秦始皇接受李斯的建议，于公元前221年发布"书同文"的诏令，规定以秦国小篆为统一书体，与小篆不同者全部废掉。为了在其他六国推广小篆字,秦始皇命李斯、赵高、胡毋敬分别用小篆书写《仓颉》《爰历》《博学》三篇,作为文字范本。

李斯等人书写的小篆字范,其实是对中国几千年来文字自然发展的一次总结。尽管上述三篇范文早已失传,但是小篆被大量使用在秦始皇巡游时的纪事石刻中。

据记载,这些石刻大多是李斯的手笔,其中《泰山刻石》存有九字,《峄山刻石》有南唐的摹本,《琅琊台刻石》尚存八十六字。这些小篆字形结构有较大的变化:字体整齐划一,布局紧凑,笔画匀称,很明显地纠正了六国文字结构繁杂、难写难认的缺点。

在秦国,除了小篆以外,还流行一种比小篆更为简易的隶书。这种字体,以前认为是程邈创造的,但是实际上是人们在抄写公文狱讼时,仓促中用不规则的草书篆体,渐渐创造出来的。这种"草篆"最初主要由狱吏使用于徒隶,所以叫隶书。秦始皇对隶书也进行了整理,经过整理后的隶书,笔画直线方折、结构平整、书写方便,不仅民间使用广泛,而且各级政府的官员文体也多用隶书,只有少数重要诏书除外。隶书打破了古体汉字的传统,奠定了楷书的基础。

秦始皇下令统一和简化文字,是对中国古代文字的发展、演变做了一次总结,也是一次大的文字改革,对中国文化的发展起了重要作用。

秦始皇对文字、货币、度量衡的统一,在中国历史上占有重要地位,成为维护中国封建国家统一的重要基础。

秦始皇的政治举措不只是在文化方面,在交通、土地等方面也做出了相应的改革。

秦国的土地所有制基本仍维持西周的"王有"土地制,而变"王有"为"国有"。

公元前216年,即秦始皇三十一年,秦始皇下令,全国农民自报占有田地的实际数额,以便征收赋税。实行即使是平民,只要有军功也可授予土地及爵位。虽然秦国早在商鞅变法时施行了"授田制",但实际上农民的土地是私人耕种,名义上是国家所有,此举让全国百姓实际占有了原来"王有"的土地。不久之后,便演变成了农民和官员们都可以自由地买卖田地,所以秦国的商鞅变法最终便利了私有土地的发展。

在交通方面,秦始皇大幅修筑以首都咸阳为中心,向四面八方延伸出去的驰道。驰道还实行"车同轨",均宽五十步。在战国时期,各国车辆形制不一,秦始皇统一后,定车宽以六尺为制,一车可通行全国。

驰道的修筑,除了秦直道和秦栈道外大多是在秦国故地与六国旧道以及在秦国征伐六国时修建的道路基础上拓建而成的,这为秦国对六国旧地的管理带来了交通上的便利。同时,为北方战争前线的补给提供了方便。不仅如此,秦始皇能够更加畅通无阻地出去巡游了。其中著名的驰道包括上郡道、临晋道、东方道、武关道、秦栈道、西方道及秦直道。对于交通的整合,使秦国首都与各方各地有了紧密方便的联系。

而在社会方面,秦始皇推行"行同伦",就是端正风俗,建立起统一的伦理道德和行为规范。对此,秦政府给予了相当的重视。比如,公元前219年,即秦始皇二十八年,秦始皇来到泰山下。这里原是齐国故地,号称"礼仪之邦"。秦始皇就令人在泰山所刻的石上记下男女之间界限分明,以礼相待,女治内,男治外,各尽其责,从而给后代树立好的榜样,予以表彰。而公元前210年,即秦始皇三十七年,秦始皇在会稽刻石上留的铭文,则对当地盛行的淫泆之风大加鞭笞,以杀奸夫无罪的条文来矫正吴越地区男女之大防不严的习俗。

秦始皇统一六国后,在政治方面做出了杰出的贡献,此时,国内的局面相对稳定。接下来,秦始皇开始整治边疆问题,在艰难的情况下,又创下了秦军不败的神话。

秦始皇统一六国后,经过一系列的准备,于公元前218年,即秦始皇二十九年,发动大规模的征服岭南的军事行动。

秦始皇命尉屠睢为统帅，赵佗为副将，率领五十万大军征讨百越。由于百越地理位置分散，秦军兵分五路。

第一路由今江西向东进发，攻取东瓯和闽越；第二、三路攻取南越，第二路经今南昌，越大庾岭入广东北部，第三路经长沙，循骑田岭直抵番禺；第四、五路入广西，攻西瓯，第四路由萌渚岭入今贺州市，第五路经越城岭入今桂林。如此安排，若是遇到大敌后，五路军队可合兵攻取。

第一路秦军战事顺利，进攻东瓯、闽越地区（主要在福建）的十万秦军大获全胜，在此设置了闽中郡。但是，其他四路军队受到地理自然因素影响，不习惯于在密林中作战，行至粮道都很困难。百越地区大约有五十万人，适合参战的青壮年大约五万人，他们的军队是联合体，其中以西瓯国为主。尽管百越土著人员很少，武器也很落后，但抵抗情绪很高亢，甚至不惜与猛兽为伍，战事异常激烈。

战事进展缓慢且死伤很大，主将尉屠睢开始变得暴躁，因为控制不住自己，滥杀了一些无辜者，而他的这一举动，遭到了当地人强烈的反抗，最后将他暗杀。

此时的秦军犹如深陷泥潭，举步维艰，后来因粮道被百越的军队摧毁，导致双方进入对峙的局面。此战是秦国与百越的第一次战争，也是最激烈的一次。

为了解决粮草运输问题，秦始皇于公元前219年派监御史禄负责开凿灵渠。灵渠又称湘桂运河，也称兴安运河，在广西壮族自治区兴安县境内，是中国和世界最古老的人工运河之一。灵渠沟通了湘江（长江水系）与漓江（珠江水系），为开发岭南起了重要作用。

灵渠由铧嘴、大小天平、陡门、南北渠、秦堤等主要工程组成，设计科学灵巧，工艺十分完美，与都江堰、郑国渠被誉为"秦代三个伟大水利工程"，有"世界奇观"之称。灵渠的建成，保证了秦军南征的粮食和物资供应，促进了中原和岭南经济文化的交流以及民族的融合。即使到了现在，对航运、农田灌溉仍然起着重要作用。

大约在公元前214年,灵渠修建完工,从而解决了秦军的粮草运输问题。秦始皇再次派出三十万大军,任命任嚣为主帅、赵佗为副将,发动第二次对百越的进攻。因为有了第一次交战的经验,秦军进军速度增快很多,而此时百越的军队只剩下不到一万的兵力。

此次进攻,秦军几乎没有遇到顽强的抵抗,很快就攻占岭南,并在这里设置了桂林、南海和象三郡,岭南地区从此划入了秦国版图。

为了巩固其占领区,防止越人反抗力量死灰复燃,加强对越人的控制,秦始皇采取了军事管制性的戍守政策,并"置东南一尉,西北一侯",以加强对该地区的统治和防守。

公元前213年,秦始皇下令将中原五十万罪犯流放到岭南地区,与越族杂居。另外,还一再大批迁徙刑徒和内地人民到岭南屯戍垦殖,这对于开发岭南、促进民族融合有极其积极的意义。

史籍称先秦时期岭南是烟瘴南蛮之地,是刀耕火种的氏族社会,至秦军南下带来先进技术始融入文明。秦军南下带来了北方中原农耕技术与先进文化,使岭南地区迅速从刀耕火种时代平稳进入农耕文明时代。秦国南征百越战争,是秦始皇统一战争的重要组成部分,它对促进中原与百越的融合及百越社会政治、经济和文化的发展都起着不可忽视的作用。

在征服岭南地区的同时,一个很大的威胁徘徊于秦国周边,便是匈奴。这对雄心勃勃、意气风发的秦始皇以及整个秦国来说,都是无法视而不见的。要想保持秦国的强大和稳固,就必须对外来的威胁力量进行打击。

匈奴是我国古代一个强大的游牧民族,勇猛善战。他们主要游牧于蒙古高原和南至阴山、北抵贝加尔湖的广大地区。

战国时期,随着匈奴的逐渐强大,中原各诸侯国忙于征战,无暇北顾,匈奴贵族常率兵南下侵扰,掠夺与其接壤的秦、赵、燕三国北部边地。所以至秦国建立时,匈奴已占领了自阳山至"河南地"的广大地区,并继续南下侵扰，这对秦国是一个严重的威胁。

在完成统一六国的战争后，秦朝初创，国力不足以应付大规模的战争。于是，秦始皇采取了积极防御的策略，命蒙恬、王离加强对北边的屯戍，但是，匈奴对秦国的威胁仍然很大。

公元前 215 年，经过五六年的准备，秦始皇命蒙恬率三十万大军北击匈奴，当时匈奴的首领是头曼单于。

蒙恬的作战目的很明确，收复河南地，将侵入陇西河套地区及原赵国边境的匈奴军击破，并驱逐其至贺兰山脉及狼山山脉以西，以及原赵国所建长城以北，为把诸国长城连接而做准备。

按照原定计划，蒙恬率领主力军从上郡（今陕西省绥德县）出发，经榆林进入河套北部。而另一部军队从北地郡（今甘肃省庆阳市）出萧关，进入河套南部，两军所至，攻势猛烈，散落的匈奴部落根本无力抵抗。待扫清河套地区的匈奴部落后，匈奴残部向西北方向渡河而逃。

公元前 214 年，即秦始皇三十三年，秦军兵分两路。蒙恬率主力军由九原渡过黄河，进攻高阙与陶山。另一部军队西渡黄河，攻占贺兰山脉。匈奴见大势已去，战败而逃。

至此，秦赵原被匈奴侵占之地全部收回，蒙恬的三十万大军一直驻扎在北边，威慑匈奴。秦始皇还在河南地设置了九原郡，置三十四县。

秦朝反击匈奴的胜利，是匈奴贵族遭受的第一次沉重打击，经过这场反击战，秦国解除了匈奴贵族的侵扰与破坏，"悉收河南地"，使今河套内外，大河南北的广大地区，在一个相当长的时间内摆脱了兵祸灾难。这对于我国多民族统一国家的形成、边远地区经济发展具有重要的促进作用。

北伐匈奴的同时，朝廷又徙去大批刑徒，"实之初县"。公元前 212 年，即秦始皇三十五年，进一步增加了徙边人数。除谪徙刑徒外，还鼓励一般民众移居边地。如公元前 211 年，即秦始皇三十六年，一次就从内地徙民三万家至北河、榆中定居，凡是去了的，均"拜爵一级"。这些迁去的民众与刑徒，一面屯垦，一面戍边，对于开发北方边地、充实武备发挥了重要作用。

与此同时，秦国又经蜀郡，加强了与邛都、筰、冉者的联系，并使之纳入了郡县制的行政系统。从此，西南少数民族地区不仅紧密了与内地的关系，而且成为统一多民族国家的一部分。此外，秦始皇还开了通往西南的栈道，因"其处险陀"，"道广才五尺"，所以被称为"五尺道"，大致自今四川宜宾至云南曲靖一线，从而控制了当地的部族国家，将政治势力伸入了云贵高原。

为了保护北部边境人民的生命财产安全，巩固抗击匈奴取得的胜利成果，秦始皇命蒙恬负责修建了秦长城。长城，最初在战国时期已经开始修建。当时，赵、魏、燕、齐、秦等国都曾修建过长城，以作为防御工事。

对于长城的防御功能，秦始皇深有体会，深刻地知道长城的重要性。由于匈奴是游牧民族，其骑兵活动范围很大，没有长城的话，要很多军队来防守，这会给人民增加很大的负担。因此，为防御匈奴再次南侵，他决定继续修建规模更大的长城。

秦国的长城是在连接了原来秦、赵、燕三国长城的基础上加以增筑的。公元前214年，蒙恬在夺回"河南地"和榆中后，就开始在北边沿黄河修筑长城。此后，大规模的修筑完全展开，经过数十万民夫的日夜劳作，历时几年之久，长城终于建成。

长城的修建在当时给劳动人民造成了沉重的徭役负担，因此，民间有了"孟姜女哭长城"的传说。孟姜女的丈夫杞良在当时被秦政府强行拉去修长城，杞良不堪承受沉重的劳役折磨，于是冒死逃跑，结果被抓回，活活打死，尸体被筑在长城城墙中。孟姜女千里寻夫来到长城，听说丈夫已死，于是痛哭十天，结果长城城墙倒塌，露出累累白骨。孟姜女无法辨认，于是刺破手指，将血滴在白骨上，并说："若是杞良的骨头，血就渗入。"这样，孟姜女找到了丈夫的尸骨，并带回安葬。孟姜女哭长城的故事再现了当时数十万劳工修筑长城时风餐露宿，开凿山石的苦难和牺牲，再现了华夏一族的伟大创造。

长城作为古代军事建筑工程的杰作，是中国古代劳动人民智慧和血汗的结晶。

秦始皇经历十年征战，终于圆梦，而一系列的政治举措，更是使秦国步入正轨，得到稳定的发展，给全国人民创造了一段相对稳定的生活时期。只是好景不长，秦国这些美好的变化，在秦始皇越来越残酷的专制下，慢慢地化为泡影。

在秦王政一系列的政举中，可以说有积极的一面，有改变中国历史的一面，有创造奇迹的一面；但同时也暴露出其独裁专制的一面，亦有其残酷的一面，这无疑给日后秦国走向灭亡埋下了伏笔。

当秦嬴政十三岁刚刚登上王位之时，也就是公元前247年，他的陵园营建工程就随之开始了。

古代帝王生前建造皇陵并非秦始皇首创，早在战国时期，诸侯国王生前建造陵寝已然成风。比如，赵肃侯"十五年起寿陵"，还有平山县中山国王的陵墓也是生前建造的。但秦始皇把国君生前造陵的时间提前到即位初期，确是有所改进。

自秦始皇即位之初到统一六国，先后展开了陵园的设计和主体工程的施工，初步奠定了陵园工程的规模和基本格局。

二十几年才完成设计和主体施工，这足以证明秦始皇陵的规模有多么宏大、壮观了。

从而也能想象出，如此大规模建造陵园，需要多少劳工，需要多少汗水，需要牺牲多少百姓。

秦始皇陵墓的设计者是李斯，由少令府章邯监工，共征集了七十二万人力，如此让人震撼的数字，可想而知，秦国的徭役是多么繁重。

当时，秦朝的徭役制度规定：一般人民从十五岁开始服役，至六十岁。一生中须正卒一年，屯戍一年，每年还要更卒一个月。据统计，秦朝人口约有两千万，每年服徭役的就达二百余万人。

在完成设计工作之后，陵墓的主体工程需要动工。首先，按照设计图纸，章邯率领一批劳力，展开了修建排水设施的工作。秦始皇陵附近的地下水位在十五米左右，而秦始皇陵地宫的深度超过三十米，所以，如果不解决排水问题，根本无法开挖地宫。这是修建皇陵遇到的第一个困难。

数以百计的劳工，夜以继日地在地宫周围挖开一道排水渠，并且深度超过了三十米，将地宫围成一座孤岛，这样才可以继续下一步工程。

当排水渠将地下水全部排出后，就要开始挖地宫了。这对百十来人来说，工程难度有点儿大了，于是又增加了一批劳工，继续没日没夜地挖，直到挖出一个东西长一百七十米、南北约一百四十五米的地宫底层。劳工们开心得不得了，这是要完工了。

事实证明他们想多了，这才只是个开始而已。

秦始皇陵有内外两重城垣，内外城廓有高八到十米的城墙。内城呈矩形，周长三千八百四十米，北墙有两门，东、西、南三墙各有一门，内城里即为封土所在。外城亦呈矩形，周长六千二百一十米，四角各有门址一处。

《汉书·楚元王列传》中记载："秦始皇葬于骊山之阿，下锢三泉，上崇山坟，其高五十余丈，周回五里有余。"汉承秦制，秦国时期一尺约为二十三厘米，一里约为四百一十四米。五十丈即为一百一十五米，五里约为两千零七十米，封土面积约为二十五万平方米，高约为一百一十五米。

这些数字，无一不是在说，秦始皇陵真的很大，而如此大规模的陵墓，是靠着七十二万劳工的双手，一点一滴累积出来的。在建造秦始皇陵期间，有多少伤亡，我们无从知晓。

秦始皇的陵墓，不仅仅规模宏大，甚至是穷奢极侈。据《史记·秦始皇本纪》的记载："天下徒送诣七十余万人，穿三泉，下铜而致椁，宫观百官奇器珍怪徙臧满之。令匠作机弩矢，有所穿近者辄射之。以水银为百川江河大海，机相灌输，上具天文，下具地理。以人鱼膏为烛，度不灭者久之。"

秦始皇不仅活着要享尽人间富贵，死后仍然要傲视群雄。各种奇珍异宝、珍奇怪石都被搬进了陵墓，将里面摆得满满的。

为了保护陵墓里的奇珍异宝，修建人员在陵墓里安装了机关，只要有人图谋不轨，靠近者将会被箭射死。

秦始皇陵墓是分两个时期修建完成的，从秦始皇登基之初，到他去世，修建的过程一直在他掌控之中。后来，秦始皇病逝沙丘，接下来的陵墓修建工作就交到了秦二世的手上。

为了彰显自己对秦始皇的孝心，秦二世更加大张旗鼓地搜刮民脂民膏，继续修建陵墓。

在古代，交通运输是不发达的，可以说，普通百姓出行都是靠腿的，别管多远的路，走在脚下。只有级别高的官员等出行才有车坐，当然，其中也包括豪门。

交通运输的不利，没有机械化的辅助，陵墓修建完全是靠着劳工们的双手，靠着劳工们的力气，一点儿一点儿建造出来的。

这些劳工日出而作，日落不一定能息，饿了就啃一口干粮，渴了就喝一口河水，但是，吃饭喝水都是定时间的，劳工不准随意走动，若是让监工觉得劳工的事太多了，不是饿就是渴，那就糟糕了，不仅仅会挨上几鞭子，有时会遭到一顿毒打。他们上个厕所都要打报告，都不是随意可以去的。

满身的汗水顺着额头流下来，黑黑的双手已经看不清原来的肤色，衣襟湿了又干，干了又湿，即使再累，也要咬紧牙关挺着，因为只要一稍作停顿，只要被监工发现，就会被呵斥，甚至监工手里的鞭子就会落到劳工的身上。

劳工们不可以有一点点的抵触、反抗，哪怕是一个不服气的眼神，就会遭到一顿毒打。劳工能做的只有不停地挖地、搬砖，只有不停地干活，才能混上一顿饱饭。

当时修建陵墓的劳工是不可以回家的，困了就直接睡在工地上。睡醒了接着干活。有的劳工从离家的那一刻,就再也没能见到自己的家人了。

此时的他们,忍着身体上的痛苦,忍着对家人的思念之情,忍着困苦不堪的生活,忍着能忍的一切,就只是为了建造陵园,只是为了满足秦始皇对权力的享受,对自己功业的颂扬,只是为了满足他对皇权无限的眷恋。

值得注意的是,在秦始皇营建陵墓之初,也是他即位之初,此时,是各诸侯国割据纷争的时代。而在他奋力蚕食六国,到统一六国的时候,陵墓依然在建造。

在这样的历史背景下,百姓不仅面临的是动荡不安的生活,同时还要忍受繁重的徭役,更甚的是还要面对沉重的赋税。

秦始皇时期,征收的赋税十分沉重。秦朝的赋税可以分为田税、口赋、杂税三种。

在当时,田税是按土地亩数征收的。不管百姓实际的土地有多少,一律按官府掌握的每人应有的土地亩数征收,即使没有那么多土地,也要按照官府所登记的土地亩数征收。口赋是计口出钱,具体的征收制度已经无从考证。杂税则是各色名目的临时征派。

这各项赋税加起来,对一个普通的百姓之家来说是多么的沉重。家里的劳动力被征集做了劳工,青壮年被征集到军队,南征北伐,家里只剩下老弱妇孺,如何承受?

而秦始皇陵工程之浩大、用工人数之多、耗时之久是空前绝后的。

就是在百姓已经苦不堪言的情况下,秦始皇不只是征集了这么多的劳工修建皇陵,同时,秦始皇又做了一个令人大跌眼镜的决定,就是修建阿房宫。

秦始皇在统一六国后,为了彰显自己的与众不同,为了颂扬自己的功绩,为了向世人展示自己的高贵,于公元前212年,即秦始皇三十五年,在龙首原西侧开始建造天下朝宫,以此来作为秦国的政治中心。

秦始皇看着满朝的百官,脑子快速地思考,突发奇想地认为咸阳城人口太多，显得宫廷太小，这可不符合他高贵的身份。而周文王建都在丰，武王建都在镐，他们都没有统一天下的功业。所以，丰、镐两地之间，才应该是他的都城所在。

于是，秦始皇当即决定，要在渭水南岸、上林苑中建造朝宫，以此作为举行朝会、庆典、议决国家大事的场所。可想而知，宫殿的设计自然要体现秦始皇的尊贵为本，怎么宏大怎么来，怎么辉煌怎么造。

秦始皇大手一挥，下面的人就得劳碌起来。百姓们的苦日子怎么过也过不完了。

秦始皇下令，首先建造的是位于阿房的前殿。

阿房宫的设计规模十分庞大，东西五百步，南北五十丈。上面可以坐下一万人，下面可以竖起五丈高的旗杆。四周架有天桥可供驰走，从宫殿之下一直通大南山。在南山的顶峰修建门阙作为标志，为了从阿房横跨渭水，又修建了天桥，与咸阳连接起来，并以象征天上的北极星、阁道跨过银河抵达营星室。

阿房宫尚未建成，所以暂时以"阿房"称之，待完工后再取个好听的名字，但是秦始皇没有等到阿房宫建成的那一天，也没有再给它取名的机会，所以它只叫阿房宫。

阿房宫如此庞大的规模，势必要耗费大量的人力、物力、财力，而所有这些都是从百姓身上而来。

唐代诗人杜牧曾以一篇《阿房宫赋》，向世人展示阿房宫的庞大、绚丽、夺目，以此来讽刺秦始皇独裁专制下的奢靡。

秦始皇以为，他是灭亡六国之人，的确如此。但是，这其中也有六国自身存在的原因，如果他们合纵更坚决、更彻底，那秦始皇不会这么顺利地兼并六国。六国的灭亡，跟他们的各自为政脱不了干系。

而秦始皇在统一六国后，实行了更加严酷的刑罚，以及用各种手段对六国人民进行镇压，暴民取材，不施仁爱，也注定了秦国不会有千世万世的传承。

阿房宫、长城、秦始皇陵都是伟大的工程，是人类伟大的奇迹，是数不清的百姓用汗水和鲜血浇灌而成的，也是在秦始皇统治下创造的辉煌。

八、焚书坑儒——在求仙路上对思想的禁锢

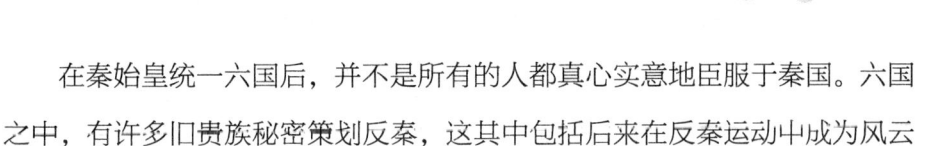

在秦始皇统一六国后，并不是所有的人都真心实意地臣服于秦国。六国之中，有许多旧贵族秘密策划反秦，这其中包括后来在反秦运动中成为风云人物的张良、项梁等。

为了防止六国旧贵族与六国遗民发动叛乱，秦始皇做了一个让人瞠目结舌的决定——将民间所有的兵器全部收缴。

六国灭亡后，许多兵器散落于民间。大量武器的存在，让秦始皇感受到了威胁，若是武器落入谋反分子手中，怕是后患无穷。于是，秦始皇下令收缴兵器并进行销毁，禁止民间私藏，若发现私藏者，以谋反之罪处之。

秦始皇认为，没有了兵器，那些想造反的人就不足为惧了，手无寸铁岂能撼动大秦江山。而令人感到可悲亦可笑的是，数百年的战乱给百姓留下的遗产，就是这些数不清的兵器呀。

这些兵器被熔掉后，被铸成了十二尊金人，每尊重达二十四万斤。所谓金人，并不是真的由金子所铸而成，就是纯纯的铜人，因为当时兵器主要以青铜为主。之所以称为金人，可能是为了显得尊贵些。由每尊铜人的重量可以看出，收缴的兵器之数量令人叹为观止。

不仅如此，秦始皇还下令，将六国的富豪，足足十二万户，迁至咸阳。此举的目的其实是想把天下财富都汇聚到首都，从而成就秦都的富庶。此时，六国的武器毁了，富人都迁到咸阳了，乍一看，秦国真的走上安定、平稳、繁荣、昌盛之路了。

但事实上，事情的发展并不如秦始皇所想的那般如意。战国时代，是中国历史上最具有血性的时代。秦始皇虽然终结了战国的历史，但战国的血性犹存。"履至尊而制六合"的秦始皇，为了巩固稳定秦国的权威，采取了各种手段来压制东方叛乱的苗头，即便如此，仍然遭到了两次刺杀，险些丢了性命。

荆轲在咸阳宫图穷匕首见的那一刺，是秦始皇离死亡最近的一次，也是深陷恐惧中无法释怀的一次。即便是已经过去了很多年，秦始皇仍然心有余悸，这是他内心深处挥之不去的阴影。吞并六国后，秦始皇对这件事仍耿耿于怀，于是下令全国通缉燕太子丹与荆轲的门客旧识。在通缉的名单中，荆轲的好友高渐离立于名单之上。

据《史记·刺客列传》中记载："秦并天下，立号为皇帝。于是秦逐太子丹、荆轲之客，皆亡。高渐离变名姓为人庸保，匿作于宋子。久之，作苦，闻其家堂上客击筑，傍徨不能去。"

高渐离改名更姓给人家当佣工，隐藏在宋子这个地方做工。偶然的机会，他听到主人家堂上有客人击筑，美妙的乐声勾起了埋藏在心底的回忆，眼前仿佛出现了在燕市街头，他与荆轲把酒言欢、击筑唱歌、欢声笑语的场景，感慨万千。

高渐离知道长久地躲藏不是办法，于是换上自己的衣服，拿出自己的筑，来到堂前，为满座宾客击筑唱歌。在场之人无一不惊讶，无一不被深深感动。随后，他便四处为人击筑，为上宾奏曲。直到被秦始皇发现，召至咸阳宫。

秦始皇怜惜高渐离的音乐才华，并没有杀他，但是熏瞎了他的眼睛，留在宫中奏乐。渐渐地，高渐离以击筑的本事，更加容易接近秦始皇了。这种死不了、生又痛的感觉，让高渐离做出了一个决定——效仿荆轲。

于是，他便在筑中安放了一个铅块，打算击杀秦始皇。秦始皇召他奏乐，高渐离双眼失明，只能从声音中大略判断秦始皇的位置，举筑击之。这一砸，没有击中，连秦始皇的衣襟也没碰着。秦始皇大怒，他绝对容不得对自己不利的人存在，随即杀掉了高渐离。

这是秦始皇在统一后遭到的第一次暗杀，给他留下了深深的后遗症，此后，他再也不让前东方六国的人近身了。

公元前219年，秦始皇又遭到了第二次刺杀，称为博浪沙行刺事件。这次事件的谋划者正是后来西汉的一代名臣张良。张良原本是韩国贵族，家族显赫，祖父、父亲都曾担任韩国宰相。韩国灭亡后，张良立志复国，他散尽家财，招募勇士。由于秦始皇喜欢巡游，这就给张良提供了刺杀的机会，在打听到秦始皇出行的路线时，他开始秘密策划刺杀秦始皇。

为了可以一举杀死秦始皇，张良可谓做足了准备。他决定在秦始皇巡游必经之地博浪沙进行伏击，刺杀的武器是一把重达一百二十斤的大铁锤。

张良原定的刺杀计划，是在秦始皇的车队通过时，从高处把大铁锤掷向秦始皇的御驾。可想而知，一百多斤的大铁锤，泰山压顶，足以把车辆砸得稀巴烂。当然，要投掷这么一把大铁锤，一定得找个力气异于常人的大力士才行，也只有大力士才能轻松且准确地投掷大铁锤了。

期盼已久的日子到了，行刺那天，看上去一切都在张良的掌控之中。秦始皇的车队如期出现，这时，一个大铁锤从天而降，在空中划出一道美丽的抛物线后，准确砸在了一辆华丽的马车上。

但是，大铁锤砸中的这辆车并不是秦始皇的御驾，秦始皇从而侥幸地又逃过一劫。尽管是死里逃生，秦始皇仍被吓出一身冷汗，心有余悸，他立刻下令，派卫兵捉拿刺客。当卫兵冲上山顶时，张良和他的伙伴们早就逃得无影无踪了。于是秦兵展开地毯式搜索，但仍然一无所获。

这两次的刺杀事件，对秦始皇的心理造成很大程度上的伤害，产生了很大的影响，导致了秦始皇对东方六国的遗民十分防范、十分戒备、十分抵触。这时他才明白，征服六国容易，征服人心却是件很难的事。但是，不管多难的事，他都不允许有人挑战他的皇威。

在战国时代，东方各国的文明要远高于秦国，对后世产生深远影响的诸子百家，几乎没有一个是秦国人。因此，秦始皇并不喜欢百家争鸣及思想自由的学术氛围，在他眼里，除了法家，其他学说都是异类，留之会有后患，必须从源头铲除。于是，便有了后来的"焚书"事件。

焚书事件的导火索，是公元前213年，即秦始皇三十四年，当时秦始皇在咸阳宫摆酒设宴，大会群臣与博士。在酒宴上，仆射周青臣大肆颂扬秦始皇改诸侯国为郡县的政举，随之一场关于分封制与郡县制的辩论开始了。

博士淳于越引经据典，认为商、周之所以国运长久，原因就在于分封子弟功臣。他提议恢复分封制，并批评郡县制的不合理之处，并总结说凡事不师法古人而能长久的，寥寥无几。

秦始皇听后，脸色微变，淳于越的观点显然不合他的胃口。这时，丞相李斯站出来反驳说：五帝时和夏、商、周的制度都不是一代重复一代，每个时代都有自己的管理方式，且都将国家治理得很好。现在，秦始皇开创大业，建立了万代不朽的功业，这可不是愚蠢的儒生所能理解的。而且淳于越说的三代旧事，哪里值得效法呢？

在国家政策方针上，大臣们有不同的见解是常有之事，但是李斯已经把这个问题无限上升化了。李斯认为，现在天下平定，法令应由秦始皇一人说了算。儒生就该好好学习如今的法令，而不是效法古代的。这些儒生在私学里一起非议法令，致使人们一听说有命令下达，就各自根据自己所学的知识加以议论，入朝就在心里责备，退朝就在街头巷尾议论纷纷，以此来诽谤当今法令，惑乱人心。如果秦始皇不制止，放任这些儒生在君主面前夸耀自己以求名利，发表奇异说法来抬高自己，在民众中却带头制造谣言，那么皇威就会下降，而朋党的势力就会形成。

为了投秦始皇所好，李斯甚至提出了焚书的主张。李斯建议，史书只留下秦国的官修史，其余各国史书悉数烧掉；《诗》《书》及诸子百家的书都烧掉，敢谈论者杀，借古非今者族，官吏知情不报者，以同罪论处。允许保留的书只有医书、卜书及种植之类的书。这不仅仅是赤裸裸的愚民主张,更是可笑至极的追捧皇权的愚蠢行为。

李斯虽然愚蠢至极,但是他的建议却让秦始皇很满意。于是,轰轰烈烈的焚书运动就此展开了,大量书简被付之一炬。这是中国历史上最大的文化浩劫之一,大量珍贵的书简被焚毁。比如,春秋战国时代东方诸国的史书,绝大多数都被烧掉了;先秦诸子百家里的许多著作,因此也化为灰烬。看着这些典籍著作在火海里翻腾,李斯这个始作俑者,觉得此时的自己很伟大,他终于可以做"米仓里的老鼠"了。

所幸的是,秦王朝不久后便崩溃,使得流传最广、影响最大的一些典籍得以保存下来,否则中国的文明将倒退一千年,这也算是不幸中的万幸。

焚书运动将秦始皇独裁专制的一面表现得淋漓尽致,同时也暴露出了秦国走向灭亡的端倪。此时的秦始皇只喜欢听好听的话、合自己心意的话,看好看的事,天下民心只顺从于他,没有人敢反抗他。他将一切不利于自己心情的人和事都拒之门外,刚愎自用,身边留下的都是可以令他心情愉悦的人。在这样的情形下,秦国还会有好的未来吗?

秦国一统中国具有某种时代进步性的意义,但这都无法掩盖秦国对学术思想领域的巨大破坏性。秦国的统一,结束了诸子百家的文化黄金时代,而在此后的两千年,一直到清朝,中国没有哪个朝代在学术思想上的成就能超越先秦的巅峰。

焚书事件的余温还未消退,第二年,秦国又发生了一件令人瞠目结舌的大事,就是坑儒事件。

坑儒事件的起因,缘于两个江湖术士。秦始皇虽然是一代雄主,但毕竟也是一个普通人,也是一个随着年纪增长会生老病死的人。皇权再大,也是没有权力延长自己寿命的。

正因为对死亡的惧怕,秦始皇后来迷上了长生不老之术。于是,一帮江湖术士,也被称为方士,就粉墨登场了。在古代中国,修炼长生不老之术、提炼仙丹仙药的人被称为方士。他们应该就是古代的气功师，也算是古代的化学家，在思想流派上与道家息息相关。

公元前219年，即秦始皇二十八年。秦始皇第二次巡游天下，抵达琅琊台（今山东省青岛市黄岛区琅琊镇）。

秦始皇被琅琊台依山傍水和碧海连天的景色深深地吸引住了，站在这里，冠领琅琊群峰，俯瞰茫茫大海，对于第一次见到大海的秦始皇来说，简直就是个意外的惊喜。秦始皇十分喜欢琅琊台，在这里整整住了三个月，快活得不想离开。

秦始皇还在琅琊刻石记功，修筑别馆，移民三万户来这里定居，减免他们的赋税，将琅琊台作为自己的汤沐地，新建了一座供自己休养的城市。

而此地，也是方士们的活动中心，当得知秦始皇巡游到此处时，方士们闻风而动，个个使出浑身解数，希望能被秦始皇看中。

也是在琅琊台，秦始皇第一次见到了方士徐福。徐福告诉秦始皇说，茫茫大海中有三座神山，一座叫作蓬莱，一座叫作方丈，一座叫作瀛洲，神山上有仙人居住，仙人们采食着不老的仙药，过着天长地久、无忧无虑、无病无苦的极乐生活。

秦始皇听后，大为心动，这不就是他梦寐以求的生活吗？于是，他派徐福入东海访求神仙和奇珍异宝。

徐福哪里能找到什么仙人、异宝哇，花费了很多时间和钱财，最后两手空空而回。为了不被秦始皇责罚，就欺骗秦始皇说："海中有大神，还有用灵芝草筑成的宫殿，有使者肤色如铜身形似龙，光辉上射映照天宇。若要求得仙药，必须献上童男童女，以及百工的技艺。"

秦始皇听着徐福的描述，对徐福的话深信不疑，随即派他带领三千童男童女，及供奉给海神的五谷种子和各种工匠入海求仙。

秦国的方士兴盛由此开了头。从此以后，为了迎合秦始皇的喜好，大量的方士被召集到咸阳来，在秦始皇的身边进进出出，数量有三百人以上。

侯生和卢生是众多方士中比较出名的，他们受到秦始皇的礼遇和厚赏，四处为秦始皇寻求不老的仙药。

公元前215年，即秦始皇三十二年。秦始皇又派方士卢生去寻找仙人及长生不老的仙药，但是卢生仍旧是空手而归。

卢生只好谎称他们为寻找灵芝、仙药和仙人，经常遇不到碰不上，看来是有恶鬼在从中阻拦。为了避开恶鬼，请秦始皇外出时保密行踪。行踪保密以后，恶鬼自然消失，真人才能到来。神灵的真人，入水不湿身，入火不感热，高居于云气之上，与天地共长久；要求仙药，首先就要与真人相通。如今秦始皇治理天下，未能恬淡隐逸，自然不能通于真人。所以，希望秦始皇不要将停留的宫室居所让人知道，只有这样真人才会出现，不死之药才有可能得到。

秦始皇对卢生的话信以为真，并说："朕十分仰慕真人！"并且按照卢生的话去做。

不仅如此，秦始皇求药心切，他宣布说，我仰慕真人，从此以后，我就自称"真人"，不再称"朕"了。"朕"是皇帝专用的自称，是秦始皇统一天下以后制定的法定称谓。"真人"是道家方士对仙人的称谓。

秦始皇还下令咸阳附近二百里内的二百七十座宫观都用天桥、甬道相互连接起来，把帷帐、钟鼓和美人都安置在里边，全部按照所登记的位置不得移动。他所到的地方，如果有人说出去，就判死罪。

此时，在秦始皇的心里，生命比权力更紧要，神仙比皇帝更迷人。可是，即便秦始皇按照卢生的要求做了，他还是见不到真人、求不得仙药。

卢生和侯生还是没有找到仙药，时间长了免不了骗局会被拆穿。怎么办呢？

侯生、卢生一起商量："秦始皇为人，天性粗暴凶狠、刚愎自用，虽出身诸侯，却兼并天下，诸事称心，为所欲为，自以为是。按照秦法，一人不能兼有两种方术，方术不灵验，立即处死。然而占卜星象云气以测吉凶的人多达三百，都是良士，却因为害怕获罪，只得避讳奉承，不敢正直地说出皇帝的过错。天下的事，无论大小都由皇帝决定，皇帝甚至用秤来量各种书写文件的竹简的重量，日夜定额，阅读达不到定额就不能休息。他贪恋权势到如此地步，咱们不能为他去找仙药。"

商议过后，他们便带着骗取到的钱财偷偷地逃出了咸阳。为了推卸责任，他们还散布了一则流言，称秦始皇之所以不能长生不老，不是术士水平不够，而是皇帝"天性刚戾自用""乐以刑杀为威""不闻过而日骄"，过于迷恋世间的权势，境界太低，成不了仙的。

听到流言的秦始皇，差点儿没气得七窍生烟，勃然大怒道："卢生等吾尊赐之甚厚，今乃诽谤我，以重吾不德也。诸生在咸阳者，吾使人廉问，或为妖言以乱黔首。"（《史记·秦始皇本纪》）

这两个小子吃了熊心豹子胆，秦始皇对他们那么尊重，赏赐了那么多钱财宝物，他们还敢公然诋毁秦始皇，这是对秦始皇赤裸裸的挑衅，一向高傲冷酷的秦始皇怎么会允许这样的事情发生，更不允许戏耍他的人存在于世。于是，秦始皇下令捉拿二人，但他们早已逃之夭夭了。尽管两个术士跑了，但秦始皇仍然不肯善罢甘休，固执地认为这仅是浮出水面的冰山一角，不知还有多少人背地里妖言惑众呢。

秦始皇已经压制不住内心的怒火了，他找来御史，命令其调查咸阳城内的读书人有没有发表过反动言论。大批读书人被捕入狱，在严刑逼供之下，为了不受皮肉之苦，为了脱罪保身，相互检举揭发，结果牵连的人越来越多。

秦始皇亲自圈定了四百六十余人，以"诽谤"罪坑杀于咸阳，并通告天下。这就是历史上著名的坑儒事件。

在秦始皇坑杀诸生时，长子扶苏曾经进谏说："天下初定，远方黔首未集，诸生皆诵法孔子，今上皆重法绳之，臣恐天下不安。唯上察之。"（《史记·秦始皇本纪》）

从扶苏的劝谏中可以得知，被坑杀的诸生"皆诵法孔子"，显然绝大多数是儒生，而非江湖骗子。

焚书坑儒事件，无疑暴露了秦始皇内心深处对读书人的恐惧。他以为把天下书籍烧了，把诸子百家思想毁了，把读书人坑了，就可以天下太平了。然而，这一反文明的暴行不仅未能让秦朝长治久安，反倒埋下祸根。

在坑儒事件中，扶苏对秦始皇信方士、追求长生不老的做法有不同的看法，反对杀害这些儒生，所以站出来劝谏秦始皇。

正在气头上的秦始皇，对扶苏的劝谏十分不满，他当即大怒，调离扶苏出京到北方的上郡，出任监军。

后来秦始皇暴死，心地善良的扶苏由于远离权力中枢，最终失去了继承大统的机会，被胡亥、赵高等人陷害致死，而秦朝也由此走上崩溃之路。

此时的秦始皇已经进入晚年。自从统一天下后，他的性格变得越发暴躁、冷酷、多疑，但是对秦朝的江山社稷，他是十分在意、万分用心的。从秦始皇的为人行事来看，他是一个决断敢行的人，为了实现最大的目标，不惜承担巨大的风险。他性格鲜明，处理事情果断而急切，怒气之下常常有过激的举动，一旦醒悟可以立刻更正，毫不优柔寡断，也不拖泥带水。

唯独在继承人的选择上，秦始皇的所作所为，处处显示出矛盾和彷徨，令人费解。

九、病逝沙丘——辉煌的一生落幕

秦始皇在继承人选择上的犹豫、拖沓，令秦国的未来深陷旋涡之中，也是使秦国走向灭亡的一把钥匙。

秦国的王位继承制度，在很早以前就已经确立。

在位的秦王正式册立王太子，王太子的继承人也预先确立。秦王去世，太子继位，原来的太子继承人成为王太子，一切按部就班、井然有序，在制度上保证了秦国政权的长期稳定。

以秦始皇的曾祖父秦昭襄王为例，他还在位时，秦始皇的祖父安国君嬴柱就被册立为王太子，同时，秦始皇的父亲嬴异人被确立为王太子继承人。秦昭襄王去世，安国君嬴柱继位，嬴柱去世，嬴异人继位，嬴异人去世，嬴政继位。

这其中也不免有意外的情况发生，比如安国君继位三天就去世了，嬴异人在位也只有三年时间，但都没有出现王位继承权的内部纷争。

由此可见，秦始皇没有册立太子一事，不但给秦朝内政的稳定留下了巨大的隐患，也是一件不合秦朝制度的事情，说秦始皇此举为异常也不为过。

在秦始皇的众多儿子当中，长子扶苏最为出挑，他性格仁慈和善，饱读诗书，名望颇高，也最为秦始皇所看重，是秦朝里里外外、上上下下都看好的接班人。

扶苏被大家所认识，是在坑儒事件中，不忍看到那么多的儒生被坑杀，劝谏秦始皇，而被秦始皇斥责，并调离出京，发配北疆。这也是扶苏第一次出现在大家的视野中。

然而，令人不可思议的是，秦始皇始终没有正式册立他为太子，由此导致幼子胡亥篡位，种下了亡秦的祸根。

公元前211年的一天夜里，风轻轻地吹过草地，点点的星光闪在夜空中，百姓们经过一天的奔波，都已经疲惫地躺在床上入睡了。黑夜使东郡显得更加寂静、空旷。就在这时，一颗流星划过夜空，陨石坠落在东郡境内。

第二天清晨，如往常般早起农作的百姓，在空旷的田地上发现了坠落的陨石。

这本来不是一件什么重要的事，但是，在百姓靠近后，发现了石头上面刻的几个字："始皇帝死而地分"。这就让此事变得离奇了，百姓们都倒吸一口凉气，难道这就是传说中的上天启示？难道秦始皇就要死了？秦朝要分崩离析了？

其实，哪有什么天启之说，无非就是有心人在石头上刻了字，等待人们发现，然后将此事神化并谣传出去，传得越神越好，传得越远越好。

很快，这件事也传到了秦始皇的耳朵里。秦始皇可是迷信的资深爱好者，曾一度在寻仙之事上大费人力、财力、物力。出乎意料的是，这次秦始皇却不相信陨石上的字是从天而降的。他断定是心怀不轨者刻上去的，这是在诅咒自己早死。此等诛九族、大逆不道之罪，一定要彻查。

于是，秦始皇派御史前往督办此案，挨家挨户查问，却什么也没查出来。秦始皇怒气十足，既然查不出来，那就全部以此罪处罚。秦始皇命人直接把陨石落点周围居住的百姓全部抓起来处死，陨石也烧毁，真是简单粗暴的处理方法。

不久后又发生一桩神秘事件。

秋天的一个晚上，有一位使者从关东走夜路，经过华阴平舒道，突然有人拦住他的去路，持着一块玉璧交给使者，并说了一句话："今年祖龙死。"

使者听不懂，想问个明白，此人便莫名其妙地消失在黑暗中，只留下了玉璧在地上。回到咸阳后，使者把玉璧交给秦始皇，并说了来龙去脉。

秦始皇听罢脸色大变，为什么呢？"祖"者，始也；"龙"者，真龙天子，皇帝也。"今年祖龙死"不正是说秦始皇会死吗？

更离奇的是，使者带来的这块玉璧，竟然是八年前秦始皇出巡在渡江时掉入江中的那块。

这次，秦始皇认为使者遇到的不是人，而是山鬼。他沉默良久后，吐出一句话："山鬼固不过知一岁事也。"

山鬼虽然也是鬼神，但级别不够高，也就知道一年的事。当然，这纯属秦始皇的自我安慰，当时已经是秋天，一岁将尽，这话未必能应验，山鬼岂知来年的事？所谓"今年祖龙死"的预言也就不足为虑了。

后来的事实证明了秦始皇的判断是正确的，这一年剩余的时间里，并没有发生什么大事,更别说"祖龙死"了。

转眼已经是秦始皇三十七年(前210),秦始皇心情十分愉悦,对预言的忧虑也一扫而空。为了冲冲晦气,秦始皇打算出门游玩一番,放飞一下自我。

秦始皇在完成了统一大业后,为了伸张秦法,宣德扬威,为了考察军事和政务,也为了求神问仙、祭祀天地,从公元前220年至公元前210年,十年时间进行了五次出巡天下的活动,并在出巡期间刻石记功,颂扬自己的功德。

第一次出巡,是在公元前220年,也就是统一六国的第二年。"始皇巡陇西、北地、出鸡头山,过回中。"(《史记·秦始皇本纪》)

这是秦始皇巡游的开始,以此来巩固后方。车队行至宁夏西部、甘肃东部,经甘肃陇西,到达秦人祖先故地天水、礼县,再沿祖先东进线路回攀宝鸡、岐山、凤翔,再回到咸阳。

第二次出巡,是在公元前219年,秦始皇这次主要是巡行东方郡县。东方郡县是在统一战争中新设立的郡县,巡视一番,以此来显示出秦始皇的眼光和魄力。"始皇东行郡县,上邹峄山。立石,与鲁诸儒生议,刻石颂秦德,议封禅望祭山川之事。乃遂上泰山,立石,封,祠祀。"(《史记·秦始皇本纪》)

秦始皇首次东行登上峄山,在山上立了石碑,并跟鲁地的儒生们商议,如何在刻石上写下颂扬秦国的德业。随后又登上泰山,立石刻碑,筑坛,祭天。

秦始皇去了烟台、青岛,沿东海到江苏的海州、徐州,又南下安徽,渡淮河,到河南,车辙又碾过湖南长沙等地,从陕西商县返回咸阳。

第三次出巡,是在公元前218年,秦始皇到东方巡游,到达阳武县博浪沙的时候,被刺客所惊。秦始皇受到了惊吓之后,下令捉拿刺客,但没有捉到,于是就命令全国大规模搜捕十天。由于刺客的惊扰,秦始皇这次巡游的时间不长，很快返回了咸阳。

第四次出巡，是在公元前215年，在休养了两年后，秦始皇第一次出巡北方。秦始皇向北而去，出潼关过黄河去山西，到了河北邯郸，东抵秦皇岛。随后出了山海关，到达辽宁绥中海滨。从内蒙古，经陕西榆林、延安回到了咸阳。

第五次出巡，是在公元前210年，秦始皇先后到达了湖北、湖南、安徽、江苏、浙江、山东、河北。

让秦始皇没有想到的是，最后一次出巡，对他来说竟是一条不归路。

此次跟随秦始皇一同出巡的人，有左丞相李斯、中车府令赵高，还有秦始皇身边的大红人、官居上卿的蒙毅。

这时秦始皇的小儿子胡亥已是二十岁的小青年，本性贪玩，也想跟着去。秦始皇心情不错，便欣然答应了。

在当时的形势下，秦始皇答应带着胡亥出巡，并非单单想带他见见世面，其中也包含了若有若无的政治意图。这个政治意图，就是向百官和天下显示有可能立胡亥为继承人。这个意图也充分说明了秦始皇对小儿子胡亥的宠爱。

这一看似平常不过、无足轻重的细节，最终改写了秦国的命运。

出巡的皇家车队浩浩荡荡。秦始皇先是南巡至云梦泽，也就是今天洞庭湖一带，而后上了九嶷山祭拜虞舜。下了九嶷山后，乘船沿长江而下，观览籍柯，渡过海渚，经过丹阳，到达钱塘。

而后，秦始皇一行人登上会稽山，祭拜大禹王，在这儿又立了一块石碑，以颂扬秦朝的功德。当然，秦始皇还没忘掉寻找仙药一事，游完会稽山后，他转而北行，到山东琅琊了解了一下海外寻仙事业的进展。

徐福等人入海寻求仙药，好几年也没找到，花费了很多钱财。他怕受到秦始皇的责罚，便欺骗秦始皇说："蓬莱仙药可以找到，但是现在遇到了一个棘手的问题，就是被大鲛鱼所阻挡，无法到达置药之地。请派擅长射箭的人跟我们一起去，见到鲛鱼就用连弩射它。"

正巧秦始皇梦见与海神交战，于是让占梦的博士给他圆梦。

博士说："水神本来是看不到的，它用大鱼蛟龙做侦探。现在皇上祭祀周到恭敬，却出现这种恶神，应当除掉它，然后真正的善神就可以找到了。"这个占梦的博士怕是跟徐福一伙儿的。

于是，秦始皇命令徐福带着人带着武器入海，自己也拿着连弩等待大鱼的出现。只是，徐福一去无影踪。民间关于徐福的去向，也是有诸多传说，有的说是遇海难，有的说是飘到某海岛定居，有的说是到日本去了。

徐福的去向我们已经无从知晓，只知道他再也没回来。而秦始皇却始终认为徐福仍在求仙的路上奔波，或许他的内心深处对徐福的话也有所怀疑，但被强烈的求仙欲望给淹没了。

这一路巡游下来，花了几个月的时间。巡游期间，游山玩水，流连忘返，乐不思蜀。然而，快乐的日子总是短暂的。

巡游天下的秦始皇在芝罘（今属山东省烟台市）乘船射杀了大鱼以后，开开心心地沿海西行，踏上了归返咸阳的回程。谁知，这时又有个突发状况，在车队行至平原津（山东平原境内）时，秦始皇突然染病。于是，命占卜算上一卦，卜卦的结果并不理想，显示有北方的山鬼作祟，所以秦始皇才会病倒。

此时的秦始皇虽然是晚年，但也不过才五十岁，算不上真正的老者。秦始皇年轻时身体还是很健壮的，看他对付荆轲时勇猛无比，仅凭单打独斗，就把刺客给打倒了。而且，秦始皇统一天下后，五次巡游天下，说明他的身体状况也是不错的，不然怎么经得起长途跋涉的折腾。

但是，这次得病的严重程度远远超出所有人的想象。陪同出巡的大臣们都感到大事不妙，但是大家都知道秦始皇非常忌讳"死"这个字眼，因此谁也没敢说到死的事。

在疾病、生死面前，即使贵为皇帝，也无可奈何，也无力改变，只能将生的希望寄托在神灵之上。于是，秦始皇派亲信蒙毅折回会稽，向山川之神祷告，以求平安度过这次病劫。

秦始皇一生多疑，唯独对蒙氏兄弟极为亲近、十分信任，尤其是蒙毅。据《史记·蒙恬列传》记载："是时蒙恬威振匈奴，始皇甚尊宠蒙氏，信任贤之。而亲近蒙毅，位至上卿，出则参乘，入则御前。恬任外事而毅常为内谋，名为忠信。"蒙毅出门是与秦始皇坐同一辆马车，回到朝中就侍奉在秦始皇跟前，可谓荣宠无双。蒙恬在外担当着军事重任，蒙毅经常在朝廷内出谋划策，兄弟二人被称为忠臣。

所以，祷告神灵以祈求康复，这么重要的事情，秦始皇也只能让最信任的蒙毅去办。而秦始皇的这一个安排却埋下了隐患，不仅让自己死后那么不体面，还让奸臣逆子钻了空子，发动了沙丘之变。如果蒙毅没有去，也许日后的秦国又是另一番景象，不管能否千秋万世，起码秦国不用遭遇磨难。

直到这时，秦始皇还没有正式册立太子，不知道他还在犹豫什么，还在考虑什么。秦始皇一生勇敢果断，从不拖泥带水，如今却在国之根本大事上徘徊不前，着实令人费解、无语。

秦始皇为什么不册立太子，我们大概可以从两个方面看。

首先，是在太子人选上的徘徊和犹豫。

秦始皇第五次巡游天下，持续了整整十个月之久。

在这十个月里，秦朝的大臣们分为两套班子，以右丞相冯去疾为首的一帮大臣留守首都咸阳，以左丞相李斯为首的另一帮大臣随同秦始皇出巡。而政府的种种政务，在秦始皇的安排下，主要是在旅途中处理。这种安排的结果，就是将帝国的政治中枢转移到马车行宫中。

而在这种安排之下，秦始皇又将胡亥带在身边，大有在巡游途中对他做实实在在的考察的意图。反观公子扶苏，此时的他正在北疆，虽然只是出任监军一职，但从北疆的地理位置上看，此次的贬斥用意颇深。可能也不是简单的调职，北疆是秦国的军事要地，有秦军精锐三十万，有大将蒙恬，所以，秦始皇在贬斥扶苏离京这件事上，是不是也有意想要考察一下扶苏呢？

不管是在巡游途中考察，还是发配北疆考察，料想秦始皇的心中是有决断的。

其次，秦始皇对长生不老还抱有一定的幻想。

正处于弥留之际的秦始皇，对长生不老还抱有不切实际的幻想。他想如果自己可以长生不老，就可以统治秦国直到永远，何须立太子呢？只是，想法很丰满，现实很骨感。日渐虚弱的身体，无一不在告诉他，生命要走到尽头了。

现实终究是现实，在车队渡过黄河抵达沙丘平台（在今河北省广宗县境内）时，秦始皇病情急剧恶化，不得不停驻下来。

秦始皇也预感到自己大限将至，紧急在病榻前口授遗诏，由赵高代笔，安排好后事。其实，所谓的安排后事，也只交代了七个字而已。这件事，《史记·秦始皇本纪》是这样记载的："至平原津而病。始皇恶言死，群臣莫敢言死事。上病益甚，乃为玺书赐公子扶苏曰：'与丧会咸阳而葬。'"

秦始皇生前厌恶谈死，也没有人敢在他面前谈有关死的事情。他一直怀着不死的期望，不懈地与死神搏斗，他对身后的事情，长期没有明确的交代。不过，在生命的最后时刻，他终于认输，向死神低头，不得不承认自己的死期来临。他从不死的幻想中醒悟过来，决定安排自己的后事。他将后事托付给长子扶苏，诏令扶苏从上郡回到咸阳，主持丧葬等一切事宜。

秦始皇口授遗诏时，幼子胡亥是唯一在身边的儿子，也是他曾经有意立为继承人的爱子。然而，在最后的决定关头，他并没有将后事交代给近在身边的胡亥，而是交代给了远在上郡的扶苏。

对于这件舍近求远的事情，我们只能认为，经过十个月的亲自考察，秦始皇最终认为还是扶苏更适合做自己的继承人。但是他认为没有用啊，得留下个正儿八经的遗诏哇，而不是只有七个字的一句话，引起人们无尽的遐想。

此时，身为中车府令兼行玺符令事的赵高，应该在帮秦始皇写好了信，加盖皇帝玺印后，封口送出。不过，这封信并没有送出去，心怀鬼胎的赵高把信给扣了起来。私自扣下皇帝的书信，若是被发现，可是要杀头的。但是在赵高眼里，病入膏肓的秦始皇，已经时日不多了，谁又会知道他扣留了书信呢？

在秦始皇口述完给公子扶苏的信后，没过多久，秦始皇于公元前210年，即秦始皇三十七年七月丙寅日，在沙丘平台去世，享年五十岁。

讽刺的是，秦始皇晚期热衷于寻仙问药，追求长生不老之术，结果只活了五十岁，非但没有长生，连长寿都算不上。

这时，赵高拿着他扣留的书信，说动胡亥和丞相李斯，销毁了书信的原本，另外伪造了一份给公子扶苏的信，这封信的主要内容如下："朕巡游天下，祷祀名山众神，以求延年益寿。令扶苏与将军蒙恬领军数十万屯驻边疆，十余年间，不能进取向前，士卒损耗甚大，尺寸之功皆无。不仅如此，反而多次上书诽谤朕之所作所为，因为不能回归京城成为太子，日夜怨望不已。扶苏身为人子不孝，赐剑自裁。将军蒙恬在外辅佐扶苏，知其心思谋怨而不能匡正，为人臣不忠，赐死。属下军队，交出副将王离统帅。"（参见《史记·李斯列传》）

信中以秦始皇的口吻，诏令公子扶苏自杀，立幼子胡亥为继承人，这便是"沙丘之变"。

这份书信用封泥封缄并加盖皇帝玺印后，由李斯手下的舍人和胡亥手下的门客共同送往上郡。从当时的情势看，李斯、赵高等人制造遗诏，送这封书信到上郡去，实在是一着险棋。

秦始皇是在沙丘去世的，沙丘在秦国的巨鹿郡南部。但是，巡游的车队并没有立刻回到咸阳，而是继续巡行，由沙丘出发，往西北方向进入恒山郡（今河北石家庄市一带），由井陉关进入太原郡（今山西省太原市西南一带），再由太原郡北上，经过雁门郡（今山西省大同市西部一带）进入云中郡（今内蒙古自治区呼和浩特市西南一带），一直往九原郡（今内蒙古自治区包头市一带）方向西去。

从这条路线上看，不难发现一点，公子扶苏与蒙恬所统领的三十万北方军队，防卫秦国的北疆。而九原、云中、雁门以东一直到辽东，都是北方军的防区。北方军司令部设在上郡，李斯的舍人和胡亥的门客携带伪造的皇帝诏书此时已经前往上郡。

这也就是说，为了隐瞒秦始皇去世的消息，为了造成秦始皇继续出巡北疆的假象，为了威慑在上郡的扶苏和蒙恬，使他们相信诏书的真实性，巡游的车队不敢立刻返回咸阳，而是摆出继续出巡的架势，向北绕道。

胡亥等人在大夏天车载秦始皇的尸体，不远千里北上绕道环行。这种举动，非常人所能干出来的。由于天气炎热，途中秦始皇的尸体已经开始腐烂发臭，为了掩人耳目，他们命令在辒凉车上装载百余斤干咸鱼，用来扰乱尸体的臭味，避免让人生疑。胡亥等人令人不可思议的行为，真的是前无古人，后无来者。

辉煌总要落幕，只是，一身傲骨、一生傲然的秦始皇，在死后竟如此不体面，这种结局令人感叹。

秦始皇是中国历史上极其重要的一位皇帝，是充满了传奇色彩的统治者，也是极其复杂的历史人物。两千年来，对秦始皇褒扬者有之、贬抑者有之。

贾谊曾在《过秦论·中篇》评论道："秦王怀贪鄙之心，行自奋之智，不信功臣，不亲士民，废王道而立私爱，禁文书而酷刑法，先诈力而后仁义，以暴虐为天下始。"

大意是说：秦始皇以灭六国登上皇帝的宝座来统治天下，用严酷的刑罚来奴役天下的百姓，威风震慑四海。秦始皇废除古代帝王的治世之道，焚烧诸子百家的著作，来使百姓愚蠢。

满满的都是对秦始皇的批判之意。

秦始皇本是尚武之人，甚至秦国上下都有尚武的精神。可以说，秦始皇是靠着一双拳头，带领着秦国人一步一步打败六国，一步一步完成统一中国的梦想，一步一步登上人生巅峰的。当然，这其中还要感谢他高贵的出身、皇族的血统。

在很多人看来，秦始皇出生即巅峰的人生多么令人羡慕，他可以什么都不做，便能享乐一生，无忧无虑，荣华富贵。但是，他没有安于现状，始终铭记着先祖的理想、自己的抱负，以及在当时的历史背景下，只有不断地强大自己，才能不被吞噬，他只有不断地蚕食，才能实现理想抱负，才可以得到真正的安宁生活。

在享乐一事上，秦始皇的小儿子胡亥绝对是青出于蓝胜于蓝，可以说是为了享乐而活着的人。能够如此安心地享乐，还要多亏他的老爸秦始皇啊。

不管批评者如何批评，秦始皇统一了中国，结束了数百年的诸侯争战时代，这是事实。从这一点看，有历史的进步性。

不管褒扬者如何夸赞，秦始皇的独裁专制，晚期对奢靡生活的追求，沉重的赋税，繁重的徭役，致使百姓生活苦不堪言、民不聊生，这也是事实。这严重地阻碍了秦国的发展，甚至埋下了使秦国走向灭亡的种子。

批评者常站在道德的角度看待秦始皇，而褒扬者则更多地从社会历史角度肯定秦始皇的功绩。试问：历代君王哪一个不是褒贬不一的呢？秦始皇奠定了中国版图的基础，奠定了两千年中央集权制度的基础。他的的确确是极少数能够深刻影响历史的人物之一。

不管喜不喜欢秦始皇这个人，我们必须承认他是一个能量巨大的人，是一个不惧艰险的人，是一个有顽强斗志的人，是一个能以自己的意志改变中国历史进程的人。这样的人物，放诸世界历史，也是傲居群雄的。

秦始皇的人生虽然落幕了，但是他带给我们的遐想，带给我们的神秘，带给我们走进秦国历史长河的欲望，还远远没有结束。

秦始皇如此迷雾重重的一生，让我们更加好奇。

重重迷雾当中，有一个我们一直忽略的问题，那就是：他的后宫都有谁？

中国历代王朝的皇帝，他们的后宫都有记载，特别是皇后，那是母仪天下的第一夫人。在制度上有专门的规定，是必须大书特书、树碑立传的。

然而，秦始皇是中国历史上第一位皇帝，他的皇后，也就是始皇后是谁，史书上却完全没有记载，两千年来没有人知道，这就不得不令人深思了。

更加令人好奇的是，如果说秦始皇的皇后史书上忘了记载，抑或是没有允许被记载，或者出于某种原因没有写也就罢了，但是，除了始皇后以外，有关秦始皇所有后宫的消息，在史书中也都没有记载，这简直就是一个非正常的历史之谜了。

有人猜想说，秦始皇大概没有立皇后，之所以没有立，是因为后宫太多，看花了眼，定不下来。

也有人猜想说，秦始皇信方士追求长生不老，这种厚望的特殊要求延迟了他立后的进程云云。

又有人猜想说，秦始皇的母亲私生活不检点，养面首，生有两个私生子，这件事对秦始皇影响甚大，他驱逐母亲出京，由怨恨母亲发展到仇恨女人，成为一种心理障碍，所以迟迟未能立后。

关于秦始皇的皇后，众说纷纭，当然，这都是大家的猜想。因为没有史书的记载，我们也确实无从知晓，也许以后我们会有机会了解到也说不定呢。

秦始皇建立了中国历史上的第一个大帝国，他毫不怀疑千秋万世后大秦帝国仍然会屹立不倒。然而他做梦也不会想到，仅仅三年后，大秦帝国就灰飞烟灭了。这一切的改变，正是从秦始皇死亡之地——沙丘开始的。

第七章

黑暗来临

一、沙丘政变——昏庸无能的秦二世继位

秦始皇到达平原津时生了病,这病来得蹊跷、来势凶猛。秦始皇的身体每况愈下。赵高看着日渐消瘦的秦始皇,表面上十分担忧,每日嘘寒问暖,在旁精心侍候,而心里却有着自己的小算盘。

秦始皇后半生都在追求长生不老,他十分讨厌说"死"这个字,更别说从他人口中听到这个字,可以瞬间点燃他的怒火,而点火之人就遭殃了。大家都见识过秦始皇的暴脾气,就算对他的身体状况心知肚明,却没有一个人敢说实话,更没有一个人敢在秦始皇的面前提"死"这个字。

没过几天,秦始皇的病情更加严重了,被太医直接下了病危通知。其实,即使没有太医的诊断,秦始皇自己也能感觉得到大限将至了。秦始皇拼尽身上的力气,写了一封盖上御印的信给公子扶苏说:"回咸阳来参加丧事,在咸阳安葬。"秦始皇的一个举动,葬送了整个秦国!信是封好了,却没有直接交给使者,而是存放在中车府赵高兼掌印玺事务的办公处。这简直就是埋下了一颗定时炸弹。

公元前210年,即秦始皇三十七年七月丙寅日,咸阳城的百姓们如往常一般日出而作,为自己的生计而忙碌。街道两旁的店家将店门打开,摆摊的摊主准时出现在街道两旁,大声吆喝。跟随秦始皇出游的侍从们也如往常一般日出而起,前前后后,进进出出,忙忙碌碌。为秦始皇准备早膳的,为秦始皇准备洗脸水、漱口水的,大家都在忙着各自的事情,谁也不会想到,就是这一天,他们失去了统治者,失去了皇帝,从此陷入更加黑暗的统治世界。如果料想到这一切,起码他们会抽出些时间为自己哀悼。

在这个平常得不能再平常的日子里,秦始皇慢慢地闭上了眼睛,停止了呼吸,在沙丘平台逝世。

第七章 黑暗来临

丞相李斯得知消息以后，震惊万分，神色匆匆地赶来。对于秦始皇的去世，他焦急惊讶的外表下，有着一颗异常冷静的心。他看到龙床上已经断气的秦始皇，又看看站在一旁的赵高，随即命令侍从，绝对不能将皇帝去世的消息让他人知道，敢泄露者，杀无赦！侍从们为了保住自己的小命，纷纷管住了自己的嘴。

皇帝暴死于东巡途中，这件事如果传出去，恐怕会引起天下大乱。最重要的一点，秦始皇生前没有公开册立太子，他有二十几个儿子，要是这些皇子知道父亲的死讯，怕是要为皇帝宝座争得头破血流，斗个你死我活。而那些对秦始皇不满的人，势必也会趁机起事，制造变故，到时局势就失控了。

面对这复杂的局面，丞相李斯表现得是相当镇定，为了保证朝局的稳定，为了避免皇子们的内斗，李斯决定在返回首都咸阳之前秘不发丧，坚决封锁秦始皇死亡的消息。只有最接近秦始皇的几个人知道出了大事，除李斯外，还有赵高、胡亥，以及五六个宦官。

打死李斯都不会想到，他今日的冷静举动，秘不发丧，不仅加速了秦国的灭亡，还亲手断送了自己看得比生命还重要的事业，最后小命都没能保住。

秦始皇虽然死了，可尸体还在，现在又不能毁尸灭迹，还不能让人发现，着实有点儿难办。李斯是谁，丞相也，这点儿困难还是难不住他的，似乎他的精气神都用在了这些旁门左道上。

为了防止秦始皇的尸体过快腐烂，李斯悄悄地命人把棺材放在了辒凉车上。辒凉车，就是外表看上去是密闭的，实际上是通风性极好的车，而且体积很大，人躺在车上绝对没问题。为了营造秦始皇还活着的假象，李斯让那几个知情的太监留在车上，每天都按时给车里送菜送饭。随行的文武百官也跟平时一样，在秦始皇的车外奏事，躲在车上的宦官们就代秦始皇降诏批签，搞得有模有样，不知道的真以为秦始皇在里面闭关修炼呢。

那些大臣真的就一点儿疑虑都没有吗？那么热的天气，秦始皇躲在车里，大门不出二门不进的，甚至连见上皇帝一面都没可能，或许他们在私下里也会偷偷议论吧。

大臣甲："这是什么情况？"

大臣乙："可能修炼长生不老之术呢。"

大臣丙："就皇上现在这身板，悬哪！"

大臣甲："嘘！管住嘴，活得久。"

想必大臣们的心里都在打鼓呢，只是没人敢说、没人敢问，抑或是不能说也不能问。"食君之禄，担君之忧"在这个时候飞得无影无踪，早已被暴虐荒诞的统治给磨灭掉了。

秦始皇去世的时候，正值暑天，天是一天比一天热，秦始皇的尸体开始一点儿一点儿腐烂，发出令人恶心的臭味。大家想想，皇帝的御驾发出尸臭味，还瞒得过人吗？李斯毕竟有点儿小聪明，搞了个补救的办法，他命人购买了大量的腌鱼，并把这些腌鱼装在车上，这样就分不清是腌鱼散发出的味道还是尸臭。不过，你说堂堂皇帝整天喜欢闻鱼臭味，说出去大家也不一定信，只是就算有人怀疑，也不敢公然说出，否则岂不是人头落地。

李斯在这边忙着如何瞒天过海，那边的赵高怀揣着秦始皇写给公子扶苏的书信，心里盘算着下一步的计划。按理说，他应该照着秦始皇的嘱托将信交给扶苏，但他为什么迟迟没有将这封信交到公子扶苏手中呢？他又在担心什么呢？他无非就是在考量自身的利益、自己的政治前途。

赵高是何许人也？从他的经历来看，能坐到今天这个位置，是相当不容易的。这不仅仅要脑子灵活，还要有极高的情商，当然，还是需要有令人刮目相看的闪光点，否则，怎么会被秦始皇看重。

而赵高的身上也有令人争议的一点：他到底是不是一个宦官？在古代，基本上都认定赵高是宦官。

《史记·蒙恬列传》里有这么一段记述："赵高昆弟数人，皆生隐宫，其母被刑僇，世世卑贱。"《史记索隐》中认为"隐宫"就是"宦官"的称号。也就是说，赵高在很小的时候就受了宫刑。但这显然与史实有冲突，因为赵高还有个女儿，他的女婿后来还参与谋杀秦二世，如果从小就受了宫刑，哪来的女儿呢？现代有些历史学家指出，"隐宫"实为"隐官"之误。隐官为官府的手工作坊，收容赦免后身体有残缺的受刑者做工。《史记·蒙恬列传》称赵高母子是受了刑的，被安排到隐官做工，这样就合情合理了。赵高出生在隐官，也就不足为奇了。

还有一种可能性，他是生了女儿以后才净身入宫的。《史记》中有多处提及赵高的身份，比如后期赵高权倾朝野之时对李斯说："臣欲谏，为位贱。"既然权势熏天怎么说自己"贱"呢？除非他是个宦官，因为宦官在他人眼中就是很低贱的。秦二世也曾说："夫高，故宦人也。"这也表明赵高确实是个宦官。再者，秦二世深居禁宫时，包括丞相李斯在内的大臣们都见不到他，只有赵高天天陪在他身边，试问如果赵高不是宦官，又怎么被允许天天陪着皇帝呢？

当然，他到底是不是个宦官，我们无从考证，也只能根据史料的记载加以推测。在这里，且当他是个宦官，一个野心勃勃、以一人之力毁了大秦帝国的宦官。

赵高原本是赵国王室的远房亲戚，家世是很不错的，虽然算不上豪门，但毕竟跟王室沾边，生活上绝对是过得去的。不过到他父亲这一辈时，家道中落，母亲也被判了罪，受到了刑罚。赵高出生时，身份是非常低微卑贱的。尽管出身卑微，赵高却有一种不服输的精神，硬是凭着自己的努力闯出了一片天地。

赵高有三个特长：其一，身强体壮，孔武有力；其二，精通狱法；其三，写得一手好字。赵高是秦代书法大家，他写的字曾被当作范本向全国推广。也因为他的这一手好字，赵高得到了秦始皇的欣赏与重用。

赵高虽然有些本事，但他心术不正，知法犯法，终于阴沟里翻船，差点儿小命不保。当时秦始皇让蒙毅去审理案件。蒙毅这个人刚正不阿，眼里不容沙子，他看着赵高，眼神犀利，"小样儿，知法犯法，活腻了！"当即判了赵高死罪。

但是，赵高并没有这么死去，他之所以大难不死，是因为秦始皇爱惜其才华，所以赦免了他的死罪。说来也是可笑，大秦帝国难道就没有比赵高更有才华的了？更让人无语的是，竟然让赵高官复原职，一世英名、瑕疵必究的秦始皇，却在赵高身上犯了糊涂，可笑至极。秦始皇到死也不会想到，最终掏空大秦帝国地基的人，正是被他赦免的赵高。

赵高是个小肚鸡肠、睚眦必报、十分要面子的人，对判他死罪的蒙毅恨之入骨，欲杀之而后快。

当时，蒙恬、蒙毅是秦始皇身边的大红人，在军事方面是领军人物，与公子扶苏的私人关系特别好。

设想一下，倘若公子扶苏坐上了皇帝的宝座，蒙氏兄弟必定大权在握，到时朝堂之上就不会再有赵高的位置了。而且蒙氏兄弟都是眼里不容沙子、刚正不阿、铁面无私的人，他的小命保不保得住都不一定呢。自己好不容易才从最卑贱的底层爬到权力的塔顶，难道还要回到卑贱的底层吗？难道要丢了性命吗？

不，他不要！一向不服输、敢于挑战命运的赵高，决定放手一搏。

秦始皇还没断气之前，心思缜密的赵高便开始策划他的阴谋。第一步，就是把秦始皇写给公子扶苏的信件给偷偷扣了下来。

虽然秦始皇在临死前给大儿子扶苏写了信，但信的内容只是让他赶回咸阳参加葬礼，并没有以遗诏的方式指定扶苏为皇位的继承人，秦始皇的这波操作，着实令人费解。作为雄才大略的帝国统治者，竟然会忽视这个至关重要的问题？秦始皇可是要打造一个万世帝国的，立志要传之二世、三世乃至千世、万世，却连自己的继承人都没有确定，这怎么可能？说出去谁信呢？

不妨大胆地猜测一下，秦始皇是留有遗诏的，倘若遗诏与书信都是秦始皇口述，而赵高执笔记录，那么赵高既然敢扣下书信，同样也可能隐瞒遗诏的存在。反正秦始皇已死，死无对证，想怎么说都由赵高一个人定。根据赵高狡猾的性格，这种可能性不是不存在，只是不存在于史书上，只能当作是一种推测。

赵高制订的计划，是扶植公子胡亥登上皇帝的宝座，从而取代公子扶苏。为什么他会选择公子胡亥呢？赵高与公子胡亥的关系非同寻常，《史记·秦始皇本纪》上说："赵高故尝教胡亥书及狱律令法事，胡亥私幸之。"赵高曾是胡亥的法律老师，胡亥也特别信任他，两个人关系密切。如果胡亥继承皇位，那赵高的政治前途便是一片光明。

月黑风高夜，赵高趁着四下无人，拿着秦始皇留下的信件，来到了胡亥的寝室内。据《史记·李斯列传》记载，赵高没有任何的寒暄，直接将秦始皇留给扶苏的书信给他，并对他说："上崩，无诏封王诸子而独赐长子书。长子至，即立为皇帝，而子无尺寸之地，为之奈何？"意思是说："皇帝去世了，没有诏书封诸子为王而只赐给长子扶苏一封诏书。长子到后，就登基做皇帝，而你却没有半寸的封地，这怎么办呢？"

此时的胡亥还处于发蒙的状态，他对赵高说的事情并不感兴趣。彼时的胡亥并没有什么政治野心，在他眼里，兄长扶苏继承皇位是再正常不过的事情，没什么惊奇的。只要他有的吃、有的玩就行，他从来没有想过当皇帝。

赵高见胡亥一副不成气候的样子，气得直翻白眼。赵高可不想到嘴的权力就这么飞走了，继续怂恿道："不然。方今天下之权，存亡在子与高及丞相耳，愿子图之。且夫臣人与见臣于人，制人与见制于人，岂可同日道哉！"如今皇帝驾崩，天下人都尚未知晓，生杀大权就掌握在胡亥、赵高和李斯的手里，谁来当皇帝，不就是他们几个知情人说了算吗？更何况驾驭群臣和向人称臣，统治别人与被别人统治，那可是有本质的区别呀。

胡亥尚且还有一丝丝的良知，他对赵高说："废兄而立弟，是不义也；不奉父诏而畏死，是不孝也；能薄而材谫，强因人之功，是不能也。三者逆德，天下不服，身殆倾危，社稷不血食。"

胡亥自己也知道，废兄立弟是不义的，不奉父命是不孝的，而且自己的才能浅薄，就算靠着旁人的帮助登上皇位，天下人也不会服从，不仅自身遭受祸殃，也会影响国家的发展。对于胡亥清晰的自我认知，还是可以给他点个赞的。只是如果他再坚决一些，自我认识再透彻一些，结果会大大的不同。

听着胡亥的话，赵高一口老血差点儿吐出来。一个只知享乐的公子，这时候倒是有深度了，他已经把赌注都押在公子胡亥身上了，断不能就这么放弃了！赵高不达目的决不罢休，随即又说了一大通歪理："我听说过以前商汤、周武王诛杀他们的君主，天下称义，不能算是不忠；卫君杀父，孔子赞其功德，不能说不孝。成大事者不能拘于小事，若顾小忘大，必有后患；狐疑犹豫，后必有悔；断而敢行，必定成功。"

赵高这歪理邪说真是一套一套的，胡亥听得是一愣一愣的。这一番胡说八道，把胡亥那一点点天良给磨灭掉了。胡亥本就是贪图享乐之人，想到当皇帝能享尽无限的奢华，不免怦然心动。眼前仿佛出现了满朝文武百官向他俯首称臣，各种奇珍异宝、美酒佳肴、美女如云在他身边环绕，好不美哉！于是，胡亥一咬牙一跺脚，决定与赵高同流合污，干一票大的。

赵高的第一步计划完成，接下来就是准备下一步计划了。孤军奋战太艰难了，得找个帮手才行，于是丞相李斯成为了他的下一个目标。赵高又来到李斯的房间，见到李斯后，开门见山便说：皇上驾崩，留了一封信给长子扶苏，让他回咸阳主持葬礼。这封信没有送出去，信和玉玺都在胡亥那儿，别人都不知道。如此一来，册立太子一事，就由你我两个人说了算，你打算怎么办？

李斯虽是政坛的老江湖，听了赵高的话后还是吓了一大跳。皇帝驾崩，长子继承，这是天经地义之事，他不假思索地答道："安得亡国之言，此非人臣所当议也。"

李斯与赵高一样，都是从底层干起，靠个人实力一步步奋斗爬上来的，他没有强大的背景，没有很好的家世，空有肚子里的一点儿墨水。两个人的奋斗史极其相似，对权力的欲望不言而喻，所以赵高深知李斯的心理弱点所在。

李斯是楚国上蔡人，年轻的时候曾经在郡里当过小吏，有一次他看到办公处附近厕所里的老鼠在吃脏东西，每逢有人或狗走来时，就受惊逃跑了。后来李斯又在粮仓偶遇老鼠，吃的是囤积的粟米，住在大屋子里面，也不用担心人或狗的惊扰。于是李斯就慨然叹息道："一个人有出息还是没有出息，就如同老鼠一样，是由自己所处的环境所决定的。"这就是李斯著名的"老鼠哲学"，由此可见权力在其心目中的分量，看得比命还要重要。

李斯不是只想做米仓的老鼠吗？如果公子扶苏坐上了皇帝的宝座，李斯还能保得住他的丞相之位吗？蒙恬北伐匈奴、开疆拓土、修筑长城，深受百姓拥戴。而且他与公子扶苏交情匪浅，既是战友，又是好朋友，还有雄厚的家族背景，妥妥的官三代，不论是从家族荣耀，还是个人功绩，势必成为丞相的第一人选，李斯拿什么与他去争去抢呢？

言下之意，就是在明明白白地告诉他，你李斯要是选择了公子扶苏，就只能去当茅厕的老鼠，不要说丞相之位，恐怕到最后连侯爵之印也保不住。

听了赵高的话，李斯心中有些许的不舒服，对赵高说道："既然蒙恬那么出色，你为什么还要来找我合作？"

赵高倒是很直白："我受皇帝之命教育胡亥，让他学法律已经有好几年了，没见过他有什么过错。他慈悲仁爱，诚实厚道，在皇帝的二十多个儿子中，没有人比他更适合继承皇位。只要我们三人上下齐心协力，事业才可长久。默契配合，就不会出现什么差错。只要听从我的计划，你便可长保封侯，子子孙孙有享不尽的荣华富贵。你以为如何呢？"

赵高已经把话挑明了，就是要拥立胡亥，道路给你李斯铺平了，利害关系也给你李斯讲明白了，接下来你就看着办吧。

赵高的一番胡说八道，直击李斯的内心，使他心中仅存的一点儿良知土崩瓦解。当一个人享受过权力的快感后，要让他割舍的确太难了，何况是李斯这种利欲心极重的人。什么生逢乱世不得已，无非都是借口。

为什么说李斯是个极其看重权力的人呢？他每次出行时，必须有一长串车马前呼后拥，方能显示出自己的高贵，招摇地告诉每一个人，我李斯就是这么豪横，连秦始皇对他的摆阔都极为不满。李斯得知秦始皇对他的不满后大惊，生怕秦始皇生气，降罪于他，立刻削减掉车队的规模。由此可以看出，他早已习惯了高高在上、风风光光的生活，一旦权势尽失回到过去，那种落差感是他无法接受的。

在赵高的坑蒙拐骗、威逼利诱之下，李斯与胡亥一样选择了违背自己的良心，泯灭自己的良知。在权力面前，正确的三观、仁义道德、安宅正路，都显得一文不值，三个人秘密策划了一起惊天阴谋。

李斯与赵高利用死去的秦始皇当幌子，伪造了一份诏书。他们谎称得到皇帝诏令，立公子胡亥为太子。同时，又伪造了一份赐给公子扶苏的诏书，加盖玺印，由胡亥的门客快马加鞭地送到北疆。

这份伪造的诏书上面写满了斥责扶苏与蒙恬的话语。斥责扶苏，率数十万大军屯兵，不能前进，反而伤亡很多，不仅没有立下半点儿功劳，还屡屡上书直言诽谤皇帝，因不能解职回京，日夜怨恨不满。斥责蒙恬，知道扶苏的谋划，还不及时纠正，枉为人臣。甚至在诏书的最后，以不孝之名赐死扶苏，以不忠之名让蒙恬交出兵权，一并赐死。这种种的所谓的罪状，是何其的荒谬哇！

即便是如此荒谬，仍有人对此深信不疑，这便是深受儒家忠孝思想影响的公子扶苏。

当扶苏打开加盖玺印的诏书，看了里面的内容，双手颤抖不止，双腿失去了支撑的力气，眼泪不听使唤地流了下来。他为人宽厚，性情温和，曾经对秦始皇的严刑峻法、焚书坑儒是有不满的，也曾多次进言劝谏，也正因为这个原因，他才会被贬到北疆。

所以，面对诏书里父皇严厉的指责，即便是内心充满委屈，他还认为是自己的错，是自己做得不够好，才会令父皇如此失望。甚至诏书最后的内容是要他自裁，他对这份诏书的真伪都没有一丝丝的怀疑。他深陷自责，无法自拔，根本想不到其他。他满脑子都是忠孝的观念，君叫臣死，臣不能不死；父叫子亡，子不能不亡。于是，他默默走进内室，打算引剑自裁。

蒙恬见状，立刻上前阻拦，说道："皇帝巡游在外，尚未册立太子，而派我带领三十万大军守卫边疆，公子担任监军，这可是担负天下的重任哪。现在只有一个使者来，你就自杀了，怎么知道其中没有虚假呢？不如再请示一下，若当真是皇帝赐死，再死也不晚哪！"

然而，扶苏的心已经沉入谷底，陷入无限的绝望中，悲痛欲绝地说道："父而赐子死，尚安复请？"于是拔剑自刎而死。

扶苏柔弱的性格、忠孝的观念造就了他可悲的结局。若他知道，秦始皇一手打下的江山，因他的愚忠愚孝而就此断送，不知道他拔剑的时候会不会还那么决绝。他的一剑，成全了胡亥，葬送了秦国，真是可悲。

蒙恬的劝阻没有起到任何作用，他眼睁睁地看着扶苏拔剑自刎，而自己却无能为力，心中愤恨，他始终不相信这份突如其来的诏书的真实性。

的确，一份疑点重重的诏书，怎么可能轻而易举地欺骗一位久经沙场的将军呢？蒙恬心中产生疑虑，皇帝在巡游的途中，为什么会发出一份如此重要的诏书，途中是否发生了什么不为人知的事情？而且北疆这边一如既往的平稳，没有发生任何变故，这份诏书可谓来得莫名其妙。再者，他一直深受皇上的信任，率三十万大军镇守北疆，况且公子扶苏是皇帝亲派下来监军的，两个人担当着天下的重任，怎么能说杀就杀，而且理由十分荒诞。

蒙恬严重怀疑诏书的真假，这其中必定有诈，不能光凭使者的一面之词就白白送死，他一定要弄清其中缘由，如果当真是皇帝赐死，到时候再死也不迟。于是，他坚决不肯自杀。使者见他一副不肯配合的样子，心中大怒，当即命令手下的人将他逮捕，扔进了阳周（在今陕西省子长县北）的监狱里。

手握三十万大军的将军，就这样被一个使者轻而易举地扔进了监狱，真是令人唏嘘。为什么他不反抗呢？

蒙恬有反抗的资本，却没有反抗的野心。蒙氏家族三代为将，每一代都忠心耿耿，一时荣宠无双，如果此时蒙恬贸然起兵抗旨，岂不是陷先祖于不义，岂不是让家族蒙羞，岂不是葬送了整个家族？所以，不管从哪方面考虑，他都不可能动用手里的兵权。

由此可以看出，蒙恬是一位忠诚、正直、坚韧、勇敢的将军，他虽然怀疑诏书的真实性，对诏书上关于扶苏与自己的罪状，他深深地表示着不服，但是他没有仗着自己手里的兵权，就起兵抗旨，而是等待机会，一个可以跟秦始皇辩解清白的机会。此时的他并不知道秦始皇已经去世，所以他等待的这个机会一直没有到来。

而另一边，浩浩荡荡的巡游车队终于踏上了返回咸阳的路程。若是再不往回走，怕是就要瞒不下去了，因为秦始皇的尸体已经不容他们再有片刻的耽搁。

巡游车队全速向咸阳奔去，终于到达咸阳城了，李斯、赵高片刻的喘息都没有，马不停蹄地宣布了皇帝的死讯，并假情假意地取出了假诏书，沉重地昭告天下，秦始皇将皇位传给了胡亥，即为秦二世。

胡亥终于登上了皇帝的宝座，在宣读诏书的时候，他们三人的演技堪称影帝级别的，悲伤的情绪拿捏得十分到位，颤抖的声音恰到好处，即使这样也掩盖不住他们内心的狂野与阴暗。

反观朝堂上的大臣们，震惊之余又有淡淡的哀伤，面面相觑却各怀心事。纵使心中有万般猜疑，经过盘算之后，却没有一个人敢发出声音，就如同在巡游的路上，皇帝突然避而不见，整日整夜地在辒凉车里办公一样，他们心中敢有怀疑，却不敢出声，为了自保，众臣只能接受这样的现实。

赵高和李斯的心里还是有些忐忑的，虽然两个人都是秦始皇身边的人，位高权重，但文化、政治水平着实有限，特别是蒙氏兄弟此时还活着，如果这时出现了质疑的声音，那这场阴谋可就白谋划了，弄不好小命都丢了，好在一切尽在掌控之中。

胡亥的心里倒是乐开了花，对众臣的表现相当满意。于是着手办了他继位之后的第一件大事，便是安葬父皇。九月，秦二世将秦始皇葬于骊山。

在秦始皇即位之初就已经开始修建骊山的陵墓了，直到秦始皇统一天下，从全国各地征集来七十多万的徒役，凿地三重泉水那么深，以铜水灌注，填塞缝隙，再把外棺一一放进去。秦始皇命人在墓中修建了宫观，设置了百官的位次，各种奇珍异宝、珍奇怪石都被搬了进去，将里面摆得满满的，琳琅满目。

不仅如此，为了防止陵墓被贼人惦记，秦始皇命工匠制造了由机关操控的弓箭安装在地宫里，一旦有人靠近，就会自动发射，将靠近之人射杀。地宫里还有用水银灌注而成的百川、江河、大海，用机器灌注输送使之不停地流动。地宫的顶壁装有天文图案，下面置有地理图形，并且用娃娃鱼的油脂做成了火炬，长长久久不会熄灭，以之度人。整个陵墓，可谓绚丽多彩、宏伟壮观，令人叹为观止。

从骊山陵墓的工程之大、耗时之久，可以看出秦始皇对权力、生活的极致追求，对千世、万世的极度渴望，哪怕是在死后的世界里，他也要拥有无比强大的权力、无比奢华的生活，甚至想要在另一个世界里得到梦寐以求的永生。

胡亥为了彰显自己的孝心，以"先帝后宫非有子者，出焉不宜"为由，让秦始皇那些没有子女的妃子全部为秦始皇陪葬，死者人数众多。不仅如此，待秦始皇被埋葬后，为了防止设置机关的工匠们在外泄露陵墓里的机密，将墓道中间的一道门先行关闭，接着又将外门关闭，工匠们全部被封闭在陵墓里面，再也没有一个人能活着出来。

胡亥随后命人将陵墓的周围都种上树木，从远处看去，整个陵墓好似一座山。"大事毕，已藏，闭中羡，下外羡门，尽闭工匠藏者，无复出者。树草木以象山。"（《史记·秦始皇本纪》）

数以百计的殉葬者，无辜丧命的工匠们，无一不是在暴露着秦二世暴虐阴郁的本性。而此时还在为父皇去世伤心不已的公子、公主们，安分守己的秦国百官、百姓们，还不知道自己接下来将面临的是怎样的生活。

二、祸乱世人——秦二世、赵高种下的恶果

秦二世的上台，可以说是大秦帝国噩梦的开始。

秦二世不仅要百姓臣服、百官臣服，更要天下臣服。为了把皇帝的宝座坐穿，为了纵情享乐、排除异己，秦二世开始对身边的兄弟姐妹们伸出令人发指的魔爪。而充当秦二世刽子手的就是赵高。

秦二世认为，人活在世上，如同白驹过隙。他既然已经统治了天下，便想满足自己全部的欲望，享受无尽的乐趣。当然，国家安宁，百姓欢欣，永保江山，颐养天年才是锦上添花、如虎添翼。他问赵高："这个想法怎么样？"

赵高稍作沉思回答道："这对贤明的君主来说，没有问题，若是对于昏君来说，那不是天方夜谭吗？我冒昧地说一句，还请陛下收敛一点儿，沙丘一事并没有结束，各位公子和大臣心中都有所怀疑。陛下刚登上皇位，这些人若是此时闹事，我们怕是要自身难保哟。"

秦二世一听这话，立马慌了，这可如何是好，皇帝的宝座还没坐热乎

呢，不能就这么下台呀。赵高不愧是阴险狡诈之人，这个问题对他来说，就不算是个问题。

赵高一边安抚秦二世，一边出谋划策："实行严峻的法律和残酷的刑罚，把犯法之人和受牵连之人统统处死，直至灭族。先将在朝中任职的公子们铲除，接下来就是先帝的旧臣，重新任命你身边信任的人。这样既根除了祸害，杜绝了奸臣，又可以让群臣上下承蒙你的恩泽，对你感恩戴德。从此，陛下便可高枕无忧、纵情享乐了。"赵高的这个极其恶劣的建议，竟然深得秦二世的心。

秦二世认为赵高说得对，连连点赞，当即下令重新修订法律。

在秦二世登上帝位之前，就已经以假诏书害死了自己的长兄公子扶苏。一位性情温和、忠孝仁义的兄弟，因秦二世的一己私欲，就这样白白地葬送了性命，秦二世不仅一点儿悔意没有，甚至认为扶苏本是该死的。如果扶苏不死，自己就坐不上皇帝的宝座，秦二世怎么可能允许这样的事情发生呢？而在他重新修订法律后的行为，可谓变本加厉，变态至极，令人不齿。凡是他认为对自己存在威胁的，哪怕只是他自己的臆想，都没能逃出他的魔爪。

据《史记·李斯列传》中记载："二世然高之言，乃更为法律。于是群臣诸公子有罪，辄下高，令鞫治之。杀大臣蒙毅等。公子十二人僇死咸阳市，十公主矺死于杜，财物入于县官。相连坐者不可胜数。"

十二位公子，在咸阳城的街头被斩首示众。十位公主在杜县（在今陕西省咸阳市东）被处以死刑，秦二世的其他兄弟中，还有六位也是在杜县被处以死刑的。行刑的场面惨不忍睹，而被连带一同治罪的更是不计其数。

在众多公子中，公子将闾等三人要比其他兄弟都沉稳些，秦二世找不出什么罪名来陷害，就把他们关在宫内。等其他的兄弟被一一诛杀后，秦二世派使者命令将闾说："你们不尽臣道，应处死罪。狱吏来执法了。"

将闾据理力争，对使者说："宫廷的礼节，我从来不敢不听从掌管司仪的宾赞；朝廷的次位，我从来不敢有失礼节；奉命对答，我从来不敢说错话。

怎么能说不尽臣道呢？希望能知道罪名再死。"

使者也颇为无奈，说道："我不能和你讨论这些，只知道奉命行事。"

将闾见结局已定，仰天长叹："天哪！我没有罪呀！"兄弟三人流着眼泪，引剑自刎。

而这时还有一位幸存者，便是公子高。他眼看着兄弟姐妹们一个接一个地被秦二世迫害致死，知道自己也难逃厄运，本想着外出逃命，但是怕被满门抄斩，祸及家人，于是下定决心用自己的一死来保全家人的安全。

公子高上书给秦二世："先帝活着的时候，每次我进宫都会赏赐给我好吃的，出宫还让我乘车。皇帝内府中的衣服，先帝赐给我；宫中马棚里的宝马，先帝赐给我。先帝对我如此的好，我本就该随先帝而去，恳请陛下哀怜我，将我埋于骊山脚下。"

秦二世看了公子高的奏书，一脸笑容，高兴得不得了，并得意地将奏书给赵高看，让赵高瞧瞧自己的能耐，这还没赐死呢，就来请死的。秦二世看公子高识时务为俊杰，便赏赐给他十万钱用于安葬自己。公子高是众多兄弟姐妹中，唯一死得名声好一些的公子了。

难以想象，秦始皇三十四位儿女中，三十三人死在了秦二世的手上，如此大规模地屠杀自己的至亲，是何等凶残之人才能干出来的事情，中国历史上，秦二世怕是唯一的一位了。

残害完手足至亲，接下来就是那些不听秦二世话的文武大臣了。

首当其冲的就是蒙氏兄弟，此时的蒙毅，已经完成了秦始皇交代给他祈祷山川神灵的任务，回到了咸阳。得知秦始皇去世、新帝即位的消息，震惊之余也感受到了危险在一步步地靠近自己。

当时，秦二世认为蒙氏兄弟对他没什么威胁，并不想杀害他们，反而想继续任用他们兄弟俩。毕竟他们兄弟俩骁勇善战、久经沙场、功绩累累，有他们保家卫国、守护自己，秦二世便可高枕无忧、专心享乐了。但是有一个人却不是这么想的。

赵高见秦二世并没有要除掉蒙氏兄弟的想法，心知不妙。蒙氏兄弟赤胆忠心、刚正不阿，若是继续留在朝中、活在人世，若是知道了他的所作所为，若是知道了扶苏之死的真相，若是知道了假诏书一事，怎么可能会轻易放过自己！若真到那时候，别说高官厚禄，命都保不住了。好在秦二世现在很听他的话，他必须将蒙氏兄弟铲除，以绝后患。

赵高盘算出如何除掉蒙氏兄弟的办法后，立刻跑到秦二世面前表"忠心"、献"良策"："我听说先帝在很久以前就选择贤人、重用能人，并且看重陛下的才能，属意陛下为接班人。但是蒙毅明明知道陛下贤能，却阻止先帝册立您为太子，以至于拖了这么久。这种行为，实为不忠诚啊。"

此时的秦二世对赵高的话深信不疑，心中燃起愤怒之火，当即下令将蒙毅囚禁于代郡（今河北省蔚县东北）的监狱中。

子婴听闻此事后，匆匆来到秦二世面前，以赵王迁杀名将李牧，最后导致了国家沦陷，祸及他自身为例，希望秦二世不要杀害忠臣良将而重用没有道德之人。蒙氏兄弟是秦国的大臣，为秦国立下汗马功劳，若是杀了，岂不是让秦国百官寒心、让外敌笑话吗！

秦二世根本听不进去子婴的劝谏，随即派使者前往代郡，命令蒙毅说："先帝要册立我为太子，你却从中阻拦，居心叵测。念在你对国家有所贡献，就赐你自裁，也不株连你的家人了，这已经是对你最大的恩赐，你好自为之吧。"

正所谓欲加之罪，何患无辞。使者深知秦二世的意图，不管蒙毅怎么辩解，根本没人听，他们要的只有一个结果，就是蒙毅死。蒙毅失去了辩解的机会，使者当即派人动手，一代良将就这样含冤被杀，着实可悲。

蒙毅死后，秦二世立刻派使者去关押蒙恬的监狱，宣布蒙恬的罪状，根据秦国连坐的律法，蒙毅犯了死罪，蒙恬也得受株连。蒙恬听了这冠冕堂皇的罪状，悲愤道：蒙氏家族自从蒙骜开始，经蒙武到蒙恬、蒙毅兄弟，三代为将，为秦王朝立下赫赫战功，谁想到竟落得如此下场。蒙恬深知："事卒如此，是必孽臣逆乱，内陵之道也。"如今奸臣当道，他还心系秦国的江山，希望陛下可以替黎民百姓好好想想，并找到应该遵循的正道。

蒙恬虽然不及扶苏那么愚忠愚孝，但是终究没有起兵造反，因为"不敢辱先人之教""不忘先主"深深地烙在了他的心底。

使者听着蒙恬悲愤交加、情真意切的话，心中抑或是充满无奈的吧，他告诉蒙恬："我接受命令对你施以刑法，不敢把你的话转告给皇上听。"

蒙恬重重地叹息道："我何罪于天，无过而死乎？"他想找到一个自己该死的理由，最终找了一条令人哭笑不得的理由，自己曾经主持修筑万里长城，大概在修建的过程中绝了地脉吧。于是，吞下毒药自杀了。

就这样，忠肝义胆的蒙氏兄弟被逼到了绝路，他们的离世，让世人感到惋惜、悲痛。最高兴的当数赵高了，他的心腹大患终于铲除了，可是这仍然满足不了他不断膨胀的欲望之心，手中的权力在他心中远远不够，他需要更加庞大的权力网来支撑他阴险的内心。

秦二世在赵高的唆使之下，对朝中其他大臣也大开杀戒。

而在除掉大臣们的同时，赵高也没闲着，趁机将自己的亲信一个一个地安插在朝中重要的位置。赵高的兄弟赵成做了中车府令，他的女婿成了咸阳城的县令，都官居要职，以赵高为中心的赵氏权力网已经基本形成。

中央政权官员的整合并没有满足赵高的野心，他的魔爪又伸向了地方官吏。恰逢这时，秦二世在宫中无所事事，便将赵高召唤来，心血来潮地说道："朕年少，初即位，黔首未集附。先帝巡行郡县，以示强，威服海内。今晏然不巡行，即见弱，毋以臣畜天下。"（《史记·秦始皇本纪》）

秦二世认为自己年轻，刚即位不久，民心还未完全归顺于自己。而先帝之前巡视各个郡县，来显示他的强大，以此来震慑四海。反观自己，如果整日待在宫中，会让百姓误以为自己很软弱，无力统治天下。

赵高听后内心高兴得不得了，这是天赐良机呀。于是赵高又一次献上自己的"良策"，阴险地对胡亥说："陛下这次巡游天下，应该趁机树立自己的威信，把那些不服从您的官吏全部诛杀，这样您才能有至高无上的威信。"

果然，秦二世对赵高的话向来没有抵抗能力，认为这是个绝妙的好主意。于是，刚刚执政的秦二世大张旗鼓地踏上了东巡之路，以此来彰显自己统治天下的能力，伴驾随行的还有李斯。

公元前209年，秦二世效法自己的父亲秦始皇，开始巡游天下。南到会稽（今浙江省绍兴市），北到碣石（今河北省昌黎县北），最后从辽东（今辽宁省辽阳市）返回咸阳。

在东巡途中，凡是遇到秦始皇在位期间所立石碑，秦二世都要命人在那些石碑上刻字，就是为了让大臣们看看，他是有治国能力的。而他的这些所为，在众臣的眼里，显得幼稚至极，就会做些表面功夫。

秦二世在彰显自己的威严时，并没有忘记要铲除异己。他不问青红皂白，就连连下令诛杀跟自己想法相左的官吏，毫不手软。他的这一"壮举"，弄得大臣们不知所措、惶恐不安。

而另一边，赵高也是忙得不亦乐乎，不断扩大自己的权力网，他是真真地把秦二世当作扩张权势的工具了。

殊不知，秦二世上台以来，对生命的蔑视，对至亲骨肉的残害，对忠良大臣的迫害，这种种"壮举"，已经令秦国百姓陷入深深的恐慌之中，无时无刻不在担忧自己的未来。满朝文武百官，也因此已经完全丧失了为官的道德理念，只为了能保住自己的性命。

即使这样，秦二世仍然不满足，他所想所求的就是要随心所欲地玩，要痛快地玩，要拼命地玩。他只想享乐一生，不愿意再为了国家、百姓而浪费了自己享乐的时间。秦二世的想法正合赵高的心意，从此变本加厉地讨好秦二世，让他独乐乐，而自己则是趁着这个机会更大胆地专权。

有了赵高的支持，秦二世还有些许的不安，于是他把李斯找来，询问如何才能长长久久地享乐下去。

他对李斯说："我有个看法，是从韩非子那里听来的。他说，'尧治理天下的时候，房子是茅草做的，饭是野菜做的汤，冬天裹鹿皮御寒，夏天就穿麻衣。到了大禹治水时，奔波东西，劳累得以致大腿掉肉，小腿脱毛，最后客死异乡。'做帝王如果都是这样，难道是他们的初衷吗？贫寒的生活大概是那些才能低下的人的想法吧，不是帝王这些贤者所希望的。既然有了天下，只有拿天下的一切来满足自己的欲望，这才是把统治者看得无上尊贵的原因所在。人们所说的贤明之人，一定能安定天下、治理万民，倘若连给自己捞好处都不会，又怎么能治理天下呢？所以我才想恣心广欲，永远享有天下而没有祸害。这该怎么办呢？"

李斯一听这话，表决心的时刻到了呀。他不能落于赵高之后，否则他就会失宠，现在的高官厚禄也会保不住，他要一鸣惊人。于是李斯兢兢业业、勤勤恳恳地写了一篇奏书向秦二世献出了独断专权、酷法治民的治国方法。

这封奏书的大意就是告诉秦二世，要专权。既要用督察与治罪的方式来巩固中央集权，镇压百姓的反抗与违法，也要明确君主和臣子的职责。只要明确上下关系的准则，那么天下无论是有才德的，还是没有才德的，都不敢不竭尽全力为君主效命了。

而李斯的这种想法，代表了他的法律观念，后来随着秦国的灭亡，宣告这种法家思想的历史性破产。

秦二世看了李斯的奏书，十分满意，加上他现在的皇位看上去稳若泰山，那么接下来，他就要去实现自己的人生理想了。他的伟大理想就是享乐，而目标就是要过得比老爹秦始皇更加阔绰、更加奢华。

于是，一度停工的阿房宫又热闹起来，秦二世铁了心要把这座史无前例的大宫殿建成。大兴土木修复阿房宫的同时，秦二世又调集了五万人马入屯咸阳，下令教习射箭，而这支军队并不是为了御敌，只是为了陪秦二世玩耍。

由于咸阳一带聚集的人数太多，皇宫内圈养的狗、马等禽兽也是很多，以致每天需要大量的粮食和饲料来供应。可是城内的粮食、饲料根本无法满足需求，这可如何是好？这点儿小问题还是难不倒秦二世的。

秦二世想到一个主意，下令从全国各个郡县征调粮食和饲料，送往首都。在古代，长途运送粮食损耗是非常大的，因为运粮的人每天都得吃饭，要消耗掉不少的储备。对此，秦二世十分不高兴，更过分的是，他下令运输的人必须自带口粮，不准吃咸阳三百里之内的粮食。即便如此，粮食的缺口还是很大，秦二世更是变本加厉地压榨百姓、奴役百姓。

沉重的赋税，愈加严酷的法令，令秦朝百姓不堪重负、民不聊生。话说哪里有压迫，哪里就有反抗，重压之下，必有勇夫。一个人的出现，沉重地打击了秦朝，这个人便是陈胜。

三、陈胜起义——掀起秦末农民起义的热潮

公元前209年，即秦二世元年，秦始皇去世一周年之时，在一个名为大泽乡的不起眼的小地方，一群手无寸铁的农民不堪秦王朝的压迫，团结一心起来造反了，他们的带头人就是陈胜。

在起义之前，陈胜的人生可谓普普通通、平淡无奇。他出身贫寒，每日靠着帮别人种地勉强维持着生计，当时他生活在社会的最底层，而他的人生看上去就是一眼望到头，没什么期盼。然而，人与人的差别，并不在于出身，而在于志向。陈胜虽然过着贫寒的生活，但他的内心却极其丰富，时刻憧憬着美好的未来。

有一回，在耕作休息的时候，他嘴里叼着根稻草，坐在田垄上，看向远方，感慨怅惘了良久，转头对身边的人说："若是哪天谁富贵了，可不要忘记了彼此。"

大家笑着回答说："你就是个人家雇用的耕夫，哪里来的富贵呢？"陈胜

看了一眼身边这些庸碌无能的人，叹道："嗟乎！燕雀安知鸿鹄之志哉！"

明明是一只鸿鹄，却被困在这群胸无大志的燕雀之中，人生的孤独莫过于此，在陈胜展翅高飞之前，他的内心深处早已是鸿鹄了。

陈胜的传奇，便是从这小小的大泽乡开始的。

秦二世元年，秦朝廷征调住在里巷左边的九百贫民去防守渔阳，陈胜就在这批人当中。由于办事稳妥，陈胜被负责押送的军尉任命为屯长，还有一名屯长就是后来成为陈胜搭档的吴广。

在他们行至大泽乡时，突然下起大雨，道路阻断，不能通行。估算一下行军时间，已经无法准时抵达戍营地。按照当时的法律，戍守误期是死罪，要被杀头的，所有人的心里都不知所措、心神不宁。

于是陈胜、吴广就商量说："如今逃走是死，起义也是死，既然是死路一条，与其坐以待毙，不如放手一搏。"

陈胜的脑海里冒出造反的念头，他虽是贫苦出身，但他胸怀大志，并且时时留心政局，对当时的时局有着自己独到的见解。秦王朝是何等的强大，凭区区几百人，要与一整个大秦帝国对抗，可行吗？陈胜对此倒是很有信心。

他对吴广说："天下苦秦久矣。"如今天下受秦王朝统治之苦已经很久了。自秦始皇统治以来，无限制地压榨民脂民膏、奴役百姓，这早就超过了秦国百姓能承受的极限。

当老百姓已经没有活路可走了，就只能造反。而这一点恰恰就是起义军能对抗秦国的民众基础。

为了提升起义队伍的号召力，让起义队伍在民众中迅速获得响应，陈胜认为应该借助公子扶苏和楚国大将项燕的名义来加大起义队伍的知名度。众所周知，公子扶苏和项燕都已经死了，但是，在民间还流传着他们的传说，而被传得最为广泛的就是他们还活着。不管二人是死是活，借他们的名号发动起义，必定能事半功倍。

第七章 黑暗来临

陈胜这番精准的分析、清晰的思路，让吴广大为佩服，当即决定入伙。吴广此人足智多谋，是个出色的行动派，当他决定加入起义军的时刻，心里就已经开始盘算如何发动起义。总不能逢人就宣传吧，若是被军尉发现，还不得被一刀砍了。

吴广琢磨了半天，想到了一个绝妙的办法，决定借助鬼神之力，达到预想的宣传效果。在这方面，吴广可以说是先驱，之后的农民大起义，大多数用了他这一招，屡试不爽。

要想装神弄鬼，首先氛围感得强。为了营造神秘感，吴广趁着四下无人的时候，偷偷地在一条鱼的肚子里塞了块帛布，上面写着三个字："陈胜工"。

大家兴高采烈地吃鱼时，自然而然地就发现帛布及上面的文字，于是所有的眼睛都偷偷地瞟向陈胜，这家伙难道是上天派来的救星吗？正当大家议论纷纷时，更离奇的事发生了。

到了晚上，大家听到远处有野狐的号叫，在号叫声中，居然还夹杂着几句人话："大楚兴，陈胜王。"大家都被这突如其来的人声和动物说人话的怪象吓坏了。到了第二天，所有人都窃窃私语，背地里对陈胜指指点点，大家愈发觉得此人与众不同。其实哪有什么野狐说人话呀，无非就是吴广搞的鬼。

一波神操作之后，吴广见时机差不多成熟了，接下来要进行下一步的计划，除掉起义的绊脚石，就是负责押送的三名军尉。恰好其中一名军尉喝多了，吴广便故意当着他的面说要逃跑，军尉瞬间怒了，这也太不把他放在眼里了，于是拿起竹板便打。吴广是戍卒的小领导，平时为人和善，人缘很好的，大家看到他被军尉抽打，都很愤怒。吴广偷偷观察着大家的表情，继续激怒军尉，军尉忍不了了，拔剑便刺，吴广乘势夺过剑，一举解决掉对方的性命。另外两名军尉惊呆了，敢杀他们的同僚，这是要造反哪，于是纷纷拔剑杀向吴广，陈胜眼疾手快，果断出手，将另外两名军尉也解决了。

这一幕把众人看呆了，大家愣愣地站在那里，一动不动，不知所措。

陈胜潇洒地站出来，振臂一挥道："公等遇雨，皆已失期，失期当斩。籍第令毋斩，而戍死者固十六七。且壮士不死即已，死即举大名耳，王侯将相宁有种乎！"（《史记·陈涉世家》）

这慷慨激昂的一句"王侯将相宁有种乎"燃爆全场，所有人都为之沸腾，被压抑了许久的情绪顿时爆发。中国历史上伟大的陈胜吴广起义，就此拉开了序幕。

谁会想到，就是这点星星之火，最后演变成了燎原之势，而不可一世的大秦帝国就葬送在这片火海之中。

陈胜这个人是颇有战略头脑的，他自立为将军，吴广为都尉，打出公子扶苏、项燕的旗号，扛起"大楚"的旗帜。斩木为兵，揭竿为旗，九百人的起义队伍率先攻占了大泽乡，随后乘胜将蕲县占为己有。

大泽乡之火迅速蔓延，天下苦秦久矣，早就盼着有这么一支反抗朝廷的起义军出现，带领大家走出这无尽的黑暗。人心所向则无敌，陈胜率领起义军，接连攻下铚、酂、苦、柘、谯等地，可谓势如破竹、锐不可当。

起义军的队伍如滚雪球般迅速壮大，攻至陈县时，陈胜的起义军已有战车六七百辆、骑兵一千多，士兵达到数万人。一支起义队伍有如此规模，实力不容小觑。

陈县的郡守及县令都没在城内，只有留守的郡丞领兵与起义军在城门下对战。郡丞兵败身死，起义军不费吹灰之力攻下陈县。陈胜进城后，召集掌管教化的三老和地方豪杰前来开会议事，大家纷纷说："将军身被坚执锐，伐无道，诛暴秦，复立楚国之社稷，功宜为王。"（《史记·陈涉世家》）于是陈胜正式自立为王，国号为张楚。

陈胜、吴广率领农民起义的消息传到了首都咸阳，一份份告急的奏书被快马加鞭送到秦二世手中。秦二世看着这一份份告书，郁闷极了，他的理想是享乐，可是这些个大臣，偏偏要拿这些个破事来烦他。不就是一小撮农民发动暴乱嘛，简直是以卵击石，不自量力，有什么可担忧的？秦二世为了恢复往日的清静，随即下令，把前来送坏消息的人抓捕入狱。这么一来，谁也不敢吱声了，皇帝都不急，大家还急个啥子哟。

清闲了几天，秦二世反而有些不适应了，他有点儿奇怪：怎么最近没有东方叛乱的消息了？便召唤大臣们前来询问。大臣们也都学精了，乖乖地闭上了心里那张嘴，异口同声地说："那不过是一群盗匪，郡守、郡尉正在追捕，现在全部抓获了，不值得担心。"

秦二世一听，开心得不得了，随即安心地去追逐人生理想了。然而，事实的真相是秦国在东方的统治已经在崩溃的边缘徘徊了。

陈胜的起义军继续奋勇向前，攻城略地，车轮滚滚，一往无前。在一片大好的形势之下，陈胜被胜利的喜悦冲昏了头脑，做了一个草率的决定。他准备五路出击，全面发动对秦国的进攻，誓要以最快的速度推翻秦朝政权。

事实证明，这个决定是十分武断的。陈胜起义的第一阶段进行得太顺利了，几乎没有遭遇到强有力的抵抗。这也导致了陈胜对时局产生了重大的误判，他认为秦国政权已经摇摇欲坠、不堪一击。

摇摇欲坠是真，不堪一击也不假，但是，陈胜忘记了瘦死的骆驼比马大这个道理。此时距离秦统一中国不过短短十余年，那支强大到令人闻风丧胆、望而生畏的秦军依然存在。之所以在陈胜起义之初，秦军会一败接着一败，跟秦军兵力的配置是有很大关系的。

在秦始皇统一中国后，秦朝曾发动过两次重大战争，一是南征，一是北伐。而秦朝最精锐的军事力量集中在北疆，共计有三十万人，秦军个个都是能征惯战的。另外，在广阔的岭南，秦军也有相当数量的驻军。此外，秦军主要集中于秦国故地，特别是关中地区，以此来捍卫首都咸阳。

由此可见，秦朝在东方的军事力量则相对较弱。秦始皇生前并不担心东方的叛乱，因为秦朝修建了四通八达的驰道，一旦东方有所变动，秦军可以在最短的时间内开赴东方平定叛乱。

秦军之所以没有在陈胜起义的第一时间内平定暴乱，究其原因，就是因为秦二世的昏庸无能、顽劣成性。他原本是有机会在第一时间内把精锐部队投入到东方战场的，但他自欺欺人，只图享乐，大臣们为了投他所好，违背自己的良心，异口同声地告诉他不存在叛乱。既然不存在叛乱，秦二世当然没必要派兵去镇压了。因此，陈胜吴广起义的胜利及起义军队的壮大，实际上是存在侥幸的。

可惜的是，当局者迷。陈胜沉迷于胜利的喜悦中，自己并没有意识到这一点。直到此时，真正的较量还未开始。但陈胜已经控制不住自己了，迫不及待地想要与秦朝一决高下，做出了五路出击、全面进攻的错误决定。

这五路出击的激进战略，最终导致起义的失败。

起义军的第一路，以吴广为假王，督诸将西击荥阳；第二路，以武臣为将，张耳、陈馀辅之，攻略赵地；第三路，以邓宗为将，攻略九江；第四路，以周市为将，攻略魏地；第五路，以周文为将，挺进关中。

这五路起义军，一齐进发，战果以武臣、周文两路收获最大。

武臣跟陈胜是旧识，本领一般，但是手下有两个人才，一个是张耳，一个是陈馀。张耳和陈馀都是魏国人，是坚定的反秦派，曾被秦始皇下令悬赏通缉，张耳赏金千金，陈馀赏金五百。他们为了躲避秦军的追捕，隐姓埋名，藏身于陈县，直到陈胜起义军的到来，才有了出头之日。有了张耳、陈馀的辅助，武臣攻略赵地，连下四十余城，队伍从三千人壮大到了数万人。

武臣的战绩算是不错的了，但是与周文相比，就相形见绌了。

周文又被称为周章，是十分懂兵法、很有智谋的一个人，曾在春申君、项燕手下当过差。陈胜起义后，东方各地起义军蜂拥而起，纷纷扛起反秦的大旗。周文颇有本事，沿途搜罗各地的义军，起义队伍一下子增加到几十万，号称"百万"，有战车千乘。他是陈胜麾下少数极有军事才干的将领，被陈胜授予将军印，率兵进攻秦国的心脏——关中。

周文率领起义军奋勇向前，一路血战直到越过函谷关，向关中挺进。而周文越过函谷关的消息，让整个咸阳城为之震动。为什么越过函谷关会给秦国带来这么大的震撼呢？秦朝自秦孝公后，东方军队曾五次出兵讨伐秦国，但是从未能越过函谷关一步，函崤之固并非浪得虚名。

而如今一个名不见经传的周文，居然轻而易举地越过了函谷关，可见事态的严重性。这下子纸包不住火了，秦朝大臣们没法再隐瞒下去了，只得硬着头皮上报给秦二世。秦二世得知以后，吓得魂不守舍，一向没有主见的他赶忙召集大臣开会，慌乱地问："奈何？"作为一个国家的统治者，除了享乐，他真的什么都不会。

幸运的是，秦朝还是有人才的，少府章邯在紧急关头挺身而出。他认为起义军人数众多，近在咫尺，而首都的兵力又不多，从其他地方调兵也来不及了。当务之急，最好的解决办法就是集结骊山的劳工，赦免他们的罪状，将其编入军队。

由于秦朝的严刑峻法，很多人违法了就被拉去服苦役，光是骊山的苦役就有数十万之多，人数相当可观。

就这样，章邯凭借着超强的组织能力，秦朝廷很快便拼凑起一支数十万的大军，由这些劳役作为辅助，秦军的核心力量仍是正规军，浩浩荡荡的大部队向前线进发。咸阳的正规军人数虽然没有起义军的人数多，但至少也有十万余人，个个能征善战。在此之前，陈胜的起义军遇到的都不是秦军的主力部队，这次，他们将见识到真正令人闻风丧胆、名震天下的大秦雄师。

周文所带领的部队，人数虽然很多，但是经过正儿八经军事训练的却少之又少，大部分都是没有经过军事训练的农民而已，与秦朝的正规军相比，简直就是一群乌合之众，如同一盘散沙。此时的章邯，是秦朝末期特别优秀的将领，在他的指挥下，秦军奋勇抗战，大破起义军，周文的部队在秦军面前不堪一击，被迫撤退。

在周文战败的同时，陈胜的张楚政权内部也出现问题，可谓内忧外患，危机四伏。

不可否认的是，陈胜是一位英雄，一位伟大的英雄。但是，人都是有弱点的，他也不例外。在过去几个月，陈胜从人生的谷底，一跃达到人生的巅峰，他一直享受着胜利的快感，掌握权力的欲望不断膨胀。在权力和欲望面前，他渐渐地迷失自我，开始失去农民质朴的本性。

陈胜的张楚政权的内部危机，是从杀葛婴开始的。

葛婴是大泽乡起义的参与者之一。在起义没多久之后，陈胜派他率领部队向东扩展。葛婴十分有才能、有谋略，在他的指挥下，他率领的部队接连攻下数城。在收复东城之后，葛婴并不知道陈胜已经称王，为了奖赏自己的功绩，他给自己立了个楚王。葛婴的这个举动，在陈胜的眼里是明目张胆的背叛。尽管葛婴在得知陈胜称王后，立刻废掉了这个楚王，可是仍旧没能逃过这一劫，被愤怒的陈胜处死。

处死葛婴后，并没有让陈胜的心里舒服，反而让他更加暴戾。他生性多疑，稍有令他不满意的，便会下令将人诛杀。革命尚未成功，陈胜便这般滥杀功臣，着实令人心寒。

这边还在带兵奋战、攻略赵地的武臣得知陈胜的暴行，内心惴惴不安。张耳、陈馀在旁出谋划策，建议他自立为王，脱离陈胜的张楚政权。武臣认为可行，于是自立为"赵王"，彻底与陈胜分道扬镳。

陈胜听闻武臣自立赵王的消息，勃然大怒，打算杀光武臣的家人，并出兵攻打赵国，以解心头之恨。好在当时有担任柱国的房君及时劝阻，他认为秦朝尚未消灭，起义军不宜自相残杀，不如顺势承认武臣的赵国，让他带兵西进攻打秦朝。陈胜冷静下来，觉得房君说得在理，便派使者到邯郸，告诉武臣，称王可以，但是要有所作为，并要求武臣发兵西进，攻打关中。

陈胜这是拿武臣当枪使呀，想让武臣率兵与秦军主力拼命，而他则保留实力，坐收渔翁之利。武臣又不是傻瓜，怎会任陈胜摆布，他果断地拒绝西进，并派部将韩广进攻秦军力量薄弱的燕地。韩广也不是省油的灯，他有自己的野心，在拿下燕地之后，韩广顺势自立门户，自称为燕王。

第七章 黑暗来临

看似已经分裂的张楚政权，还远没有结束内忧。没过多久，被陈胜派去进攻魏地的周市也擅自做主，立前魏国宁陵君魏咎为魏王。如此一来，陈胜的部将们纷纷单飞，而这场内部政权的斗争严重地削弱了起义军的实力。

陈胜的张楚政权现在是真的四分五裂了，之所以发生如此迅速的裂变，无外乎几个原因：

第一，陈胜虽然是起义军的首脑，但是根基不深、军心不稳。从陈胜起义到政权裂变，不过短短几个月的时间而已。陈胜出身贫寒，在起义之前根本就是个无足轻重的小人物，经历了几次小胜利就有些飘了，急于建立威信，但此时的起义军的框架是虚空的。

第二，陈胜求胜心切，盲目自信。在与秦朝的抗争中过于心急，未能搞好内部政权建设。他虽然创建了张楚政权，但政权基础很弱，在这种情况下，他又急于对秦朝发动全面进攻，结果秦朝没打垮，内部却搞得四分五裂。

第三，陈胜自立为王后，忘记了起义的初衷，忘记了自己的初心，为了保护自己的政权，滥杀有功的将领，令部将们心寒，索性与他分道扬镳，自立门户。

而在起义军首领争权夺利之时，战场形势已经发生了根本性的逆转。

章邯率领秦军主力，大败周文的西征军后，乘胜追击一路追至渑池。咸阳城危局已然解除，秦朝顺势把越来越多的生力军投入到战场。这时起义军才猛然发现，原来一直小瞧了秦朝，此时的秦朝实力根本没有他们想象的那么弱，反而是他们在秦朝的军事力量面前不堪一击。

在渑池一战中，章邯霸气尽显，在他的指挥下大破张楚兵团，周文战败自杀而死。陈胜原本以为几个月就可以灭掉秦朝，但是骨感的现实在告诉他，想多了，真正的较量才刚刚开始。

秦朝的主力军不断涌进关中，正在奋力攻打荥阳的吴广顿时感到压力山大。在张楚政权中，吴广的地位仅次于陈胜，是实实在在的二把手。吴广的军事才能令人不敢恭维，着实一般，但是他很自信。他以假王的名义督促诸将进攻荥阳，奈何久战无功，这并没有打击吴广的积极性，他仗着"首义元勋"的光环，继续散发着自信的光芒。有了光环，人也开始变得傲娇起来，在部队里横行霸道。

荥阳之战已经持续四个月之久，诸将领对吴广的意见越来越大，大家一致认为他骄横霸道，不懂兵法，只会瞎指挥。于是，一不做二不休，决定发动兵变，拿下吴广。将军田臧与诸将联合行动，谎称得到了陈胜的诏令，诛杀吴广。

没有经过系统的军事训练是不行，田臧的军事水平也高明不到哪里去。在章邯率领的大军与荥阳守军的双面夹击下，田臧战败，战死沙场。

章邯自率军出战以来连战连捷，成为名副其实的起义军克星。解决了荥阳之困后，章邯并没有停下脚步，而是奋起追击，直接进攻郯县，秦军势如破竹，大破起义军将领邓说，邓说见大势已去，趁乱逃回了陈县。结果，回到陈县没有得到安慰，反而被陈胜斩首示众。

至此，陈胜派出的五路人马，已经各奔东西，要么被击败消灭，要么自立门户。此时的张楚政权已然是风雨飘摇、摇摇欲坠，而陈胜也是孤掌难鸣了。

而此时的秦军气势如虹、攻势如潮，章邯率军再次攻打张楚将领伍徐的部队，兵锋已经杀抵陈胜的老巢陈县。张楚柱国房君亲自领兵迎战，结果可想而知，起义军大败，房君战死。

为了鼓舞将士们的士气，陈胜决定亲自出城督战。而他的存在如一件摆设，没有起到任何作用，起义军根本抵挡不住秦军猛烈的攻势，将领张贺被击杀。

就在这时，秦二世派遣的由长史司马欣、董翳率领的一支生力军抵达战场，支援章邯。有了支援，章邯的力量更强、攻势更猛了。无奈之下，陈胜只好带着起义军撤退，他先前往汝阴，后来又到了下城父。令他没有想到的是，下城父竟然成了他的葬身之地。他的马车夫庄贾卖主求荣，趁陈胜不注意的时候，丧心病狂地将他刺死，随后跑去向秦军投降领赏。

伟大的陈胜起义，就这样以悲剧的结尾收场了，历时半年时间。起义虽然失败了，但是陈胜点燃的革命之火并没有熄灭，反而出现了燎原之势。继陈胜起义之后，更多的人揭竿而起，前仆后继，直到推翻秦国政权。

四、利欲熏心——赵高的恶行

秦军与起义军打得如火如荼，而赵高在这边为了达到自己彻底专权的目的，已然放飞自我了。由于手上沾满鲜血，他也会心虚，生怕有人在皇帝面前揭发他的罪行，便开始了新一轮的洗脑。

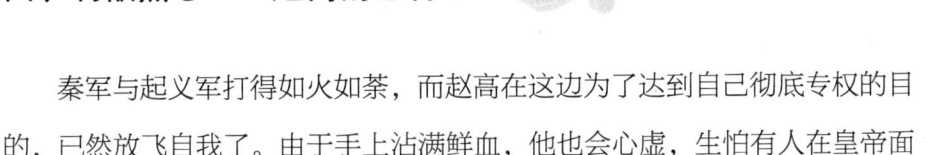

自从秦二世看了李斯的上书，对百姓的统治更加残暴。在他的认知里，谁从百姓那儿盘剥的税多，谁就是贤明的官吏；谁杀的人多，谁就是忠臣。这就是秦二世的荒诞逻辑。一时间，"刑者相半于道，而死人日成积于市"。

这时赵高又对秦二世说了一大通很有"道理"的话："先帝临制天下久，故群臣不敢为非进邪说。今陛下富于春秋，初即位，奈何与公卿廷决事？事即有误，示群臣短也。天子称朕，固不闻声。"（《史记·秦始皇本纪》）

赵高竟然以秦二世年轻，经验不足，应该和大臣们少见面，避免在大臣们面前暴露自己的弱点为由，劝说秦二世深居宫中。若是朝中有事，他自会向秦二世汇报，再说，朝中有这么些个栋梁之材在辅佐，国家只会治理得越来越好，秦二世专心享乐便可以了，一切有他在，安心。

秦二世被赵高的体贴深深地感动了，这也太暖心了。秦二世高兴地竖起了大拇指："赞！"况且，秦二世本就没什么才能，可以不上朝自然求之不得，从此便深居简出，待在后宫中尽情享乐，除了赵高以外，其他大臣想见秦二世一面都难。从此，朝中大小事务都由赵高一人说了算。

对于秦二世的所作所为，李斯颇有微词，可是他现在连秦二世的面都见不着，只能是干着急使不上劲儿。

尽管赵高现在一手遮天，但是他心里对李斯还是有所忌惮的。李斯在秦始皇统一中国前就已经是朝廷重臣了，资历之深无人可比。况且李斯在秦国制度建设上的重大贡献，大家都是有目共睹的，做了这么多年的丞相，根基之深，不可撼动。而李斯的存在，让赵高感到了威胁。

加上李斯之前上书给秦二世，在奏书中劝谏秦二世远离佞臣，亲自执政。赵高对他更是恨之入骨，欲除之而后快。赵高这个人睚眦必报，心胸狭窄，阴险狡诈，决心要扳倒李斯。而李斯的不满，恰恰给了赵高这个机会。

赵高精心布置了一个局，让李斯心甘情愿地跳进去。他假意对李斯说："函谷关以东地区盗贼很多，但是皇上却加紧征发劳役修建阿房宫，不仅如此，还沉迷于犬马之类没用的东西。我身份卑贱，说话没有分量，您作为丞相，为什么不劝谏呢？"

李斯叹道："不是我不劝谏，只是皇上现在不临朝听政，常居深宫，我连人都见不着，怎么劝谏呢？"

赵高"诚心诚意"地说："放心，交给我。等皇上有空闲时，我就立刻告诉您。"

李斯还在为赵高的忧国忧民之情而感动，殊不知，这只是他设的一个局。于是，这样的场景出现了：只要秦二世与美女把酒言欢，赵高就立刻通知李斯前来，李斯就飞奔到宫中求见秦二世，一来二去把秦二世的雅兴都搅和没了。秦二世对赵高抱怨说："吾常多闲日，丞相不来；吾方燕私，丞相辄来请事。丞相岂少我哉？且固我哉？"（《史记·李斯列传》）

秦二世以为李斯是故意这么做的，只是为了来羞辱他。赵高乘机诬陷说："您这样说话就危险了。当初沙丘之谋，丞相是参与的。现在陛下继承了皇位，而丞相依然只是丞相，没有加官晋爵，想必是丞相心怀不满，意图裂土称王吧。"

不仅如此，赵高还诬陷李斯的儿子李由与起义军私通，他对秦二世说："丞相的大儿子李由担任三川郡守，而陈胜等人都是丞相故乡邻县的人，起义军攻到三川时，李由坚守不出，白白错失了进攻的机会。而且他们之间还有书信往来，但因为没有确凿的证据，我才没敢告诉您。"

秦二世听罢怒气冲天，李斯这是要造反哪！绝不能放过他。秦二世决定以李由为突破口，下令调查李由与起义军私通一事。

赵高的这波操作，打了李斯一个措手不及。此时，李斯总算看清了赵高的真实嘴脸，他下定决心绝地反击，要与赵高死磕到底。他奋笔疾书，上书攻击赵高："今高有邪佚之志，危反之行，如子罕相宋也；私家之富，若田氏之于齐也。兼行田常、子罕之逆道而劫陛下之威信，其志若韩玘为韩安相也。陛下不图，臣恐其为变也。"（《史记·李斯列传》）

李斯位于丞相之位，岂非善辈，他以田常、子罕为例，攻击赵高也有叛乱的可能。

让李斯没有想到的是，此时的秦二世对赵高的忠诚毫不怀疑，甚至亲自为赵高辩护："不为安肆志，不以危易心，洁行修善，自使至此，以忠得进，以信守位，朕实贤之，而君疑之，何也？"（《史记·李斯列传》）在秦二世看来，赵高品行廉洁、一心向善、忠心耿耿，不信任赵高要信任谁呢？

听了秦二世的话，李斯自知多说无益，心灰意冷。他现在肠子都要悔青了，自己当时怎么就选了这么个昏庸的皇帝呢？

秦二世的斥责意味着李斯的彻底失宠，若他有自知之明，尚存一丝理智，从此淡出政坛，倒不失为一条退路。可惜的是，李斯的官瘾太重，迷恋权力而无法自拔。为了保住得来不易的权势，他也只能对秦二世曲意逢迎。如果他知道自己的结局，会不会更加后悔今日的妥协呢？

李斯与赵高算是彻底决裂了，互相攻讦。赵高要比李斯幸运得多，他有秦二世当保护伞，而李斯注定是一个失败者。

没过多久，鉴于时局危恶，李斯忧心忡忡，他找到右丞相冯去疾、将军冯劫，欲联合他二人一同进谏，向秦二世请求减轻赋役，停修阿房宫。

三人的劝谏彻底惹怒了秦二世，他认为李斯等人是在挑衅自己的权威。赵高真是一点儿机会都不会放过的人，乘机火上浇油，秦二世气愤地下旨将李斯、冯去疾、冯劫三人下狱问罪。

冯去疾、冯劫不能忍受将相被如此凌辱，在狱中含恨自杀而亡。反观李斯，一个为了权力连命都可以不要的人，怎么肯乖乖自杀呢？然而，他不知道的是，这次秦二世没有打算再给他活着的机会，是彻底下了杀心。于是派赵高审理此案，指控李斯与儿子李由谋反。

李斯真的不应该还对秦二世抱有最后的幻想，导致自己最终落入赵高之手。在赵高的魔爪中，会有好果子吃吗？赵高对李斯严刑逼供，把他打得体无完肤，还逮捕了李斯的宗族及宾客。李斯养尊处优惯了，几时受过此等刑罚，怎么忍得住这些痛苦，被迫承认了谋反的罪状。

李斯真的是不见棺材不掉泪，如果此时他自我了结了，能省去许多痛楚。但他自认为还有机会逆转局面，当年他不也是通过一篇《谏逐客书》而逆转局面、赢得未来的吗？只要自己能再写这么一篇文章打动秦二世，没准是可以为自己申冤的。

李斯忍着身体的剧痛，在狱中写下一篇自白书，实际上是罗列自己为秦国所做的贡献。秦二世若能看到这封奏书，事情保不准还真的有转机。李斯万万没有想到，这篇自白书落到了赵高的手中，他毫不犹豫地将奏书销毁了，并且冷笑道："囚安得上书？"

这个时候，传来了李由在前线战死的消息。既然李由战死沙场，那所谓的与盗匪勾结的罪名自然就洗清了。但是这并不能阻拦赵高的魔爪，他的目的十分明确，就是要置李斯于死地，哪里会在乎所谓的事实？他能把白的说成黑的，把黑的说成白的，此时的秦国已经不存在"公理"二字了。

公元前208年，李斯最终没能逃过命运的安排，被处以极刑。先是黥面（即在脸上刺字，是秦朝的一种侮辱刑罚），然后劓（即割鼻子，也是秦朝的一种酷刑），砍断左右趾（即砍掉左右脚），又腰斩（拦腰斩断），最后是醢（即剁成肉酱），这在当时是最为残忍的一种处死方式，叫作"具五刑"，即用五种刑罚处死。

李斯做梦也不会想到，这就是自己的结局，岂是一个惨字可以形容的。临刑的前一刻，他对次子说："我想跟你牵着小黄狗，出上蔡东门去追逐野兔，已经不可能了。"

李斯悲剧的人生结束了。说实话，李斯死得也不是很冤，只能说是太惨了。他为了个人权力不受动摇，极力吹捧专制，迎合秦始皇，甚至不惜提出焚书的主张，来禁锢思想自由。而在沙丘之谋中，他违背自己的良知，又与赵高、胡亥沆瀣一气、同流合污，不仅谋害公子扶苏，还陷害良将蒙恬。直到秦二世上台，他还不知悔改，倒行逆施，为了保住自己的官帽，曲意逢迎。甚至到了生命的尽头，为了权力，没有给自己一个体面的结局。于公于私，他都不值得被同情。秦国被搞得如此乌烟瘴气，难道他就没有责任吗？

李斯还是丞相的时候，多多少少对赵高还是存在约束的，如今他死了，赵高更加肆无忌惮、无法无天了。秦二世任命赵高担任丞相一职，事无巨细都交由赵高处理。赵高的权力越大，秦国离亡国的日子就越近了。

赵高终于将大权骗到手了，但是面对满朝的文武百官，他也是忐忑不安的。如果大臣们联合起来反对他，那他岂不是白费力气、白玩一场！于是赵高绞尽脑汁想办法，想要测试大臣们对他的真实态度。一场由赵高精心策划，并担当导演，被后世所不齿的一场历史大戏即将开演。这部戏的名字就是：指鹿为马。

在一次朝会上，赵高命人牵着一只鹿进来，作为礼物献给秦二世，并且对秦二世说这可是一匹好马。秦二世听了不禁笑出了声："丞相真逗，这明明是只鹿，你怎么说是马呢？"赵高表情严肃，仍然坚持说是马，秦二世见他认真的模样，便问在场的大臣们："这是马吗？"

此时的大臣们都臣服于赵高的威慑之下，赵高的手段他们可是见识过了。而赵高整这一出戏，谁知道葫芦里卖的什么药，大家也都是敢怒不敢言，随声附和着说是马，当然这其中一定有说是鹿的，也有不少干脆直接装聋作哑。

果不其然，朝会之后，赵高阴险的嘴脸立刻显露无遗，他根据大臣们的不同说法，一一区别对待。甚至对说是鹿的人痛下杀手，一律找借口除之而后快，说是马的人则被当成自己人，加官晋爵。

通过"指鹿为马"这出戏，赵高得到了自己想要的效果，心里美滋滋的。但是秦二世却郁闷了，他以为自己得了迷惑病。于是赶紧找来太卜算上一卦，太卜也是个半吊子，满嘴胡话，非说他是因为祭祀时斋戒不虔诚引起的。秦二世对太卜的话深信不疑，便到上林苑中重新斋戒，开始还能虔诚地对待，后来又开始享乐了。

秦二世整日在上林苑中游玩射猎，一次有个行人误入上林苑中，秦二世误将此人射死。赵高收到消息后，第一时间到达事发现场，开始借题发挥。先是让他的女婿阎乐上奏说，不知谁杀了人，将尸首扔到了苑中。

随后，赵高又装模作样地对秦二世说："天子无缘无故杀死没有罪的人，这是上天所不允许的，鬼神也不会接受您的祭祀，上天将会降下灾祸，应该远离皇宫，以祈祷消灾。"秦二世已经害怕得不行了，随即按照赵高的意思，到别处的行宫去避难了。秦二世一走，赵高在朝中俨然皇帝一般高高在上。

此时的秦二世光顾着自己避难去了，并不了解天下的真实情况。

五、巨鹿之战——秦朝距离灭亡更近一步

尽管陈胜众叛亲离，张楚政权四分五裂，但不可否认的是，张楚政权在反秦起义中起到了主导作用。陈胜死后，反秦义军群龙无首，虽然人数众多，却各自为战，甚至搞起了内斗，消耗了极大的兵力。比如赵王武臣的部

将李良发动兵变,将武臣杀死后,乖乖向章邯投降,这给起义军造成了极大的伤害。

而此时的章邯英勇无比,起义军根本无力招架他咄咄逼人的攻势。如果想要反秦,必须有一个新的政权来领导起义军,而且起义军队伍必须结束各自为战的局面。这个领导者,非楚政权莫属。陈胜虽然死了,他创立的张楚政权却得以延续。在陈胜兵败之际,部将召平希望有个强有力的人物出来主持大局,他相中一个人,此人便是起义军首领之一的项梁。

项梁是何许人也?他可不是一般的人物,是楚国大将项燕的儿子。当年,王翦以六十万大军讨伐楚国,项燕战死沙场,楚国灭亡。项梁趁乱带着自己的侄子项羽逃往吴中,过着隐姓埋名的生活。项羽从小身强体壮,力大无比,项梁对这位侄子寄予厚望,教他剑法与兵法,希望有朝一日可以复兴楚国。

而大泽乡起义如星星之火,将暴动的烈火烧至吴中。项梁趁机揭竿而起,杀掉会稽太守殷通,自立为太守,任项羽为裨将,招募了八千精兵,准备大干一场。在起义军的首领中,项梁出身将门之家,军事才干最高,所以他带的这支部队从一开始便走正规军路线,设有校尉、候、司马等军职。部队纪律严明,将士训练有素,实为起义军中的精锐部队。

当项梁忙着招兵买马之时,陈胜的部将召平亲自登门求见,并谎称得到陈胜的命令,任命项梁为张楚政权的上柱国。

召平为什么会找项梁出来主持大局呢?这也是有他的考量的,当年陈胜起义,打的就是扶苏与项燕的旗号,而项梁就是项燕的儿子,论身份,项梁是再合适不过了。

项梁得知召平的来意,惊讶之余,认为这是个机会。于是项梁接受了上柱国的职位,亲自率领八千精锐士兵,渡过长江,打算与秦军决一死战。

项梁是前楚国贵族,身为名将项燕的儿子,为他赢得了起义军的尊重。而张楚政权的上柱国的身份,便意味着号召力,很快,很多零零散散的起义军部队纷纷归附于项梁。其中，有两只力量强大的起义军，一支是陈婴带领的，一支是英布带领的。大批的追随者强化了项梁部队的规模。

陈婴原本是东阳的一名官吏，他为人正直，为官清廉，在东阳颇有威望。在当时的历史背景之下，东阳也爆发起义，县令被击杀，参与暴动的人数达到两万，众人推举陈婴为首领，并打算拥立他为王。陈婴的性格使然，果断拒绝了大家的好意，他认为项梁、项羽叔侄乃出自楚国将门之家，论才华论背景，只有他们才能领导推翻秦国的大业。大家觉得陈婴所说的十分在理，于是这支起义军便前往投奔项梁。

英布也是秦末起义的风云人物，他曾因犯了刑罚，被判以黥刑，并被押到骊山服苦役。英布是个有理想有抱负的人，他不甘心就这样被困于骊山了却此生。他决心要逃离这里，于是暗中与囚犯中的豪杰称兄道弟，有了兄弟的帮助，他很快就找到机会逃走。一路逃命，直到长江一带，落草为寇，并将手下的人发展到数千人之多。

秦末大起义爆发后，番阳县令吴芮激情昂扬，也想干一番事业，英布便带着手下的这几千人前往求见。吴芮对英布的勇武、才能十分欣赏，并把女儿嫁给他，让他率领部队共同抗击秦军。英布骁勇善战，在与秦军的对抗中多次取得胜利，这时他听说项梁带领部队已渡过长江，便率部前去归附。

有了这几支生力军的加入，让项梁的兵力急剧膨胀，迅速发展到了数万人。项梁与秦朝有着家仇国恨，所以在抗秦斗争中远比各路起义军更加积极进取，其他起义军都尽力避开章邯率领的秦军，只有项梁迎难而上。双方在栗县展开了激烈的对决，这场战役的结局证明了章邯的秦军更胜一筹，项梁兵败，部将余樊君战死沙场。

不过，在另一个战场上，项梁扳回一局。他派项羽率军攻打襄城，初出茅庐的项羽展现出过人的军事才能，一路疾进，如行云流水，瞬间就攻陷城池。取得胜利的同时，也暴露出他野蛮残忍的一面，在攻破城池后，他下令将城内的军民全部坑杀了。

就在项梁以上柱国的身份努力主持楚政权时，又一个重量级人物闪亮登场，此人便是后来成为大汉开国皇帝的刘邦。

刘邦曾经做过亭长，之后被派去押送一批苦力去骊山服役，看着无辜的苦力，刘邦动了恻隐之心，半途把他们都给放跑了，他知道若是回去，定会被治罪，于是便逃离了这里，落草为寇。

刘邦的人生因陈胜大泽乡起义而发生天翻地覆的变化。当革命成为一种潮流时，沛县县令也打算跟上潮流的步伐，起兵造反，这时他的手下萧何、曹参等人就提议把刘邦召回来共图大事。当刘邦满心期待地回到沛县时，县令却反悔了，说什么也不想革命了。然而开弓没有回头箭，这临门一脚，他倒是拖上后腿了，大家索性把县令解决了，拥护刘邦为首领，坚决地走上反秦起义这条路。

在刘邦崛起的过程中，有一个人起到了至关重要的作用，此人便是在博浪沙策划以大铁锤刺杀秦始皇的张良。

陈胜起义后，张良聚集了百余人，跟着起哄，意图反秦。张良在留县遇到了刘邦，两个人一见如故，惺惺相惜。张良是第一个发现刘邦有过人的军事天赋的人，这也是他心甘情愿跟随刘邦的原因。张良原本就是足智多谋之人，对兵法颇有研究，曾潜心钻研《太公兵法》。当他激情昂扬地与别人讨论战略兵法时，仿佛是对牛弹琴，没有人能听懂他在说什么。但是刘邦不同，他虽没读过什么书，但只要是张良所说的，他一听就懂，甚至会有更深的见解。对此，张良佩服得五体投地，简直视刘邦为偶像。他认为刘邦的才能乃是上天所授，非常人所能及。

有了张良的协助，加上刘邦过人的军事天赋，在与秦军的对抗中，刘邦取得了一系列的胜利。特别是在砀县之战中，刘邦以少胜多，不仅攻破城池，还收编了六千名秦军，使得自己的兵力迅速扩张，一下子达到九千人。自陈胜死了以后，全国反秦形势陷入低潮，刘邦却可以逆风飞扬，着实不易。

虽然刘邦的队伍不断壮大，但他心里也明白，就凭自己区区几千人，如何能与整个秦国对抗呢？这根本是痴心妄想，经过一番思考，他决定投奔项梁。因为在所有起义军的首领中，项梁无疑是最有号召力的那一个。

来得早不如来得巧，刘邦来得正是时候，恰巧赶上项梁正召集各路起义军首领开会，商议新楚王的人选一事。陈胜死后，楚政权实际上是处于无首脑的状态，对古代人来说，没有首脑的政权还算什么政权呢？因此，重建楚政权便成为当务之急。此时的张楚政权，在项梁的引导下，逐步成为楚政权。

这时，已经七十岁的谋士范增站出来，他劝项梁吸取教训，立楚国王室的后人为君，而陈胜之所以失败，就是在于他"不立楚后而自立"。项梁认为范增说得有道理，便采纳了他的建议，从民间找来了楚怀王的孙子熊心，拥立其为楚王。

新楚王熊心与他的祖父一样，也被称为楚怀王。新的楚政权定都盱眙，以陈婴为上柱国，项梁自号武信君。这个新的政权是陈胜的张楚政权的历史延伸，同样肩负着反秦运动的重任，成为义军的中流砥柱。

楚政权之所以能成为起义军政权中的领导者，是存在其道理的。随着反秦运动的发展，东方六国全部复国，而在这些政权中，有的与战国时代的六国存在联系，有的则是八竿子打不着，只是借用其国号罢了。

此时的赵国、燕国、魏国，是从陈胜的张楚政权中分裂出来的。韩国则是楚怀王上台后，通过张良的请求、项梁的允准才得以复国。东方六国中，只有一个政权的复兴与楚政权没有关系，这就是齐政权。齐王田儋原本是齐国的旧贵族，在风起云涌、反秦如潮的时代，他不甘居于人后，凭着复国的一腔热血，在狄县起兵，杀死县令，将狄县的士兵收入囊中，并自立为齐王。

秦朝与新六国形成了对峙的局面，仿佛又回到了战国时代。历史将重新上演，只是在这幕剧中，秦国还能书写自己的辉煌历史吗？

新六国的成立，没有带给章邯一丁点儿的压力和危机感。显然，他对新六国不屑一顾，在他眼里，陈胜之死就是起义军衰落的标志，剩下来的不过是群乌合之众罢了，不足担忧。现在的他十分亢奋，斗志昂扬，他决定发动疾风骤雨般的进攻，直到把新六国敌人全部铲除，从而实现第二次一统天下。这是多么伟大的目标哇。

章邯将头一个目标瞄准了魏国，率领秦军挥师北上，以泰山压顶之势，把魏王魏咎包围于临济。魏王惶恐不安，紧急派出周市向齐、楚请求救援。唇亡则齿寒，齐、楚两国深知这个道理，所以对援魏一事都极为重视，项梁派大将项它率楚军前往驰援，齐王田儋更是亲自率领齐军奔赴前线。

章邯得知齐、楚两国大军联合出动，窃喜，这正是将他们一网打尽的好机会。于是临济之战拉开序幕，章邯趁两国援军还没站稳脚跟的机会，在黑夜发动突袭，联军一点儿防备都没有，面对秦军汹涌的攻势，联军惨败，齐王田儋战死，魏将周市战死，魏王魏咎自焚身亡，秦军以强大的优势占领临济。

在这场战役中，东方六个国王死了两个，这无疑是对反秦运动的一次沉重的打击，同时也体现出秦军高超的作战水平。

章邯在击破魏国后，乘胜攻入齐国，包围东阿。而自临济之战后，齐王田儋的堂弟田荣收罗残兵败将，退守东阿。项梁得知田荣被包围的消息后，亲自带兵前往救援。

章邯虽然骁勇善战，秦军作战水平高超，但是这一路下来，秦军一直处于战斗状态，没有得到充分的休整，早已是疲惫不堪，偏偏这时遇到的是项梁亲率的生力军，怎么打得过呢？经过一番激战，最终章邯败退，东阿城之困顺利解决。

经过东阿一役，楚政权在起义军中的领袖地位更加稳固，这也证明了项梁是章邯遇到的劲敌。项梁在东阿挫败章邯后，并没有停下进攻的脚步，随即派项羽、刘邦开展反击战，攻略城阳。而项羽又一次展现出他的魔王本色，再一次上演屠城血案。项羽的狂暴、悍戾的作风，的确让秦军闻风而丧胆。

在项羽、刘邦取得城阳之战胜利的同时，项梁率主力部队进攻濮阳，又一次大败秦军。情急之下，章邯为了阻止项梁军队继续深入，下令引河水以阻挡楚军。此时，项梁与章邯两军相持不下，但秦国的援军源源不断地抵达战场，楚军的形势越发不利。得到援军支持的章邯，很快就恢复了元气，攻势更加猛烈。

项梁眼看就要抵挡不住秦军的攻势，他也需要更多的兵力，随即派人前往齐国，向田荣要求派出援兵。

项梁是田荣的救命恩人。当初是项梁带兵帮他解了东阿之围，如今项梁派人请求支援，按理说田荣应该全力以赴才是。然而，令人跌破眼镜的是，田荣竟然不肯出兵。这是为什么呢？

原来齐王田儋战死后，齐国的一些贵族蠢蠢欲动，擅自拥立齐王建的弟弟田假为齐王。田荣对此十分愤怒，随即用武力手段把田假赶下台，拥立田儋的儿子田市为齐王。田假倒台后，自然成了田荣的眼中钉，为了保命，田假逃到了楚国避难。田荣要求楚国杀掉田假，自己才会出兵援助，否则坚决不出兵。

田荣简直是无理取闹，小人之行为，于公于私他都应立刻出兵，而不是为了一己私怨，陷恩人于危难之中。对于田荣这个无理的要求，项梁没有理会，最终齐国竟一个援兵都没派出。

好在此时传来了一个好消息，项羽与刘邦在雍丘之战大获全胜，斩杀李斯之子、三川郡守李由。这个消息着实让项梁激动万分，立刻召开紧急会议，决意亲自督师攻打定陶。

显然，项梁被项羽、刘邦的胜利冲昏了头脑，在明知兵力比秦军弱很多的情况下，还要主动发起进攻，真是谜之自信。在这一点上，项梁与陈胜犯了同样的错误，在取得了一点儿胜利的时候就开始骄傲，失去理智，盲目自大，从而对时局做出了严重的误判。项梁无视自己的对手是义军克星章邯，也无视敌强我弱的事实。

项梁的部将宋义是个头脑冷静、十分理智的人，他对项梁的草率决定很是担忧，于是多次劝谏，项梁却不以为然，认为他是妇人之仁，根本听不进去他的劝告。

项梁不知道的是，此时章邯的援军还在源源不断地开赴前线。秦二世虽是个贪图享乐的皇帝，但为了迅速平定东方之乱，他不惜血本，把各州郡的军队陆续调往前线，交到章邯手中，其中还包括驻守北疆的秦之精锐部队。

无论宋义怎么劝说，项梁却一意孤行，最终因为自己的大意而丢了性命。章邯的军事力量得到补充后，故伎重演，趁楚军不备，夜间发动突袭，楚军惨败，项梁则战死沙场。

而项梁之死引起的震动不亚于陈胜之死，他不仅是新楚政权的核心人物，也是继陈胜之后反秦的一面旗帜。

此时，正在领兵进攻陈留郡的项羽与刘邦得知项梁的死讯，一时间军心动摇，这种情况下不宜恋战，随即匆匆撤退。为了避开章邯的锋芒，楚政权被迫迁都，从盱眙迁往彭城。而刘邦则驻守砀县，项羽驻守彭城西，吕臣驻守彭城东，形成三足鼎立的模式，他们已经做好与章邯决战的准备。

反观章邯，并没有要乘胜发动进攻的迹象。在章邯看来，项梁已死，楚政权已经是强弩之末，不足为患。他根本没把项羽、刘邦放在眼里，认为他们不配成为对手，这一点，章邯着实是低估了楚政权的实力。现在谁是他最大的对手呢？章邯认为是北方的赵国。

章邯之所以将赵政权视为秦国的心腹之患，并非没有道理。

赵政权是从陈胜的张楚政权分裂出来的，也是反秦义军建立的第二个政权。此时，赵国的灵魂人物是张耳与陈馀，早在秦国统一六国时，二人就成了秦国通缉的对象，他们是反秦的坚硬分子。

张耳与陈馀都是足智多谋、才干非凡之人，正是因为他们的拥立，武臣才得以成为赵王,他们二人对赵政权的发展壮大功不可没。之后,赵国部将李良发动兵变,将武臣诛杀,张耳、陈馀侥幸逃走,但是没有从此销声匿迹,而是四处收拢人马,打败李良的叛军,李良最终向章邯投降。随后,二人拥立赵歇为赵王,重建赵政权。

在东方六国与秦朝的对抗中,魏、齐、楚三国先后遭到秦军重创,魏咎、田儋、项梁三大领袖人物更是战死沙场,已不足为患。燕、韩两国实力较弱,完全没有威胁性,反观赵国,在如此形势之下,实力稳定发展,重要性日益凸显。因此,章邯把枪口对准赵国,虽然失策,但也不失合理性。

经过一系列的分析,章邯放弃了进攻彭城,这个决定错失了近在眼前、唾手可得的胜利机会,转而挥师北上。项羽、刘邦要感谢章邯的这一决定,让楚政权得以死里逃生,最终成功翻盘。

此时,章邯手中握有秦军之精锐,总兵力达四十余万。章邯潇洒地带着他身后庞大的雄师部队,挥师北上,攻打邯郸。张耳、陈馀见秦军来势汹汹,根本无法抵挡,不敢贸然迎战,偷偷带着赵王赵歇逃往巨鹿,婴城固守。但是章邯怎么可能这么轻易放过他们,他率领秦军尾随而至,兵临巨鹿城下。

负责指挥攻城的秦军将领是王离,他是王翦之孙、王贲之子,乃名将之后。王离曾作为蒙恬的副将镇守北疆。随着蒙恬被害至死,王离从而接管兵权,成为秦朝北疆地区的最高军事长官,手握三十万大军。

在陈胜大泽乡起义之初,秦二世认为东方叛乱就是一群乌合之众,不值一提,一直没有把北方的精锐部队投入镇压起义军的战争中。直到陈胜的起义军威胁到秦都咸阳时,秦二世才恍然大悟,随即把王离的部队调到前线,由章邯统一指挥。

为了速战速决,迅速拿下赵国,秦朝名将悉数登场。从军事力量方面看,秦军拥有绝对的兵力优势,从作战能力方面看,秦军有经验十足的领军人物,有骁勇善战的将士们,看上去巨鹿之战的结果显而易见,毫无悬念。

但是张耳和陈馀也不是泛泛之辈，他们采取积极的防御策略。张耳负责守城，凭借巨鹿坚固的城墙，与秦军展开周旋。陈馀则率数万人驻扎于城北，称为河北军，与张耳互为犄角，遥相呼应。这个布局果然是精妙的，效果出奇地好，王离几次强攻都未能破城。总指挥章邯却并不着急，此时的巨鹿已然成为孤城，只要围上几个月，待到城内粮食耗光，张耳和陈馀自然缴械投降，即使他们继续顽强反抗，城内的百姓也未必答应，到那时，巨鹿便不攻自破，秦军便不战而胜。

围城还有一个好处，是可以坐等各路起义军前来救援，到时章邯正好可以将他们一网打尽，不用再率兵逐一击破，省去了不少麻烦。章邯的这个想法确实轻敌了，他最大的失误就是低估了楚国的实力，小看了项羽和刘邦的军事才能。他显然还没意识到，项羽和刘邦要远比张耳、陈馀难对付得多。

由于章邯紧急刹车，转头挥师北上，楚国面临的严重危机顺势解除，获得了喘息的机会，楚军得以休整，重整旗鼓。

楚怀王趁秦朝与赵国开战之机，细细地筹划了下一步的作战计划。楚怀王决定派出一路人马，支援赵国，解巨鹿之围。作为反秦起义军的领袖，这个时候，楚国不能坐视不管、见死不救，况且此战关系到赵国的生死存亡，所以必须全力救援。同时，楚怀王准备再派出一支奇兵，直奔关中地区。此时秦军主力集中于巨鹿，关中空虚，是发动奇袭的绝佳时机，这个机会绝对不能错过。

楚怀王的战略目标相当明确，作战计划也十分高明，只是行动起来难度很大。项梁刚死没多久，楚军刚刚遭遇重创，若兵分两路，无论是救援巨鹿还是进攻关中，都面临兵力不足的尴尬局面。

幸运的是，救援巨鹿的起义军不会只有楚国一国的部队，其他各国的援军也在陆续向巨鹿进发，从而可以弥补楚军兵力上的不足。因此，楚怀王决定派主力部队前去救援巨鹿，另派一支偏师挺进关中。救援巨鹿的部队很快便组建完毕，可是派谁担任主帅呢？

楚怀王思前想后，最终敲定的人选是宋义。宋义是一个颇为理智的人，不管在什么情况下，他都可以冷静地分析局势，是一个有判断力的将领。当初项梁被胜利冲昏脑袋，决意要发动定陶之战时，宋义曾多次劝谏，项梁就是不听，最后战死沙场。楚怀王恰恰是看中了他这一点，冷静自持，不骄不躁，而且宋义谈论起国家大事、时事政局，是相当高谈阔论，楚怀王打心底佩服他。当然，选择宋义为主帅，楚怀王还是有些许私心的。

楚怀王虽然被立为楚王，但实际上并没有实权，项梁才是楚国的主事人。如今项梁战死，他的侄子项羽桀骜不驯，难以约束，要想彻底摆脱项氏的影响，就必须削弱项羽的势力。于是，楚怀王任宋义为上将军，项羽屈居次将，范增任末将。

项羽对楚怀王的这个决定十分不满，当场驳回楚怀王的任命，他提出要领兵进攻关中。

项羽是谁，名门之后，有着过人的军事天赋，本就是桀骜不驯之人，怎么会甘愿屈于人后？况且，楚怀王与诸将约定："先入定关中者王之。"（《史记·高祖本纪》）谁先进入函谷关平定关中，就让谁在关中为王，在项羽看来，这个奖励太有诱惑力了，他的目标便在此，只要拿下关中，便可不必受制于人，自己称王。

俗话说，重赏之下，必有勇夫。但是在这么诱人的奖励之下，敢挺身而出的勇夫却寥寥无几。究其原因，大家都知道秦国经营关中已有数百年的时间，可谓根深蒂固，难以撼动。在过去的几百年里，关中从未失守，周文曾以数十万大军攻打关中，最后都战败身死。如今，楚怀王要以一支兵力微弱的偏师去远征关中，无异于虎口拔牙，白白送死，所以大家都不愿去。

这时，就是项羽显示勇猛果敢的时刻了，别人都不敢去，他就偏偏要去。但是，楚怀王就偏偏不让他去，仍然坚持派他去支援巨鹿。

楚怀王这么坚决地反对项羽出征关中，不仅仅是想要摆脱项氏的桎梏，大家对于项羽西征都是持反对意见的。原因很简单，项羽太凶残了。项羽大军所至，杀戮无数，屠城已经成为项羽庆祝胜利的习惯。而关中乃是秦之心脏，若想推翻秦国的暴政，就得树立起义军仁义之师的形象，项羽去是万万不合适的。

所以现在的情况是，各将领积极反对项羽西征，自己也不愿意入关作战，而这个绝佳的好机会，就落到了刘邦的头上。楚怀王最终决定由刘邦率领奇兵，西征关中。

项羽心里十分憋屈，跟着楚国的援军向巨鹿出发了。此时的宋义，如沐春风，得意扬扬，自从预言项梁骄兵必败，他便声名鹊起，自认为知兵善谋，还给自己起了个外号"卿子冠军"。冠军者，全军之冠也，可见宋义也是个容易骄傲的人，飘飘然的他并不把项羽等一众武夫放在眼里。

这时的巨鹿城已被秦军团团包围，弹尽粮绝，士兵伤亡惨重。

赵军从战争之初分工就十分明确，张耳守城，陈馀在外线策应。然而，随着秦军包围圈越来越大、越来越严密，陈馀慑于敌人之强大，裹足不前，迟迟不敢发动突击。张耳对此大为不满，派人偷偷潜出城外，指责陈馀无所作为。

陈馀认为敌人太过强大，强行出击只是以卵击石，白白送上性命。在张耳使者的强烈坚持下，陈馀不得不派出五千人马突袭秦军，结果全军覆没。突袭不成，张耳只能把希望寄托在各路援军身上了。

除了楚国的援军外，各路援军也陆续出发。齐将田都、燕将臧荼各率一支人马前来救援，另外还有张耳的儿子张敖招募的一万人，以及田安的独立起义军等。然而，这些援军的战斗力都不怎么样，根本无法与秦军抗衡。现在，真正能与秦军一较高低的，也只有宋义指挥的楚军了。

正当大家把目光聚集在楚军的身上时，楚军却没了动静。楚军到达安阳后，宋义下令按兵不动、闭营不出。所有人都不理解宋义的这波操作是为了什么。

而宋义这一停，足足停了四十六天，每天在营中喝喝水、聊聊天，绝口不提出战一事。此时的项羽正一腔热血，欲报叔父之仇，恨不得与秦军决一死战，于是屡次催促宋义发动进攻，宋义却不理会他，将他打发走了。宋义认为先让赵军与秦军斗个你死我活，即使最后秦军胜利了，军队也已经是疲惫不堪，到时他再发动袭击，轻而易举便可大获全胜。如果秦军打了败仗，他正好可以乘势直捣关中，一举拿下秦都，岂不美哉。

宋义显然对自己的如意算盘很是满意，他带着傲气对项羽说："夫被坚执锐，义不如公；坐而运策，公不如义。"（《史记·项羽本纪》）嘲讽项羽的意思很明显，打打杀杀的本领，我不如你项羽，但论运筹帷幄，你小子差得远呢。

宋义明摆着就是要坐收渔翁之利，他不允许有人破坏他的计划、挑战他的权威。为此，他还发布了一道军令："猛如虎，狠如羊，贪如狼，强不可使者，皆斩之。"（《史记·项羽本纪》）他用军令在告诉大家，恃强不听指挥的，一律斩杀。这道军令的颁布，令楚军振奋的气势大打折扣。

项羽听闻了军令，气不打一处来，他认为宋义的战略根本行不通，简直就是痴人说梦。以当时的形势来看，不仅赵军粮食短缺，楚军也面临同样的问题。这一年，楚地闹饥荒，粮食不足，供应困难，若是此时断了粮草，军心必定不稳，到时就真的不战自溃了，谈何坐收渔翁之利呢？再者，如果章邯拿下巨鹿，灭掉赵国政权，秦军势力将更加强大，到时风卷残云，起义军更难抵挡，岂不惨败。

眼下这种形势，项羽只能靠自己了，他早就看宋义不顺眼了，于是决定发动兵变，夺取兵权。

其实，对宋义不满的不只项羽一人。宋义除了有点儿小聪明，根本没什么实战经验，更别说做总指挥了，能力不行，只会空谈。他自视甚高，看不起其他人，还不体恤将士们的疾苦。在安阳停留四十天后，楚军士兵已在挨饿了，而宋义依然在营帐中大吃大喝。不仅如此，他还利用自己楚军统帅的身份，把儿子安排到齐国去当丞相。

在宋义儿子赴齐国上任那天，宋义为其子办了个盛大的酒宴饯行。酒宴上觥筹交错，热气腾腾，好不热闹。而营帐外却是另一个情景，时值冬季，大雨纷纷，寒风刮过，那是种刺骨的冷，士兵们都在抱团取暖，忍受着饥饿，忍受着寒风。不满的情绪正在兵营中蔓延，项羽都看在眼里，记在心里，他开始鼓动一部分将士造反。

项羽义愤填膺地对士兵们说道："我们大家本是想齐心合力攻打秦军，但宋义却久久停留不前。如今赶上荒年，士兵挨饿，军无余粮，宋义却大张筵席、饮酒作乐。本应该迅速过河，与赵军合力抗秦，宋义却想投机取巧，坐等秦军疲敝。楚王把军权都交给宋义，国家安危全系于一人之手，宋义却不体恤士兵，以权谋私，非社稷之臣。"

于是第二天清晨，项羽全副武装闯进宋义的大帐，将宋义斩杀。没有人知道里面具体发生了什么，只见项羽大踏步走了出来，向军中发令说："宋义与齐谋反楚，楚王阴令羽诛之。"（《史记·项羽本纪》）

项羽当众宣布宋义与齐国勾结，密谋背叛楚国，楚王得知后，下密令让他将宋义处决。这时候，将领们都害怕和屈服于项羽，加之对宋义的气愤，所以大家都没有怀疑密令的真假，而是纷纷拥护项羽为统帅。

兵变夺权后，项羽派人向楚怀王报告此事。尽管楚怀王想压制项羽的权力，但木已成舟，只能接受现实，随即任命项羽为上将军。

在很多人的印象里，项羽打仗靠的就是骁勇、拼命的精神，其实不然。据《史记·项羽本纪》记载："项籍少时，学书不成，去学剑，又不成。项梁怒之。籍曰：'书足以记名姓而已。剑一人敌，不足学，学万人敌。'于是项梁乃教籍兵法，籍大喜，略知其意，又不肯竟学。"（项籍，字羽，即项羽。）

早年项梁教项羽武功时，项羽想学兵法，项梁便把祖传的兵法传授给侄子，项羽学兵法学一半又不肯学了，于是乎只有半桶水。

项羽接管军队后，立即发动对秦军的进攻。他在进攻方向上的选择十分高明，精准地攻击秦军最薄弱的地方，便是后勤补给线。

章邯坐拥四十万大军，军事力量雄厚，若要硬拼是不容易得手的。凡事有利有弊，兵力强有强的好处，但随之弱点也显露无遗。士兵多，代表着需要的粮食多，如果这时粮食供应不上，那就面临很大的问题。楚军同样面临粮食紧缺的困境，争夺粮食便成为楚、秦之战胜负的关键所在。

作为一名久经沙场的统帅，章邯自然明白补给线对秦军的重要性，为此，他特地修了一条甬道，用来输送粮草。秦、楚双方则围绕着粮草运输线展开了激烈的交战，秦军的粮草辎重多次被项羽截击，损失惨重。抢粮的结果就是，楚军的粮食够吃了，秦军则开始断粮。

此时的巨鹿之战已持续数月，秦军久攻不破，本就疲惫不堪，而此时断粮，可谓雪上加霜，秦军的士气逐渐低落，出现颓势。

反观楚军，自项羽接管后，士气大振，锐不可当，欲一雪定陶之败、项梁被杀之耻。项羽认为大举进击的时机已经成熟，随即派英布、蒲将军率领前锋部队两万人渡过漳河，进攻秦军包围圈，救援巨鹿。章邯闻讯，立刻派军前来阻止，英布与蒲将军奋力击败秦军，取得了小小的胜利。

在项羽发动进攻时，巨鹿城外的几路援军仍不敢出手，只有陈馀开始默默行动。陈馀毕竟是赵国将领，楚军都行动了，自己若还按兵不动的话，实在说不过去。但陈馀出师不利，很快就陷入险境，紧急向项羽求援。项羽为人耿直，没有那么多小算盘，他马上下令楚军悉数渡河，全力解救赵军，与秦军决一死战。

据《史记·项羽本纪》记载："项羽乃悉引兵渡河，皆沉船，破釜甑，烧庐舍，持三日粮，以示士卒必死，无一还心。"

项羽率领大军渡过漳河，并下令凿沉所有船只，砸掉所有锅碗，烧毁所有帐篷，只带上三天的干粮，以此向士卒表示一定要决死战斗，绝无退还之心。

前面是虎狼雄师的秦军，后面是滚滚的江水，只有前方一条路，要想活下来，就奋勇向前，杀出一条血路。项羽可谓破釜沉舟，置之死地而后生了，只有三天的时间，要么是敌人长眠，要么是自己长眠，血战到底的决心已然表明。

此时的战争局面，是秦军与楚军的生死对决，是秦、楚兴亡的关键一战。若是项羽输了，起义军将被章邯歼灭，全国上下将又回到被暴秦奴役的时代。

这时，楚军的英勇居诸侯之首，各诸侯只敢躲在营垒中观望。沧海横流，方显英雄本色，"楚战士无不一以当十。楚兵呼声动天，诸侯军无不人人慑恐。"（《史记·项羽本纪》）

项羽率领楚军猛攻王离的包围圈，双方短兵相接，多次激战，大败秦军。楚军表现之勇猛，连章邯都为之胆寒，这位传说中的义军克星，终于在意志的较量中败北，被迫领兵撤退。此时，诸侯联军见项羽已拔得头筹，随即蜂拥而至，巨鹿守军见状，也奋起杀出城外，投入战斗。瞬间的工夫，秦军兵败如山倒，秦军将领王离被擒、苏角被杀，涉间拒不降楚，自焚而死。

经过巨鹿一战，项羽向世人展示了其"力拔山兮气盖世"的英雄气概，也奠定了他在诸侯中的领袖地位。

巨鹿之战结束后，项羽以楚国上将军的名义召见各诸侯义军的首领，当他们进入军门时，一个个都用膝盖跪着向前走，所有人都诚惶诚恐，不敢直视项羽逼人的眼光。自此，项羽理所当然地坐上诸侯联军的第一把交椅，试问谁敢不服呢？这一年，项羽只有二十六岁，他一战成名，被称为战神。

这场战役成就了项羽，却令章邯从此跌落神坛。

章邯是秦朝历史上最后一位军事天才，在巨鹿之战前，他几乎每战必胜，可以说是无敌了，他率军剿灭了无数的起义军，在他冷酷无情的打击下，周文、陈胜、魏咎、田儋、项梁等起义军的著名首领先后阵亡。

然而他为之效命的朝廷，已经烂得无药可救，这注定他的一切努力都将化为泡影。

六、被逼自杀——秦二世自食其果

章邯与项羽的正面交锋遭到了史无前例的重创,他向秦二世请求救兵增援,结果遭到赵高的猜疑,拒绝发兵。章邯曾是起义军最大的克星,也是最凶恶的对手,但是现在却孤立无援。

项羽的出现,让章邯顿时黯然失色。项羽可谓神一般的对手。在此之前,章邯百战百胜,固然与他的军事才能有关,也与起义军各自为战、联盟松散有关。经过巨鹿一战,项羽以无可争议的实力成为起义军的首领,反秦统一阵线从此得以真正建立。

章邯节节败退,直至巨鹿以南的棘原。而项羽率领起义军进抵漳南,由于双方刚刚经历了一场恶战,将士们都筋疲力尽、疲惫不堪,所以形成了一种相持的局面。

秦朝廷对巨鹿之战的惨败大为震惊,立即派使者前往前线,为的不是鼓励,而是责备。章邯被责以后,整日里惶恐不安,于是派长史司马欣回咸阳以求朝廷的谅解。

岂料司马欣回到咸阳后,在宫外整整待了三天,赵高都没有理会他一下。司马欣没地方去请求谅解,顿时慌了,担心赵高会加害于他,便逃回了棘原。见到章邯后,司马欣心有余悸,将这件事速速告诉了章邯,他认为赵高独揽大权,若将军们在前线打了胜仗,则功高受忌,若吃了败仗,则难免一死。

内有奸相当道,外有强敌攻击,一向自信的章邯陷入了进退两难的境地,一下子也没了主意。

就在此时,赵国大将陈馀写来一封劝降书,陈馀劝说道:"白起为秦将,南征鄢郢,北坑马服,攻城略地,不可胜计,而竟赐死。蒙恬为秦将,北

逐戎人，开榆中地数千里，竟斩阳周。何者？功多，秦不能尽封，因以法诛之。"（《史记·项羽本纪》）

陈馀明确地指出，章邯领兵在外时间长，朝廷跟他之间存在隔阂，无论是有功还是无功，都会被杀。如今的形势，任何一个人都看得出来，秦国灭亡是迟早的事。陈馀动之以情、晓之以理，可谓字字珠玑，直击章邯的内心。章邯读了信之后，怦然心动，与其当腐朽帝国的陪葬品，不如投降起义军，随即便派人秘密与项羽谈判。

而第一次谈判并不顺利，双方未能达成共识。项羽的骄傲不允许章邯不配合，他决定继续施压，派遣蒲将军率军进攻，大破秦军。蒲将军顺利取胜后，项羽亲自出马，在汙水再度大败章邯。

此时的章邯已经走投无路，只能再次低头，提出投降的请求。由于起义军粮食不足，难以继续作战，在与将领们商量后，项羽点头同意接受章邯投降。章邯与项羽在洹水南殷墟（今河南省安阳市西）立盟，秦军放下武器，乖乖投降。项羽对章邯的识时务非常赞赏，同时也为了笼络人心，立章邯为雍王，司马欣为上将军，率领投降的秦军部队作为先锋，向关中挺进。

项羽还是很有度量的，毕竟他叔父就是死于章邯之手，他并没有为了报仇，立刻杀掉章邯。众所周知，项梁与项羽名为叔侄，实则情同父子，杀叔之仇犹如杀父之仇。但是，项羽是有格局的，他从大局出发，能抛开个人恩怨，不仅接受章邯投降，还立他为雍王，算是给足了面子。因此，项羽虽然残暴，还是很有领袖风范的。

目前的起义军的力量已经得到大幅度的增长，但是由于投降的秦军被收编在内，新的问题也随之而来。起义军的士兵，有许多兄弟都死在秦军手中，如今对这些降兵自然没有好脸色，总是伺机报复。而一向被视为雄狮的秦军，头一次遭受到这么严重的歧视与侮辱，同时，秦朝降兵也担心朝廷报复自己的家人，秦朝是实行连坐法的，当了叛徒，朝廷就会处决全家。因此，降兵们对前途感到悲观失望，内心承受着巨大的压力，有不少人想着逃跑。

项羽得悉这个情况之后，与英布、蒲将军等心腹开了个会，秘密商议。他认为秦朝降兵是不稳定因素，到了前线万一逃跑或倒戈，将给起义军造成重大的损失。最后，项羽决定将降兵集体处决，以绝后患，只留下章邯、司马欣、董翳等少数几人的性命。当大军行至新安城南时，项羽一声令下，发动突袭，把二十万秦朝降兵都给坑杀了，现场惨状让人不忍直视。

随着章邯的投降，秦朝失去了最后的顶梁柱，现在的秦朝军队不堪一击，秦朝社稷危在旦夕。

直到此时，秦二世才猛然醒悟过来，原来赵高口中所说的天下太平竟是谎言。如今的局势已经乱得不能再乱了，国家都要保不住了。秦二世这次是真的生赵高的气了，言谈之间充满了对赵高的不满。早就有篡位之心的赵高这次也没再惯着秦二世，你不满你的，我干我的，心中开始盘算如何进行下一步计划。

赵高以前多次告诉秦二世："东方的盗贼成不了什么气候。"而秦二世就这么相信了他。后来在与起义军的对抗中，章邯连连败退，情况危急的时刻，章邯上书请求增援，但是赵高拒绝出兵，这无疑加速了秦朝的灭亡。

此时的燕国、赵国、齐国、楚国、魏国都各自称王，从函谷关往东，大抵全部背叛了秦朝而响应诸侯。而刘邦则率领几万大军进攻武关，取得了胜利，他与秦朝首都只有一门之隔，于是他派人来跟赵高秘密接触，欲利用赵高将咸阳拿下。

自沙丘之变后，秦二世对赵高的信任无以复加，百官有目共睹。在赵高与李斯的对决中，他坚定地站在赵高一边，毅然决然地将李斯处死。反观赵高，极尽谋权手段控制秦二世，甚至演出了一场指鹿为马的闹剧。然而，秦二世毕竟是皇帝，还是个名副其实的暴戾的皇帝。秦二世眼看大秦江山保不住了，彻底愤怒了，严厉地斥责赵高在剿匪上无能无为。

秦二世的怒火让赵高脊背发凉，毕竟秦二世只要一句话就可以轻轻松松地要了自己的命。现在他没有保护伞了，当务之急是先避开秦二世，于是装病闭门不出，不敢上朝。赵高深知，躲得了一时躲不了一世，与其坐以待毙、担惊受怕，不如先下手为强。以他目前在朝中的势力，早已没有后顾之忧了，于是他决定发动政变，拿下秦二世。

秦二世似乎也预感到了危险的逼近。一天夜里，他梦到了一只白虎咬死了左骖马，他将白虎打死。皇帝的御驾有四匹马，最左边的一匹就叫左骖马。从梦中惊醒后，秦二世闷闷不乐。这个梦是什么意思呢？

秦二世召唤来解梦人，解梦人卜的卦辞说："泾水水神在作怪。"秦二世就在望夷宫斋戒，想要祭祀泾水水神，把四匹白马沉入泾水。

秦二世这边忙着解梦，赵高在那边联络人。他暗中跟他的女婿咸阳县令阎乐和他的弟弟赵成商量说："上不听谏，今事急，欲归祸于吾宗。吾欲易置上，更立公子婴。子婴仁俭，百姓皆载其言。"（《史记·秦始皇本纪》）

赵高的意图很明确，"皇帝不听劝谏，如今事态危机，他想要把罪祸推给咱们家族。这怎么行，我想另立天子，改立公子婴。子婴为人和善节俭，百姓都拥戴他。"赵高这话说得霸气，敢情朝廷是他一个人的，立谁为天子都看他的心情，他说了算。

既然赵高有篡位之心，为什么自己不做皇帝呢？这说明他还是理智的，若是他坐上皇帝的宝座，那真的是名不正言不顺，不仅坐不稳这个位置，还会引起满朝文武的反对，虽然他现在的权力熏天，但是没有了秦二世这个保护伞，他什么也不是。纵然有这个贼心，可是没这个胆量，不如再培养一个傀儡，仍旧能手握大权，还能保住性命。

之所以选择公子婴为天子，是因为在秦朝宗室里，子婴的口碑是比较好的，受到百姓的爱戴。赵高有自己的算盘，现在刘邦已经入关中，而项羽正统领四十万大军西进，要凭武力抵抗起义军，那是做梦。最好的办法，是与起义军谈和，而子婴就是谈和的关键所在。起义军反的不是暴秦吗？现在他拥立一个贤明的君主，起义军还有什么理由造反呢？但是，赵高的这个如意算盘是要落空了。

新君的人选已经确定，接下来就是解决秦二世了。赵高秘密安排郎中令做内应，谎称有大盗，命令阎乐召集官吏发兵追捕。他怕阎乐不听自己的指挥，先劫持了阎乐的母亲，安置到赵高府中当人质，阎乐只能一条路走到黑。

阎乐听从赵高的安排，带领官兵一千多人在望夷宫殿门前，捆绑上卫令仆射，大声喝问："盗贼进了里面，为什么不阻止？"

卫令一脸无辜地说："皇宫周围警卫哨所都有卫兵防守，十分严密，盗贼怎么敢进入宫中呢？"

阎乐也没再跟他废话，拔剑直接解决了卫令，带领官兵径直冲了进去，一边走一边射箭，宫中的郎官宦官大为吃惊，逃的逃，反抗的反抗，只要动手的最后都被杀了。

郎中令和阎乐一同冲进去，用箭射中了秦二世的帷帐。秦二世暴怒，这也太不拿他当回事了，气愤地召唤左右卫士，卫士们都慌乱了不敢动手。在秦二世身旁伺候的只有一个宦官了，他不敢离开。秦二世愤怒地进入内室，对宦官说："你为什么不早告诉我，盗贼作乱竟然到了如此地步！"

宦官委屈地说："为臣不敢说，才得以保住性命。如果早说，我们这班人早就被您杀了，怎能活到今天？"

阎乐走上前去历数秦二世的罪状说："你骄横放纵、随意杀人而不守天道，天下的人都背叛了你，怎么办你自己考虑吧！"

此时的秦二世还抱有一丝丝的幻想，他对阎乐说："我可以见见丞相吗？"

阎乐果断地拒绝了，秦二世不死心地继续说道："我希望得到一个郡，在那里做个王。"

阎乐依旧不答应。秦二世继续挣扎说道："我希望做个万户侯。"阎乐仍旧没有答应他。

秦二世最后垂死挣扎，乞求地说道："我愿意和妻子儿女去做普通百姓，跟诸公子一样。"

阎乐看着这个软弱无能的昏君，已经失去了耐心，明确地告诉秦二世："我是奉丞相之命，为天下人来诛杀你。你即使说了再多的话，我也不敢向丞相汇报。"于是指挥士兵上前，秦二世见没有挽回的余地，便含泪自杀了。

直到临死前，秦二世才真正看清赵高的本来面目，可惜为时晚矣。在生死面前，秦二世暴露出他怯弱的本性，低头向阎乐求饶，一点点自尊心也抛诸九霄。自己情愿让出皇位，哪怕当个郡王、万户侯甚至老百姓都行，只要能保住小命，作为一国的统治者，真是可笑至极。当所有的请求全被拒绝，秦二世才终于绝望选择了自杀。此时的他会不会想到当年逼着公子扶苏、蒙恬自杀的场景呢？现在只是角色对调，他是被逼迫的那一个。

秦二世死时只有二十四岁，仅仅在位三年，死后以百姓的规格被安葬在杜南（今西安市西南）的宜春苑中。秦二世胡亥和秦始皇嬴政一样没有皇帝的谥号和庙号，这是因为秦朝实行中央集权制，维护君主的绝对权威，禁止臣下对君主议论评价。

此时的赵高心中之患已经解除，认为自己可以高枕无忧地迎接新帝即位，继续独揽秦朝政权了。让他没有想到的是，自己的好日子也到头了。

在秦朝宫廷政变悄然酝酿之时，刘邦的义军也正在马不停蹄地向秦都咸阳挺进。一场血雨腥风即将来临，而秦朝的时代即将结束。

第八章

辉煌落幕

一、子婴投降被杀——短暂的一生结束

秦二世死后,赵高召集大臣开会,把诛杀秦二世的情况告诉了他们,然而发现群臣和将领们都不支持他,于是不得不迎立子婴。但赵高也留了一手,声称:"如今六国故地相继复立,秦朝已经丧失了对整个华夏的控制权。"赵高借着这个形势,打着自己的算盘说道:"秦本来只是个诸侯国,秦始皇统治了天下,所以称帝。现在六国又各自立了王,秦国的地盘也越来越小,竟然还凭着空名称帝,这不合适。应该像过去一样称王才行。"故而子婴不应该再称"皇帝",只适合当"王",并让子婴斋戒,到宗庙参拜祖先,接受传国玺。

关于子婴的身世,史书中并没有详细记载,有人认为他是公子扶苏之子,有人认为是秦始皇之弟,有人认为是秦二世之兄,也有人认为是秦始皇的侄子。不管怎样,子婴在秦宗室中素有贤名,这一点是不需要置疑的。

秦朝以主动取消皇帝的尊号,改为"王"的称号的举动,并把自己放在与东方六国平等的地位之上的态度,委婉地表明,秦朝承认东方六国的独立,希望能回到战国时代诸侯并列的状态。

行动是及时的,态度是诚恳的,但想法是错误的。已是箭在弦上的东方六国,胜券在握的起义军,为什么要放弃已经到嘴的果实呢?

深谙权谋的赵高也明白,光是撤掉皇帝的尊号,不足以让东方联军停止前进的脚步。怎么办才好呢?他这一生,真真的是时时在算计,刻刻在盘算。

他暗自做了个计划,偷偷与刘邦联络,打算做个交易,以秦朝宗室之性命,换取与刘邦共同瓜分关中。赵高对自己的这个策划是相当的满意,甚至是扬扬得意,管他什么大风大浪,自己依旧岿然不倒。他把秦王子婴视为

第二个秦二世，不过是自己的傀儡罢了。事实证明，他的这个想法是不靠谱的，人是活的，是有思想能力和行动能力的。

子婴获悉赵高与刘邦的约定，也知道赵高决意杀掉自己，便将计就计，把猎杀赵高的地点选择在斋宫，并周密地布下一个局。

依照当时的秦例，新主在登基之前，要先斋戒五日。很快，五日斋戒期已满，子婴理应前往太庙接受玉玺，但他却称病不去。授玺印，新君不在不合适，赵高只好派人前去催促，来来回回好几次，子婴就是推托不去。

赵高很不高兴，亲自到斋宫，见到子婴便说："国家大事，王为什么不去呢？"

赵高的话音刚落，埋伏在两旁的卫兵突然杀出，把赵高拿下，当场格杀，并诛灭赵高三族，在咸阳城内示众。

赵高一生算计别人无数，最终也被算计了一回，结束了他罪恶的一生。但是，奸臣伏诛并没有拯救风雨飘摇的大秦帝国。经过秦二世与赵高几年的折腾，秦王朝早已腐烂不堪，只需再踢上一脚，帝国大厦便会轰然倒塌。

而此时的刘邦，不失时机地踢上了这一脚，扮演了大秦帝国终结者的角色。

项羽在巨鹿之战大败秦军的同时，刘邦正率领着一支并不太起眼的起义军默默地向西行进，目标直指秦朝的心脏——关中。

不得不说，这是楚政权下的一步妙棋，乘秦军主力集中于巨鹿之际，开辟第二战场，直捣秦都咸阳。

西征的战略目标看上去很美，实则困难重重。楚国的主力部队被派往巨鹿救援赵国，还要留守一部分的兵力守护楚地，能派去西征的才只有几千人。即便是关中地区的秦军再空虚，兵力也要超过起义军的十几倍，加上关中拥有山河之险，要成功突破，谈何容易。

因此，即便楚怀王与诸将约定"先入定关中者王之"，大家都望而却步，谁也不吭声。而楚怀王最终敲定西征人选，便是刘邦。

刘邦不仅骁勇善战，且战功卓著。自刘邦归附楚政权后，先后与项梁、项羽叔侄联手，在东阿之战、城阳之战、濮阳之战中大败秦军，特别在雍丘一战中，斩杀李斯的儿子李由。论战功，刘邦仅次于项羽，是西征的合适人选。最重要的是刘邦有"宽厚长者"之名。很多人之所以反对项羽领军西征，正是因为项羽的残暴，而刘邦正好与项羽形成了鲜明的对比。然而，史实证明，在至高无上的权力面前，刘邦的宽厚悄然而逝，在西征途中多次屠城。

此次西征，前景堪忧，刘邦的兵力着实少得可怜，只有区区几千人。仅靠这几千人的队伍，要拿下秦国几百年来从未沦陷过的关中，简直是白日做梦、以卵击石。刘邦的这支起义军队伍，能不能走到关中都是个未知数。

刘邦非但兵力严重不足，粮食也得靠自己筹集。真是应了那句话：出门在外，自给自足。

一路下来，刘邦真的是事事靠自己、战战靠智慧。由于秦军主力悉数北上攻赵，很多城池守备空虚，刘邦趁此机会接连打了几个小胜仗，抢了不少粮食和装备，起码能应对一段时日。但兵力太少一直是刘邦的心病，越往西行，秦军的抵抗越强，现在的刘邦是一个头两个大，这可如何是好呢？

恰逢此时，西征队伍行至栗县，正好遇上刚武侯领导的一支起义军，总计四千多人。刘邦看着这支兵力跟自己差不多的起义军，两眼放光，趁其不备，解除其武装，吞并其部众。即便如此，西征军的总兵力还没有达到一万人。

西征军继续前行，途经高阳之时，一位不速之客突然来访。

此人名为郦食其，陈留高阳人，他是个名副其实的穷书生，一贫如洗，学富五车，目中无人，骄傲自大，人称"狂生"。郦食其学的其实就是战国时代的纵横术，值得一提的是，纵横派大师似乎都得经历穷困潦倒的时期才能一鸣惊人，收获成功，苏秦如此，张仪如此，范雎如此，郦食其亦是如此。

秦始皇统一六国后，诸侯混战的时代结束，纵横家随之就失业了。正当郦食其以为将穷老一生时，秦末大起义爆发了，他的曙光来临了，终于有了纵横的舞台，展示自己纵横的才华了。

当时高阳一带有很多起义军，但是他们的首领都是没见识的粗人，狂野粗暴，刚愎自用。这些人统统入不了郦食其的眼，于是他便耐心蛰伏，等待时机。直到西征军途经高阳，郦食其听闻刘邦为人豁达，有过人的军事才能，于是决定前往拜见。

身边的人得知郦食其要去拜见刘邦，就劝他别去了，刘邦特别讨厌知识分子，有一次一个儒生去见他，他不高兴，就拿儒生的帽子撒尿。郦食其却不以为然，他相信自己的眼光。

于是，郦食其满怀期待地来到了刘邦的寝室内，刘邦听说来了个知识分子，脸上顿时没了好脸色，故意坐在床上，让两名女子给他洗脚。郦食其见了并不叩拜，只是略微俯身作了个长揖说道："足下必欲诛无道秦，不宜踞见长者。"（《史记·高祖本纪》）

郦食其说："如果您一定要诛灭没有德政的暴秦，就不应该坐着见长者。"刘邦听郦食其这样说，于是站起身来，整理衣服，向他道歉，请他上座。从这一点可以看出，刘邦虽然是个草莽英雄，看不起读书人，但只要对方说得有理，他还是能听进去的。俗话说"听人劝，吃饱饭"，后来刘邦能得到天下，并非没有理由。

郦食其也是在观察刘邦的举动，他果然没有看错人，入座后便侃侃而谈。他认为刘邦这样沿途搜罗散兵游勇不是办法。就凭不到万人的兵力，要行进到秦国，无疑是羊入虎口。而陈留这个地方，处天下要冲，城内粮食充足，不如由他前往劝降。能归附刘邦最好，如果不愿意顺从，再发兵攻打也不迟。

刘邦听了郦食其的话，心中大喜，自己是被幸运之神眷顾了，得此助手，妙哉！于是，派郦食其去游说陈留郡守。郦食其终于有机会展示自己的纵横才华了，内心欢喜得不得了。郦食其没有让刘邦失望，凭着三寸不烂之舌，轻轻松松地劝降了陈留郡守。

将陈留的秦军收编后，郦食其又将弟弟郦商率领的四千义军劝为刘邦门下，西征军的军事实力得到了大大的增加。

刘邦在西征的途中，采取的一个战略，就是沿途经过的城池，能拿下的就打，拿不下的就绕道走。他的目标十分明确，就是挺进关中，并不在乎这一城一池的得失。在攻打开封城受阻后，刘邦转而进攻白马，大败秦将杨熊。杨熊兵败而逃，逃至荥阳后，被秦二世问罪处斩。

刘邦这个人，大家都夸他宽厚仁慈，但实际上屠城的事他也没少干。在攻克颍川时，他就展开了一场大屠杀。而西征的同时，他还故意阻拦其他的起义军向关中挺进。

楚怀王当初与诸将约定"先入定关中者王之"，刘邦可不想把这个王位让给别人，必须牢牢地把握在自己的手中。当时巨鹿之困已解，赵王赵歇为了关中的王位，马不停蹄地派部将司马卬领兵西征，打算渡黄河入关。刘邦获悉此消息后，立刻出兵，北攻平阴，把黄河渡口给占领了，以此阻止赵军入关。

西征军距离关中越来越近，但是遭遇的抵抗越来越强。攻打洛阳时，刘邦再次遇到强烈的抵抗，不得不改变方向，转而进攻南阳。南阳郡守率领秦军奋力抵御，结果战败，被刘邦击退，只好退至宛城。

此时的刘邦已经按捺不住激动的内心，由于入关心切，所以他置宛城于不顾，准备绕道继续前行。而这时，张良及时提醒他说道："沛公虽欲急入关，秦兵尚众，距险。今不下宛，宛从后击，强秦在前，此危道也。"（《史记·高祖本纪》）张良认为越往前秦军越强，且地形越险恶，如果不攻下宛城，一旦进攻受阻，退路将有被切断的危险。

刘邦认为张良的分析在理，于是他连夜率兵从另一条道杀回宛城，他们更换了旗帜，黎明时分把宛城紧紧围住。宛城守军哪里会料到刘邦会杀个回马枪，根本招架不住西征军的攻势。南阳郡守惊慌失措，准备自杀，他的门客陈恢及时制止,并自告奋勇出城谈判,陈恢有条不紊地分析,建议刘邦接受守军投降,保留南阳郡守之头衔,这么一来,其他郡县的官员就会争相投降。

陈恢这个建议确确实实不错,若是投降还能保住官帽,光凭这一点,就能吸引更多的秦国官吏自动投降。刘邦觉得陈恢说得有道理,可行性很强,随即接受了南阳郡守投降,并封宛城郡守为殷侯,封给陈恢一千户。刘邦此举,被邻近郡县得知,都欢呼雀跃,投降了官照做,何乐而不为呢?很快,各郡县改旗易帜,纷纷归降。刘邦把归降的秦军编入西征军,此时的西征军,兵力已经达到数万。

自西征以来,刘邦的西征军从几千人扩大到数万人,增长了十倍以上。如果说当初攻取关中的想法是痴人说梦,那么,如今这个梦要成为现实了。

刘邦一鼓作气,攻克武关,武关是关中之门户,与秦都咸阳的直线距离只有两百公里。数百年未曾沦陷的关中之地,这一次还能保住不破金身吗?

西征军浩浩荡荡地进入武关,刘邦没有因为此时的胜利就松懈,他发动了强大的政治攻势,派郦食其、陆贾等名嘴游说秦军将领,向他们说明这其中的利害关系,游说他们乖乖投降,保官保命,何乐而不为?

刘邦承诺的诱惑着实令人动心。试问哪个侵略者会给出这样的条件,只要投降,官照当,俸照领,一切如故!如此优厚的条件,秦军将领们怎么能不动心?

但是,心动归心动,行动归行动。自秦孝公改革以来,秦国与东方诸侯的战争无往而不胜,因而对东方诸侯难免产生轻视之心。虽然秦二世与赵高把秦国搞得一塌糊涂,但是现在秦二世死了,赵高也死了,贤明的子婴继位了,秦国军民仿佛又看到了希望。

而此时,距离秦国统一六国不过十五年的时间,秦军的自豪感仍在。况且关中是秦国的发迹之地,秦国有着数百年的光荣历史,秦人之尚武精神冠绝天下。若真的要缴械投降,放下骄傲,谈何容易。

所以，即便是刘邦给出了优厚的条件，绝大多数士兵还是不想投降的，尴尬的局面出现了，将领想降，将士不愿降。

张良在这时，又向刘邦献上良策，他认为双方僵持太久，会发生变故，对西征军相当不利，如果秦王子婴的地位巩固了，秦军归降的可能性就更小了。他建议刘邦乘秦军疏于防备，发动突袭。于是，刘邦一边劝降秦军，一边出其不意，发动奇袭。秦军在毫无防备的情况下，一战则溃，蓝田失守，咸阳的大门已开。

公元前207年，子婴眼看大势已去，便和妻子、儿子们用绳子将自己捆绑，坐上由白马拉着的车，身着死者葬礼所穿的白色装束，并携带皇帝御用的玉玺、兵符等物，从轵道亲自到刘邦的西征军前投降。随着子婴的投降，宣告着秦朝灭亡。

子婴仅仅在位四十六天，投降之后，樊哙建议诛杀子婴，但刘邦没有同意，而是把他交给随行的吏员看管。一个多月后，项羽率领大军进入咸阳，立刻杀死子婴，纵火焚烧秦宫室，并进行大屠杀，秦朝累代之积至此一炬而尽。这是秦孝公迁都咸阳以来，秦都第一次陷落，也是最后一次。

大秦帝国从此灰飞烟灭，永远成为历史的记忆。

二、秦朝灭亡——退出历史舞台

自公元前900年前后，非子受封于秦，直至公元前206年，秦都咸阳沦陷，大秦灭亡。从开国到亡国，秦国有着大约七百年的历史。

秦朝为中国文化的开创奠基做出了任何朝代都无法比肩的辛勤实践。然而，这个生机勃勃地做出如此多贡献的王朝，在建立后仅仅存在了十五年。

与许多封建帝国不同，秦朝的衰亡并非一个漫长的过程，而是在极短的时间里迅速亡国，这在中国历史上是极为罕见的。大秦帝国是经历了数百年的艰苦奋斗,才得以统一中国,登上历史舞台的巅峰。然而,辉煌转瞬即逝,从巅峰坠落仅仅用了三年时间。

战国中期,秦国异军突起,略地成功,疯狂扩张,东方诸侯闻秦而色变,临阵而胆寒。自秦孝公开始百余年,秦国作为超级强国的地位始终岿然不动。直至秦始皇,振长策而御宇内,吞二周而亡诸侯,一鼓作气,统一六国,平南越,伐匈奴,举目四望,霸气凛然,可谓天下无敌。

秦朝是中国第一个统一的中央集权封建王朝。经过了秦孝公、秦惠文王、秦武王、秦昭王、秦孝文王、秦庄襄王、秦始皇共七代国君及其臣子们将近一个半世纪夙夜不懈的努力奋斗,是数十万将士浴血奋战,成百上千万百姓全心全意奋力付出而建立起来的铁血王朝。它不仅结束了中国自周平王东迁后550年的乱世,而且改制郡县,书同文,车同轨,统一货币、度量衡,功过三代,影响后世制度两千年之久。在秦始皇短短十余年的统治时间里,筑长城、修驰道、通灵渠,无一不是伟大之工程,直到今日亦不免令人惊叹。

如此强大之帝国,为何会在短短的三年时间里众叛亲离、一败涂地呢?

其实,从秦始皇统一中国的那一刻开始,大秦帝国就已经踏上了灭亡之路。

秦始皇统一中国后,权力结构最大的变化是皇权超越一切权力。在东方六国被消灭后,外部的敌人便不存在了。而秦始皇以郡县制取代诸侯制,朝廷以垂直管理的方式统治全国,消除了地方诸侯的制衡。朝廷之权力,国家之权力,集中于皇帝一人手中,故而皇帝之权力实为无限制。

虽然秦始皇统一六国后全面实行郡县制,但从西周开始直至战国时期一直实行的诸侯分封制依然占据着广大人民的心,丞相王绾就曾建议秦始皇在燕、齐、楚三地实行分封制,而被秦始皇灭掉的山东六国贵族更是希望天下能重新变为分封制的天下。

然而,由于李斯建议秦始皇以西周分封导致天下战乱连绵为鉴,秦始皇依旧实行郡县制，否决了依然具有强大历史惯性的分封制。这样统治者与被统治者走上了离心离德之路。

而秦朝实行的"尚农抑商"政策，这样商人就备受歧视和虐待，自然不会拥护统治者。而被重视的农民中有很多刑徒因秦始皇峻急地修长城，造阿房宫，修秦始皇陵，修直道、驰道而不停地服劳役、交赋税，这样农民也受不了统治者。对于贵族，秦始皇迁移了十二万户东方六国贵族到咸阳，既想就近控制贵族，又想吸收贵族发展经济的经验来刺激首都的经济发展，然而贵族们尤其是原东方六国的贵族们依然存有复国之心，妄图靠刺杀秦始皇、搞土地兼并来徐图复辟，这样贵族与统治者也貌合神离。

再者，以武力统一天下的秦始皇，显然是位尚武者，能动手就尽量不吵吵，当他取消诸侯制后，想当然地认为再也没有可以对抗秦国中央集权的力量了。难不成秦之铁血兵团还对付不了那些手无寸铁的小民吗？于是他开始了无限制地役使民力，大兴土木，广造宫殿，穷奢极欲。

在秦始皇统治的短短数十年里，他将"民为邦本，本固邦宁"的仁义传统、民本传统，统统抛诸脑后。然而，历代君王都有一种"天命观"，可什么是"天命"呢？一代明君周武王曾这样说："天视自我民视，天听自我民听。"所谓天命，说到底就是人民的意志。秦始皇对人民残暴，视之为工具，弃之如敝屣，但历史终将证明，水能载舟，亦能覆舟，在秦始皇小看了人民的力量的时候，秦国已在灭亡之路上全速前进。

秦始皇消灭六国后，军队的不合理配置，导致秦王朝在最后与新六国的对抗中显得力不从心。

秦始皇派将军蒙恬率领三十万精锐北逐匈奴，又派尉屠睢率五十万大军南平百越，而国都则只部署了少量兵力，这样重视向外部部署大批军队而国内空虚，一旦有变，边境军队营救国都就显得鞭长莫及，毕竟远水难灭近火。

之后的陈胜吴广起义，秦王朝首都咸阳极为空虚，起义军周文曾一度攻入关中，大有覆灭秦王朝之势，而北方九原王离军鞭长莫及，南方百越赵佗军拥兵自重，最后秦将章邯不得不组织刑徒军来平叛，可见军队的不合理配置使得秦王朝平定叛乱都得依仗徒役，作为一个泱泱大国，此举着实令人惋叹。

如果秦始皇的继承者能及时纠正政治偏差，休养生息，重回民本，走上仁政的路线，秦王朝的潜在危机还是可以化解的。若非到忍无可忍的地步，谁愿意以生命为代价去武装抗争呢？可惜的是，沙丘之变葬送了大秦帝国最后的机会。秦始皇的继任者是更残暴的秦二世，大权又落在赵高这样阴险狡诈之人的手中，整个秦王朝陷入黑暗，坠入深渊。

在沙丘之变的三个主角中，赵高翻手为云，覆手为雨，是阴险狡诈的阴谋家，秦二世是赵高操纵下的傀儡，昏庸而残暴，而丞相李斯虽然贪恋权力而与赵高同流合污，但毕竟是有理想的政治家，与赵高有本质上的区别。

或许我们可以把大秦帝国覆灭的原因，归于赵高与秦二世的倒行逆施。然而这只是表象，并非本质。

秦王朝有着七百年的历史，并非只有秦二世昏庸残暴，也并非只有赵高玩弄权术。说到底，就是因为权力高度集中的皇权制度存在定的缺陷，正因为权力集中于皇帝一人之手，就无可避免会遇上一个不好的皇帝，或者一个像赵高这样利用皇帝作恶的奸臣，将国家推向万劫不复的深渊。

当秦王朝同时拥有不好的统治者，而统治者身边伴着不好的奸臣，就注定了秦王朝不会有好的未来。

辉煌总要落幕，即使秦王朝退出了历史的舞台，但是它留给我们的无限遐想，终究不会结束。

秦王朝始终都是那个充满了神秘色彩的朝代，是那个极度顽强的朝代，是那个改变了中国历史的朝代。秦王朝用自己独特的风味，特立独行的自我，傲然卓立于中国的历史长河之中。